UNIVERSITÉ DE FRANCE

FACULTÉ DE DROIT DE PARIS

LA LITISCONTESTATIO
EN DROIT ROMAIN

LE RETRAIT SUCCESSORAL
EN DROIT FRANÇAIS

THÈSE POUR LE DOCTORAT

PAR

Georges GROSS

NÉ AU MANS,

AVOCAT A LA COUR D'APPEL.

PARIS

LIBRAIRIE NOUVELLE DE DROIT ET DE JURISPRUDENCE

ARTHUR ROUSSEAU, ÉDITEUR

14, RUE SOUFFLOT ET RUE TOULLIER, 13

1881

THÈSE

POUR LE DOCTORAT

UNIVERSITÉ DE FRANCE

FACULTÉ DE DROIT DE PARIS

LA LITISCONTESTATIO
EN DROIT ROMAIN

LE RETRAIT SUCCESSORAL
EN DROIT FRANÇAIS

THÈSE POUR LE DOCTORAT

Présentée et soutenue le vendredi 17 Juin 1881, à midi.

PAR

Georges GROSS

NÉ AU MANS,

AVOCAT A LA COUR D'APPEL.

PRÉSIDENT : M. DESJARDINS, professeur.

SUFFRAGANTS : MM. COLMET DE SANTERRE, GARSONNET, professeurs. CAUWÈS, LEFEBVRE, agrégés.

Le Candidat répondra en outre aux questions qui lui seront faites sur les autres matières de l'Enseignement.

PARIS

LIBRAIRIE NOUVELLE DE DROIT ET DE JURISPRUDENCE

ARTHUR ROUSSEAU, ÉDITEUR

14, RUE SOUFFLOT ET RUE TOULLIER, 13

1881

DROIT ROMAIN

DE LA LITISCONTESTATIO

CHAPITRE PREMIER

DÉFINITION. — NATURE DE LA LITISCONTESTATIO.

Celui dont on conteste le droit ou à qui un dommage est causé, peut s'adresser aux tribunaux, pour obtenir justice. Le moyen que la loi accorde à la personne lésée pour recourir à l'autorité judiciaire est une action (*actio* de *agere*). L'action prend naissance dans ce fait même qu'il y a eu lésion du droit. *Actio est jus persequendi judicio quod sibi debetur* (1). Le demandeur veut invoquer un droit ; ce droit d'autre part a été violé ou est méconnu par le défendeur ; le juge est appelé à statuer. C'est par le moyen d'une action qu'il sera saisi de l'affaire.

La procédure primitive des Romains était formaliste, rigoureuse et composée d'actes symboliques et de formules sacramentelles. On la désigne sous le nom de système des Actions de la loi, parce que les

(1) Inst., liv. IV, tit. VI pr.

termes employés étaient ceux dont la loi s'était servie. Elle a pour caractère une sévérité, un rigorisme exagérés. Les plaideurs sont astreints à l'exactitude la plus absolue. Une parole mal articulée, un geste fait à contre-temps, avaient pour conséquence la perte du procès (1).

Dès cette époque, nous constatons l'existence de phases distinctes dans le procès, l'une devant le magistrat, l'autre devant le juge. Cette distinction célèbre du *jus* et du *judicium* (2), nettement marquée sous le système formulaire, remonte au moins jusqu'à la loi des Douze Tables. Existe-t-elle sous les rois? Il est impossible de l'affirmer; mais on peut le conjecturer, sans trop de hardiesse.

A Rome la division des pouvoirs était inconnue; il n'y avait pas, à côté de l'autorité administrative, une autorité judiciaire indépendante. La *jurisdictio* faisait partie de l'ensemble des pouvoirs conférés au consul. Plus tard, pour alléger la tâche de ce magistrat, on crée deux préteurs qui ont mission de rendre la justice; — mais, d'une part, le consul reste investi de la *jurisdictio*, d'autre part, le préteur cumule ce droit avec beaucoup d'autres : il remplace le consul, occupé à la guerre, pour les affaires intérieures de la cité. Mais le préteur n'examine pas le fond du procès, il se borne à le préparer, à en fixer l'objet et les éléments. Il lui aurait été impossible de juger toutes les affaires de la cité. Peut-être aussi, en limitant ainsi la *jurisdictio*, avait-on voulu adoucir ce qu'avait de dangereux

(1) Gaius, IV, § 30 : « Eo res perducta est, ut qui minimum errasset, litem perderet .»

(2) Sur le sens du mot *jus*, Gaius, IV, § 29. — Loi 2, Dg., *De just. et jur.*, I, 1 ; — *Lex malacitana*, 65.

cette réunion dans les mêmes mains du pouvoir judiciaire et du pouvoir d'exécution (1).

Le nombre des actions de la loi était restreint : à cette époque ancienne, les rapports juridiques étaient peu compliqués. Il y avait cinq *legis actiones* (2) : le *sacramentum*, la *judicis seu arbitri postulatio*, la *manus injectio*, la *pignoris capio*, la *condictio*.

La plus importante est la *legis actio sacramento*, elle est générale, et c'est à elle qu'on a recours lorsqu'aucune loi particulière n'est invocable (3). On a même prétendu qu'elle était la plus vieille forme, et le fondement de toute la procédure romaine (4).

La *pignoris capio* et la *manus injectio* sont des voies d'exécution dont l'application n'était que spéciale, si l'on en croit Gaius : « Per manus injectionem, dit-il, æque de his rebus agebatur, de quibus ut ita ageretur, lege aliqua cautum erat, » § 21, C.IV (5).

La *judicis postulatio* n'est pas beaucoup moins ancienne que le *sacramentum* : Gaius la nomme ainsi, mais la désignation est incomplète ; il faut dire : *judicis arbitrive postulatio* (6). On présume qu'elle était d'usage dans les cas qui plus tard devinrent des *actiones bonæ fidei*.

La *condictio* est d'une origine plus récente, introduite

(1) Cicéron : « Dubium nemini est quis omnes omnium pecuniæ positæ sint, in eorum potestate, qui judicia dant, et eorum qui judicant... » *In Verr.*, II, 2, c. XII.

(2) Gaius, IV, 12.

(3) Puchta, *Institutionen* ; — Gaius, 4, 13, *De quibus rebus ut aliter ageretur lege non cautum erat de his sacramento agebatur.*

(4) Cette opinion est généralement repoussée (Puchta, p. 74, note C ; 6te Auflage ; — Institut.).

(5) Accarias, *Précis de droit romain*, p. 823 et 824.

(6) Telle est du moins la formule rapportée par Valérius Probus.

par la loi *Silia* lorsqu'il s'agit d'une *certa pecunia*, et par la loi *Calpurnia* pour toute autre obligation de chose certaine.

Le *sacramentum*, action générale, et la *judicis postulatio* avec la *condictio*, constituent deux procédures distinctes. Dans quel cas devait-on recourir à l'une de préférence à l'autre ? Cette question était déjà douteuse au temps de Gaius. Il est probable que les parties pouvaient à leur gré user de l'une ou de l'autre (1).

Ces actions de la loi devinrent par la suite impopulaires : leur caractère essentiel est qu'elles consistent en paroles et en gestes. Une nouvelle procédure s'introduisit dont les formules sont écrites ; et il est facile de s'expliquer cette inauguration d'un système nouveau. Il devait arriver souvent que les paroles prononcées devant le magistrat étaient inexactement rapportées au juge ; et, entre ces deux versions, ce fut la dernière qui par la force des choses devint seule efficace. Le magistrat était effacé désormais et la procédure *in jure* ne fut plus qu'une formalité sans valeur. Une réaction se produisit ; et, pour rendre son importance au rôle du magistrat, pour mettre une barrière à la puissance du juge, pour maintenir en un mot cette distinction du *jus* et du *judicium*, il fallut créer un système de formules écrites (2).

D'ailleurs la procédure stricte et mystérieuse des actions de la loi avait pu suffire aux besoins de la pratique

(1) *Sic*, Puchta, p. 81. — *Contra*, Accarias, p. 819.

(2) La *legis actio* n'était pas seulement la procédure des *judicia privata*, mais aussi des *judicia publica*. Qu'on se souvienne des luttes intestines qui déchirèrent Rome au sixième siècle (c'est-à-dire vers l'époque de la loi *Æbutia*), qui avaient pour cause la composition du jury en matière criminelle. — Cf. Puchta, 8te Auflage (Krueger), I, § 163, et Accarias, § 747, tome I.

tant que la cité était demeurée fermée aux pérégrins, mais du jour où les rapports avec les étrangers se furent étendus, une procédure plus large devint nécessaire.

L'introduction des formules tient donc principalement à deux causes : l'influence du *jus gentium*, et des raisons politiques.

La loi *Æbutia* et les deux lois *Juliæ* inaugurèrent la pratique nouvelle dès le VIe siècle.

Qu'entendait-on par *litiscontestatio*, sous les actions de la loi ? Le demandeur voulant mener son adversaire en justice pouvait employer la force, ou, si la violence lui répugnait, prendre des témoins, qui attesteraient devant le magistrat que la convocation avait été faite. *Licet antestari* étaient, si nous en croyons Horace, les paroles prononcées (1).

Puis les parties comparaissaient devant le magistrat, exposaient l'affaire, et après l'accomplissement des rites légaux, au moment où elles étaient renvoyées devant le juge, elles s'adressaient aux personnes présentes : *Testes estote.*

Faut-il voir dans ces formalités l'origine de la *litiscontestatio* ? Était-ce une *litiscontestatio* ? Les opinions sont partagées sur cette question. Des auteurs ont prétendu que, sous le régime des actions de la loi, il n'y a point de *litiscontestatio*, en tant qu'on en veuille faire un acte spécial de procédure, d'après la définition de Savigny. *Litiscontestatio*, c'est la *legis actio* elle-même (2). Mais, lorsque l'on voulut relever la procédure *in jure* de cette sorte de déchéance qu'elle avait subie, lorsqu'en un mot on créa la for-

(1) Hor., liv. I, sat. IX.

(2) Heffter, *Institut. des römisch. und teutschen Civilpr.* (1825, p. 295); — Bethmann-Hollweg, *Röm. Civilprocess*, I, p. 178, § 49.

mule, on voulut que l'instance devant le magistrat fût clôturée par un acte solennel; de là la *litiscontestatio*. Dans ce système on admet bien que l'expression de *litiscontestatio* ait été usitée sous les actions de la loi; mais c'est seulement lors de l'apparition de la procédure nouvelle, qu'elle désigna un acte spécial et solennel.

Une seconde opinion (1) donne à la *litiscontestatio*, sous les actions de la loi, la plus haute importance. Non seulement on la considère comme un acte solennel qui constate verbalement l'accomplissement des formalités *in jure;* mais elle a encore pour but de donner au juge, par témoins, connaissance légale de l'affaire.

Sous la procédure formulaire, l'acte proprement dit, devenu inutile, tomba en désuétude, en ce qu'il avait de particulier à la procédure *in judicium*. Mais on conserva dans la procédure *in jure* la *litiscontestatio* avec les effets que nous étudierons plus loin.

Pour nous, nous ne croyons pas que les deux théories qui précèdent soient exactes. La *litiscontestatio*, sous les actions de la loi, n'avait point pour objet de fournir au juge la preuve que l'instance *in jure* était accomplie. Mais c'était une pure solennité exprimant que cette instance était fixée (2). La clôture de cette partie du procès devait être marquée par un acte : on prenait les assistants à témoin de ce qui s'était passé; et cette expression de *litiscontestatio* indiquait simplement que la procédure *in judicium* était désormais ouverte.

Festus nous donne la définition suivante de la *litiscontestatio : Contestari est quum uterque reus dicit: Testes estote. Contestari litem dicuntur duo aut plures*

(1) Keller, *Actions*, § 59.

(2) En ce sens, Kuntze, *Institutionen und Gesch. des röm. Rechts*, I, § 140.

adversarii quod ordinato judicio utraque pars dicere solet : Testes estote.

Contestari est, on le voit, un verbe actif. Cependant il s'emploie passivement dans l'expression *lis contestata.* Quant au mot *lis*, la définition nous en est donnée par Varron : il signifie : *res in controversia.*

Quelle que soit la manière de voir que l'on adopte quand on se place à l'époque des actions de la loi, il est certain que sous le système formulaire la *litiscontestatio* est plus qu'une simple formalité, elle marque l'instant où la formule est délivrée, elle désigne le contrat qui vient de se former entre les deux parties.

Voyons brièvement la marche de la procédure sous le système nouveau.

Sous les actions de la loi ce sont les plaideurs eux-mêmes qui parlent et agissent devant le préteur, à leurs risques et périls. Sous le régime formulaire, c'est le préteur qui, après que les parties ont exposé l'affaire, choisit et leur donne une formule, *concepta verba*, précisée, rédigée scrupuleusement, traçant au juge sa mission (1) qui est de condamner (*si paret*, *condemna*) ; ou d'absoudre (*si non paret*, *absolve*).

Le *jus* et le *judicium* sont bien nettement séparés. *In jure*. les parties exposent le litige, librement, sans être astreintes à l'emploi de *certa verba*. C'est le magistrat qui donne à la plainte sa forme légale ; *judicium*, *formulam*, *actionem dat*. Les parties lui demandent si le litige est du ressort du droit civil ou de l'édit. Le préteur peut aussi refuser l'action, en motivant son refus : par exemple, si la plainte n'a rien de fondé ; si elle est *contra bonos mores*, notamment

(1) *Octavius judex esto* (Cic., *in Verr.*, II, XII), ou *P. Cornelius, C. Lælius, M. Sempronius recuperatores sunto.*

si elle dérive d'une *turpis obligatio* (1) ; dans le cas où l'édit ne donne l'action que *causa cognita*, et que la *cognitio* a été défavorable au demandeur (2).

Le préteur peut aussi ajourner les parties par le *vadimonium*.

Si les prétentions du demandeur lui paraissent sérieuses, il délivre la formule dont voici le type.

« Quod Aulus Agerius de Numerio Negidio incertum stipulatus est (*demonstratio*) quidquid ob eam rem Numerium Negidium Aulo Agerio dare facere oportet (*intentio*). Quanti ea res est judex Numerium Negidium Aulo Agerio condemnato, si non paret absolvito (*condemnatio*) » (Gaius, IV, 39, 52). Cette formule reproduit les prétentions du demandeur, et les dénégations du défendeur.

Mais, à l'instant où elle a été acceptée par les parties, un contrat a commencé d'exister entre elles. *Accipiunt judicium*.

La *litiscontestatio* désigne donc une série de faits juridiques. Elle indique que l'œuvre du magistrat est terminée : *lis ordinata est*, *judicium ordinatum*. Le fait que le demandeur a obtenu la formule réclamée s'exprime par ces mots : *lis contestata est*. Le défendeur s'est soumis au jugement : *suscepit judicium* (3).

La procédure *in judicio* va l'ouvrir : *lis inchoata est*, *res in judicium deducta est* (4).

(1) L. 26, 27, Dg., *De V. O.* (45, 1).

(2) « Qui servum alienum adversus bonos mores verberavisse... in eum judicium dabo. Item si quid aliud factum esse dicetur *causa cognita*, judicium dabo. » L. XV, § 34, Dg. *Ab. injur.*

(3) *Lis contestata*, cela signifie que le demandeur a perdu son ancienne action. C'est l'effet négatif de la *L. C.* *Judicium accipere* indique l'effet positif, la création d'une obligation nouvelle qui lie désormais le défendeur.

(4) Voyez Loi 19, Dg., *Solut. mat.*; Loi 26, Dg., *De O. et de A.*

Ces expressions sont synonymes et on en peut tirer cette conclusion, que les effets de la *litiscontestatio* sont les effets mêmes de la délivrance de la formule. La *litiscontestatio*, dit Savigny, est un acte qui se passe devant le préteur et où les parties, par leurs déclarations respectives, fixent le litige en le rendant susceptible d'être porté devant le juge.

M. Accarias, plus précis, définit ainsi cet acte dont Savigny parle en termes vagues : c'est le contrat qui se forme à l'instant où les parties ont accepté la formule.

Cette idée de la *litiscontestatio* implique qu'au moment où elle a lieu, les parties sont encore *in jure*. Ce moment, qui produit les effets si considérables que nous nous sommes proposé d'étudier, ce « point de temps », doit être déterminé avec exactitude.

Tant que nous sommes *in jure*, le but poursuivi, c'est l'*ordinatio judicis*. *In judicio*, au contraire, le but de la procédure, c'est la *condemnatio*.

Le point où nous passons du *jus* au *judicium* s'appelle *litiscontestatio*. Devons-nous le placer à la fin de la procédure *in jure*, ou au commencement du *judicium*? Là-dessus la controverse est vive et les juristes se divisent. Il est certain que, pour les Romains, ces deux expressions : *post litem contestatam*, et *post judicium acceptum* sont équivalentes (1); et si l'on s'en rapportait au sens naturel des termes que nous avons rapportés plus haut, on placerait la *litiscontestatio* à

(44, 7); Loi 44 pr., Dg. *De judic.* (5, 1). Kuntze traduit le mot par *Streitbefestigung* (litis ordinatio). On dit aussi *Kriegbefestigung* (préparation au combat). Ces synonymes allemands ne sont pas une traduction heureuse de l'expression latine.

(1) *Litibus contestari* se disait du demandeur, *judicium accipere* du défendeur. C'est en ce sens que la *Lex Rubria*, cap. 20, porte : « Quos inter id judicium accipietur, lisve contestabitur. »

la fin de la procédure *in jure*. Mais quelques auteurs ont soutenu que l'effet de la *litiscontestatio* se produisait seulement *in judicio*.

Quel est l'intérêt du débat? Nous verrons que la *litiscontestatio* a pour effet de fixer les éléments personnels du débat, c'est-à-dire de déterminer quelles sont les parties en présence. Si nous admettons que la *litiscontestatio* a lieu *in jure*, c'est devant le magistrat que s'est formé le contrat qui lie le défendeur au demandeur, contrat (1) qui, par une sorte de novation, est substitué à l'obligation ancienne.

Que le demandeur vienne à mourir, ses héritiers pourront poursuivre l'instance.

Si c'est seulement *in judicio* que le contrat judiciaire s'est formé, si le demandeur meurt *in jure*, la procédure tombe, et ses héritiers devront agir à nouveau.

La plupart des commentateurs admettent que la *litiscontestatio* a lieu *in jure;* et en effet les textes abondent en ce sens.

Nous pouvons d'abord remarquer que sous les actions de la loi la *L. C.* marquait la clôture de la procédure *in jure*. Cette opinion du moins est générale, et la définition de Festus paraît probante : « *Ordinato judicio*, utraque pars dicere solet : Testes estote. »

Quand peut-on dire que le *judicium* est *ordinatum?* Lorsque le magistrat a désigné le juge ; et l'*addictio iudicis* est un acte de la procédure *in jure*. Ainsi l'histoire même de la *L. C.*, et sa définition concluent en

(1) Bethmann-Hollweg (*loc. cit.*) pense que, même sous les actions de la loi, la *L. C.* avait l'effet d'un contrat. Cela paraît en effet conforme à la définition que nous donne Festus dans son *Epitome*, et qui est évidemment empruntée à de vieilles autorités.

faveur de l'opinion qui lui assigne une place dans l'instance *in jure*.

Observons, en outre, que si la *L. C.* avait lieu *in judicio*, elle se confondrait avec la *causæ conjectio* dont parle Gaius (1) ; et cependant le jurisconsulte romain nous présente la *causæ conjectio* comme étant toute autre chose qu'un appel aux témoins.

La loi 39, Dg. pr. *De judiciis*, n'est pas moins décisive. Papinien suppose, dans ce passage, que le préteur a désigné comme juge un *furiosus;* la *L. C.* n'en a pas moins produit ses effets, quoique le juge choisi soit incapable. Car il n'est pas nécessaire, pour qu'elle ait lieu, que le juge connaisse sa nomination ou soit présent. Ce texte implique évidemment que la *L. C.* a lieu *in jure*.

Un sénatus-consulte rendu sous Marc-Aurèle défend de poursuivre quelqu'un pendant les vendanges. Si l'action est temporaire et que le terme donné échoit pendant cette époque, on pourra, pour la conserver, se présenter devant le préteur, *ut lis contestetur*. Loi 1, Dg., *De feriis*, § 2.

La loi 28 Dg., § 3 et 4, *De judiciis*, prévoit une hypothèse analogue.

Quelqu'un a une action temporaire contre un député qu'une province a envoyé auprès de l'empereur. L'obligation d'où naît cette action ayant été contractée en province, le député invoque le *jus revocandi domum;* c'est-à-dire le droit d'être jugé, non pas à Rome, mais au lieu de son domicile.

(1) C. IV, § 15. Ajoutons ce passage d'Aulu-Gelle, qui distingue nettement la *L. C.* de la *Causæ conjectio* : « Petere instituit ex pacto mercedem, litem eum Eualtho contestatur, et eum ad judices conjiciendæ causæ gratia venissent... » (V, § 10.)

Pour éviter que le droit du demandeur ne s'éteigne par l'expiration du *tempus*, on permet au créancier de poursuivre son débiteur à Rome, *ut lis contestetur;* et pour la procédure *in judicium*, on renvoie les parties devant le tribunal du domicile du défendeur.

On peut ajouter encore les lois 16 et 17, Dg., *De procurat.*, la *L. C.* a pour effet d'empêcher qu'on change désormais de *procurator*.

Or la formule de *condemnatio* que Gaius nous fait connaître (1) porte le nom du *procurator*, et est délivrée par le préteur. C'est donc devant celui-ci que la *litiscontestatio* s'est produite, autrement les lois précitées seraient dénuées de sens.

Enfin nous lisons aux Institutes (2) que, lorsque les cofidéjusseurs d'une même obligation ont invoqué le bénéfice de division, c'est entre tous les cofidéjusseurs solvables au moment de la *L. C.* que l'action du créancier se divise. Or c'est au magistrat que ce bénéfice se demande ; c'est lui qui délivre la formule. Il faut donc en conclure que la *L. C.* s'est produite *in jure*.

L'opinion adverse se fonde sur la loi unique au Code *h. tit.* rendue sous les empereurs Sévère et Antonin, c'est-à-dire à une époque où le système formulaire était encore en vigueur. En voici la teneur :

« Res in judicium deducta non videtur, si tantum postulatio simplex celebrata sit vel actionis species ante judicium reo cognita. Inter litem contestatam et editam actionem permultum interest.

« Lis enim tunc contestata videtur, cum judex *per narrationem* negotii causam audire cœperit. »

Ce texte est vraisemblablement interpolé dans les

(1) C. IV, § 86 et 87.
(2) Liv. III, tit. 21, § 4.

parties qui ont trait à la question. En effet, comment expliquer qu'une constitution de l'époque formulaire vienne isolément contredire tant d'autres textes de la même époque? Et si nous la rapprochons de deux autres textes qui se rapportent au temps où la procé- extraordinaire est la seule en vigueur, nous trouvons une remarquable analogie d'expressions. C'est ainsi que la loi 14, § 1, C., *De judic.* (*justinian.*) porte : « quum hi fuerit contestata post *narrationem* propositam et contradictionem objectam. » — De même : loi 2, C., *De jurejur. propt. calumn.* (2, 59) — « post *narrationem* et responsionem. »

Cette comparaison des textes nous montre que la loi invoquée contre nous, appartient au système de la procédure extraordinaire.

Dans ce système l'ancienne *L. C.* a disparu ; il n'y a plus de division entre le *jus* et le *judicium*. L'empereur, pour fixer le moment où se produiront les effets autrefois attachés à la *L. C.*, dont il conserve le nom, décide qu'il y aura *lis contestata* lorsque chacune des parties aura exposé l'affaire devant le magistrat qui est désormais juge.

C'est ici le lieu d'examiner quelle est la nature juridique de la *litiscontestatio*. Est-il exact de dire qu'elle soit un contrat ou tout au moins qu'elle soit la cause d'une obligation nouvelle à laquelle se rattacheraient spécialement, *quasi ex contractu*, les effets que nous étudierons plus loin ?

La *litiscontestatio*, dit-on, dans une opinion généralement suivie en Allemagne, n'est pas de nature contractuelle. Les effets qu'on lui attribue dérivent en réalité du procès lui-même ; la *litiscontestatio* n'est qu'une expression juridique. Lorsqu'on dit que le droit est éteint par la *litiscontestatio*, et qu'un droit nouveau a pris naissance, ce n'est que figure de langage. Il est inutile de prétendre qu'elle est un contrat; elle ne sert qu'à désigner ces effets, *sie bezeichnet sie nur*, dit Puchta ; elle a un caractère symbolique, rien de plus.

En vain assimile-t-on la *litiscontestatio* à la stipulation qui, sans être la convention elle-même, est la constatation légale de l'obligation, le contrat au sens strict du mot. Cela serait inexact. Car peut-on croire que, pour les Romains, la prise à témoin, acte privé, ait semblé être une solennité plus efficace que tous les rites accomplis devant le préteur?

Pour nous, nous croyons avec M. Accarias (1) qu'il y a cause nouvelle d'obligation. Il nous importe peu d'ailleurs que ce soit un contrat véritable ou un quasi-contrat, une *figura contractus*, suivant l'expression de Gaius. Ce qui est certain, c'est que le lien obligatoire existe entre les parties dès que la *litiscontestatio* a eu lieu. Aussi les textes assimilent fréquemment la *litiscontestatio* à un contrat.

Comme synonyme de *L. C.* nous avons vu l'expression *accipere judicium*, usitée surtout du côté du défendeur.

Les textes montrent que cette manière de voir était bien la vraie.

La loi 3, § 11, *De pecul.*, Dg., compare formellement la *L. C.* à la stipulation. *Sicut in stipulatione contractibus, ita judicio contractu.*

Cicéron, *de Legibus*, III, 3, 6 : « Lites *contractas* judicando (decemvir est litibus judicandis).

(1) Voyez aussi Maynz, I, § 141, A.

Plaute, *Cæs.*, III, 2, 31 : « Ego quid *contrahere* cupio litigii inter vos. »

Gaius : « *Ante* litem contestatam dare debitorem oportere, *post* litem contestatam condemnari oportere » (III, § 180).

Ce dernier texte oppose bien le temps qui précède la *L. C.* au temps qui la suit ; il est décisif : c'est à l'instant de la *L. C.* que l'obligation nouvelle prend naissance. Comment l'expliquer si ce n'est en admettant l'idée d'un contrat ?

Ce n'est pas nécessaire, dit Puchta ; il suffit de faire dériver cette obligation de la nature du procès.

Voici une hypothèse pourtant où la nature du procès s'opposerait à ce qu'une obligation naquît, et où on ne peut expliquer cette obligation qu'en considérant la *L. C.* comme un contrat. Nous lisons dans la loi 3, § 11, *De peculio*, que lorsqu'un fils de famille a été condamné *ex delicto*, l'action *judicati* se donne *de peculio* contre le père. Si la cause de l'action se trouve dans le procès lui-même, c'est une cause *ex delicto*. Le père ne pourra donc être poursuivi que noxalement. Cependant l'action *judicati* est donnée contre lui. C'est donc que la *L. C.* a eu un effet propre, qu'elle est la cause immédiate de l'action, cause essentiellement contractuelle(1).

(1) V. Savigny, qui compare la *litiscontestatio* avec la *stipulatio judicatum solvi*. Système, 257, VI ; — Rudorff, *Rechtsg.*, p. 233, considère la *L. C.* comme un contrat : « Dass das Judicium wider Willen des Beklagten constituirt werd, schliesst die Vertragsnatur so wenig aus, als die prätorische Stipulation aufhört Vertrag zu sein, weil sie im Gegensatze der conventionellen erzwungen wird. » Cf. Hering, *Geist*, 1, 156.

CHAPITRE II

DES EFFETS DE LA LITISCONTESTATIO.

Sur le droit déduit en justice la *litiscontestatio* produit un effet double. Elle éteint l'action, tantôt directement, tantôt indirectement, *ipso jure* ou *exceptionis ope*. C'est ce qu'on peut appeler son effet négatif. Il a lieu dans le passé.

D'autre part elle agit sur l'avenir ; car elle produit une obligation nouvelle, qui lie le défendeur. Elle est à la fois productive et extinctive d'obligation ; aussi a-t-on pu la comparer à la novation. Nous verrons plus loin si la comparaison est exacte.

Étudions successivement les deux effets que nous venons d'indiquer.

PREMIÈRE PARTIE

EFFETS DE LA LITISCONTESTATIO.

Qu'après avoir intenté une action, une autre action identique à la première ne soit plus possible ; cela est un principe universel. Lorsqu'une contestation est tranchée par un jugement, il faut considérer le débat comme clos, et il ne doit pas être permis de le renouveler.

Le jugement rendu au nom de l'État est une sorte de loi spéciale rendue pour les parties sur la question qui les divisait, et cette loi est pour elles obligatoire.

Il n'y a rien là qui soit particulier aux Romains. Il est même nécessaire pour sauvegarder la dignité de la justice, d'exiger que l'action soit portée sérieusement devant le juge, par le demandeur. Celui-ci n'aura donc pas la faculté, après avoir intenté son action, de la laisser tomber, pour la reprendre ensuite. Cette règle : *Bis de eadem re agere non licere*, en vigueur sous les actions de la loi (1) ; ce principe qu'après avoir intenté un procès, on devra en subir le cours, sous peine de perdre son droit, n'a rien qui soit exclusive-

(1) Gaius, IV, § 108 : « Alia causa fuit olim legi actionum ; nam qua de re actum semel erat, de ea postea ipso jure agi non poterat. »

ment romain (1). Aussi, lorsque Gaius nous dit que, sous les actions de la loi, le droit déduit en justice était éteint *ipso jure*, est-ce uniquement un principe général dont il nous montre l'application à cette époque, et non une règle qu'il faille considérer comme spéciale à telle ou telle procédure. Mais ce qui est romain, c'est le fonctionnement de ce principe, c'est sa mise en pratique par la *litiscontestatio*.

Sous les actions de la loi, dans le *sacramentum* par exemple, comment les choses se passent-elles ? L'enjeu est déposé dans le temple ; le vainqueur va le retirer, armé de la décision du magistrat. S'il laisse tomber le jugement ou si, après l'avoir sollicité, il ne le retire pas, son droit est perdu. Comment le défendeur prouvera-t-il que son adversaire a déjà intenté l'action ? Il fera appel aux témoins auxquels il s'est adressé.

Telle est à cette époque ancienne la *litiscontestatio*, considérée comme extinctive du droit. C'est devant le préteur que la déchéance est constatée : l'action est éteinte *ipso jure*.

A l'époque impériale, dans la procédure centumvirale cette extinction s'opère par la *subscriptio* dont parle Pline (2). Nous ignorons si cette *subscriptio* opérait *ipso jure*, ou *exceptionis ope*.

La loi 21 pr. Dg., *De inof. test.* peut induire à penser que l'extinction avait lieu *præscriptionis ope* (3).

Sous la procédure formulaire quel est, quant à

(1) Bekker, *Die processualische Consumption*, 8, § 3 ; Bethmann-Hollweg., *Civ. Process.*, II, § 103.

(2) Ep. V, § 1, *Convenimus in ædem Concordiæ* : « Scis, te non subscripsisse mecum et jam biennium transisse, omniaque me usu cepisse. » Cette *subscriptio* est-elle la *libelli datio* de la loi VII *De inoff. test* (5, 2) ?

(3) *Sic*, Bethmann-Hollweg, *loc. cit.*, § 103, note 13.

l'extinction de l'obligation, l'effet de la *litiscontestatio?*

Gaius l'enseigne au § 180 de son 3ᵉ commentaire : « Tollitur obligatio litis contestatione si modo *legitimo judicio* fuerit actum ; » ad § 181, « unde fit ut si *legitimo judicio* debitum petiero, postea de eo *ipso jure* agere non possim, IV, § 107. At vero si legitimo judicio *in personam* actum sit ea formula quæ juris civilis habet intentionem, postea, ipso jure de eadem re agi non potest et ideo *exceptio supervacua est.* »

La *litiscontestatio*, d'après ces textes, éteint l'obligation *ipso jure* à la condition :

Que le *judicium* soit *legitimum*,

Que l'action soit *in personam*,

Que la formule soit *concepta in jus.*

Dans son 4ᵉ commentaire Gaius définit ainsi le *judicium legitimum :*

« Legitima sunt judicia (1) quæ in urbe Roma, vel intra primum Romæ miliarium, inter omnes cives romanos sub uno judice accipiuntur (§ 104). »

Pourquoi faut-il que le *judicium* soit *legitimum?* Voici la raison historique qui peut en être donnée. On sait que lorsque le droit civil cessa de répondre complètement aux besoins du peuple romain, un droit nouveau, de création prétorienne, apparut faisant échec à l'autre sur bien des points, et réglant les questions qu'il n'avait pas prévues. Le préteur n'avait pas pouvoir de réformer le droit civil, ni de fonder un droit nouveau. Il recourait à un moyen détourné : au lieu de refuser la formule, il l'accordait. Seulement il y admettait l'insertion d'une exception dont l'effet était de donner au juge la faculté

(1) L'*adjudicatio* ne peut également se trouver que dans un *judicium legitimum*, sinon : « Adjudicationes tuetur prætor exceptiones aut actiones dando. » (Loi 44, § 1, Dg., *Fam. ercisc.* (10, 2) ; Paul.)

d'absoudre le défendeur, si l'exactitude de cette exception était vérifiée.

Ces *judicia*, dans lesquels la *L. C.* n'opère qu'*exceptionis ope*, sont appelés *imperio continentia*. Ils relèvent en effet non pas du *jus civile*, mais de l'*imperium* du magistrat. Ainsi une affaire entre un citoyen et un péregrin ne saurait constituer un *judicium legitimum*. Comment un pérégrin pourrait-il invoquer ou contester une *intentio* ainsi conçue : « rem *ex jure Quiritium* meam esse? » Au delà des frontières, les procès sont jugés par des récupérateurs : le juge assigné ne se trouve qu'à Rome. C'est encore un *judicium imperio continens*.

Pourquoi, la *litiscontestatio* n'a-t-elle qu'un effet indirect dans les actions *in rem?*

D'abord, comme nous le verrons, la *litiscontestatio* crée une obligation qu'on ne peut substituer qu'à une obligation préexistante. La novation avec laquelle elle a été comparée n'existe pas pour les droits réels. Les Romains n'ont pas cru qu'un droit de cette nature pût être remplacé par un droit personnel.

C'est ce qui paraît ressortir de la loi 60 Dg., *De fides.* : « Genere novationis aut jure aut exceptione. » Et le préteur pouvait-il refuser une formule à celui qui la lui demandait *ex jure Quiritium?* Enfin cet effet extinctif ne pouvait atteindre que des créances ; car les créances seules peuvent disparaître. La propriété ne s'éteint pas, elle se transmet (1).

Il faut, en troisième lieu, que l'action soit *in jus*,

(1) M. Accarias, *Conférences de Pandectes* (année 1878). — Gaius, en rapprochant l'action *in rem* de l'action *in factum*, paraît vouloir indiquer que la raison pour laquelle la *L. C.* n'opère qu'*exceptionis ope* est la même pour l'une et l'autre (IV, § 107).

pour que le droit soit éteint *ipso jure*. En effet, l'action *in factum* ne repose pas sur un droit, mais sur un fait. L'*intentio* exprime seulement que quelque chose a eu lieu : « Nominato eo quod factum est. » (Gaius, IV, § 46.) L'effet de droit que produit la *litiscontestatio* ne peut effacer un fait. Ce sera au juge de le vérifier ; et ce pouvoir de vérification lui est conféré par l'exception (1).

Y a-t-il un intérêt à savoir que l'extinction a lieu *ipso jure*, ou *exceptionis ope ?*

On voit déjà que la procédure diffère dans l'un et l'autre cas. Lorsque l'extinction a eu lieu *ipso jure*, le demandeur ne peut plus avoir une action nouvelle. Sur quoi fonderait-il son droit de créance, puisque la *L. C.* l'a fait évanouir ? « Inutiliter intendo, *dare mihi oportere*, dit Gaius (IV, § 107), quia litiscontestatione dari oportere desiit. »

Au contraire, si l'extinction du droit n'est qu'indirecte, le demandeur pourra obtenir une nouvelle formule; mais le défendeur réclamera l'insertion de l'exception *res in judicium deducta*.

Voici un autre intérêt : si le demandeur n'a succombé que par le dol de son adversaire, dans le cas où la *L. C.* opère *exceptionis ope*, il obtiendra la formule et, pour répondre à l'exception qui lui sera opposée, se bornera à faire insérer une réplique de dol.

Dans le cas contraire il n'aurait d'autre ressource que l'action *de dolo*, ou l'*integrum restitutio*.

Cet effet de la *litiscontestatio* se produit tant que dure l'instance. Car, lorsque le jugement est rendu, le *judicium* est fermé. *Solvitur judicium*, et dès lors une nouvelle obligation prend naissance (obligatio

(1) Loi 12, Dg., § 2, *De captivis*.

judicati) qui remplace le droit déduit en justice.

« Si condemnatus sit (reus), sublata litiscontestatione, incepit ex causa judicati teneri » (Gaïus, IV, § 180) (1).

L'effet exclusif de la *L. C.* sera donc invoqué dans le cas où le jugement n'est pas encore rendu, ou dans le cas où le *judicium* s'est terminé sans que le jugement ait été rendu : par exemple, si le demandeur a renoncé à son action (2), ou s'il a laissé l'instance se fermer (judicium moritur). La péremption d'instance dans le *judicium imperio continens*, a lieu avec l'expiration des pouvoirs du préteur. Dans le *judicium legitimum*, d'après la *lex Julia judiciaria*, la péremption était acquise après un délai de dix-huit mois (3).

Nous avons vu de quelle façon se produit la consommation du droit. Voyons de quelles conditions elle dépend. Il y en a de deux sortes : les unes ont trait à la demande considérée en elle-même, les autres concernent les personnes qui, après la *litiscontestatio*, viennent de nouveau se présenter devant le magistrat.

§ 1. — Des conditions auxquelles est subordonnée l'extinction du droit.

A. *De la demande.* — Il faut que la seconde action, pour que le droit soit considéré comme éteint, ait trait à la *même chose* (eadem res). (Gaius, § 106 et 107, IV). Les jurisconsultes romains traitent cette question

(1) Loi 3 pr., C. 1, *De usur. et rei jud.* : « Si enim novatur judicati actione prior contractus. »

(2) Loi 4, C. 1, *De pactis* (2,3) : « Postquam liti-renuntiasti, causam finitam instaurari (posse) nulla ratio permittet. »

(3) Gaius, IV, § 104 et 105.

sous l'exception *rei judicati;* mais il est évident qu'elle est la même, quand il s'agit de l'exception *rei in judicium deductæ*. En un mot, la *litiscontestatio* peut être assimilée au *judicium*, quant à l'action nouvelle que le demandeur voudrait intenter.

Les textes nous montrent quelle analyse les Romains avaient faite de l'*eadem res*. Elle comporte trois éléments : *idem jus*, c'est-à-dire même sujet de droit; *eadem causa* (même fondement du droit) (1) ; *idem corpus* (même objet). Lors donc qu'après une *litiscontestatio*, une action offrira ce triple caractère, d'être identique, *jure*, *causa*, *corpore*, à la précédente, le préteur refusera la formule, ou donnera l'exception *rei in judicium deductæ*.

Mais quand pourra-t-on reconnaître cette utilité ? Envisageons séparément l'action *in rem* et l'action *in personam*.

α. L'action *in rem* est différemment fondée *jure*, soit qu'on réclame :

Un droit de propriété;

Un droit d'usufruit quoiqu'il soit contenu dans le précédent ;

Telle servitude prédiale ou telle autre ;

Ou qu'on exerce une petition d'hérédité portant sur une universalité; quoique les objets *singulari* y soient compris.

Quant à l'*eadem causa*, nous ne la trouvons pas dans l'action *in rem*, du moins en principe.

En effet, la *formula petitoria* a une *intentio* générale,

(1) Loi 12, Dg., *De exc. rei jud.* (44, 2), Paul : « Cum quæritur hæc exceptio noceat necne, inspiciendum est, an idem corpus sit; » Loi 12, Ulp., *Quantitas eadem, idem jus;* Loi 14 pr., Paul. Cf. *An eadem causa petendi* ».

le « *ex jure Quiritium meam esse* » embrasse toutes les causes possibles du droit. Cependant le demandeur peut avoir limité son action à une cause spéciale que l'*intentio* exprime (expressa causa), et par là s'être réservé toutes les autres. Dans la formule *in factum* la cause est évidemment exprimée, puisque l'*intentio* énonce un fait.

Dans ces deux cas, pour que l'action nouvelle soit écartée, il ne suffira pas que l'on constate l'*idem jus*, il faudra de plus la même *causa petendi*.

Quant à l'identité du *corpus*, il faut qu'elle existe de toute nécessité. Celui qui, au lieu de l'esclave Stichus, a, par erreur, revendiqué l'esclave Eros, n'a rien déduit en justice.

Une seconde action est donc possible, et l'exception *rei in judicium deductæ* ne lui est aucunement opposable (1).

Mais celui qui a réclamé le tout ne peut ensuite agir pour la partie (2) ; en supposant, bien entendu, qu'il s'agisse bien de la revendication d'une partie, et non pas d'un objet singulier compris dans l'universalité précédemment revendiquée et sur lequel on élève une prétention nouvelle. (Loi 7 pr., § 1 à 3, *De rei judic.*, 1, 2, Dg., et avec loi 2 et loi 3, *eod. tit.*)

La revendication n'exclut pas la *condictio;* ni la revendication d'une partie l'action en partage. Mais, en sens inverse, la seconde de ces actions exclut l'autre (Loi 14, § 3 ; Loi 31 ; Loi 8, Dg., *De rei judic.*).

β. L'action *in personam* comporte comme sujet du droit un rapport personnel, une obligation. Cette obli-

(1) Gaius, IV, § 55.

(2) Gaius, § 53 : « Si is, cujus ex parte res est, totam rem. » Ed. Huschke.

gation disparaît par la *litiscontestatio* qui lui en substitue une autre intimement unie à la première, de telle sorte que l'extinction de l'une coïncide exactement avec la naissance de l'autre (1).

Ici, pour qu'il y ait identité de droit de créance, il faut avant tout qu'il y ait *eadem causa debendi* (2). En second lieu, il faut prendre en considération l'objet ; mais ceci est moins essentiel.

A l'origine la *condictio certi* n'avait pas de *causa debendi ;* il suffisait que l'*intentio* exprimât qu'une certaine quantité était due. Le *dare oportere* se passait de causes. Alors certainement l'identité d'objet était suffisante pour qu'il y eût extinction du droit.

Si l'on avait indiqué un objet au lieu d'un autre, rien n'était fait (3). Si l'on demandait trop peu, on n'avait déduit que ce trop peu en justice. Si on demandait trop, on perdait tout, car le moins est compris dans le plus ; il avait donc été déduit en justice; et comme on avait perdu son procès, puisque l'*intentio* était inexacte, on avait du même coup perdu son droit.

Si l'on a stipulé plusieurs choses ou plusieurs sommes, les Romains considèrent qu'il y a plusieurs stipulations distinctes. On peut donc agir sur l'une sans éteindre les autres.

La stipulation alternative portant sur plusieurs objets ne constitue au contraire qu'une obligation. Lorsque le créancier a exercé son choix, lors de la *litiscontestatio*, son droit est éteint.

(1) Gaius, § 180, III, *L. C. Obligatio quidem principalis* (originaire) *dissolvitur.*

(2) Loi 14, § 2, Dg., *De exc. rei jud.*

(3) Nous pouvons citer ici le § 55, IV, de Gaius : « Si is, qui hominem Stichum petere deberet Erotem petieret. »

Mais l'*intentio* de la *condictio certi* peut exprimer la *causa debendi* (1) : dans ce cas on peut renouveler l'action sur le *même objet*, en la fondant sur une *causa* différente.

Si nous examinons la formule de la *condictio incerti*, nous remarquons que la *demonstratio* exprime la *causa debendi* : « Quod mensam argenteam apud eum deposuit. »

Au contraire l'*intentio* est conçue en termes généraux : *Quidquid ob eam rem N.N. A. A. dare facere oportet.*

On pourrait croire que l'extinction du droit résulte de la *demonstratio* qui indique la *causa debendi.* Mais cela serait impossible : la *demonstratio* énonce un fait ; si ce fait est vrai en soi, ce n'est pas la *L. C.* qui peut changer cela. En outre, nous savons que, lorsque la *demonstratio* est *falsa*, (nihil in judicium deducitur), rien n'est déduit en justice. Il en serait alors comme dans les actions *in factum*, qui énoncent un fait, et pour lesquelles la *L. C.* éteint le droit, non pas *ipso jure*, mais *per exceptionem*. Cependant des témoignages certains nous affirment que, même dans les *actiones incertæ*, l'extinction du droit avait lieu *ipso jure* (2). C'est donc dans l'*intentio* qu'il faut chercher la raison de cette extinction.

La réclamation que le demandeur formule dans cette *intentio* est hypothétique, et a pour fondement l'énoncé de la *demonstratio*. Le demandeur réclame

(1) Gaius, IV, § 55 : « Si quis aliud pro alio intenderit — Veluti — si quis ex testamento dare tibi oportere intenderit, cui ex stipulato debebatur. » V. Loi 18, Dg., *De Ob. et act.* (44, 7).

(2) Gaius, IV, § 107 : « At vero si in personam actum sit, ea formula quæ juris civilis habet intentionem, postea ipso jure de eadem re agi non potest. » § 1, 32 : « Totius illius juris obligatio, illa *incerta actione* : Quidquid — per litiscontestatione consumitur. »

tout ce qui, d'après cette *demonstratio*, peut hypothétiquement lui être dû.

C'est pourquoi il consomme son droit, *ipso jure*, par l'exercice de son action. C'est encore en vertu de ces mots : *Quidquid dare facere oportet* que le juge a mission de donner au demandeur ce que celui-ci réclame : c'est donc, comme dans la *condictio certi*, par l'*intentio* que le droit est éteint.

B. *Effets de l'extinction du droit en ce qui concerne les personnes.* — Pour que l'extinction du droit se produise, il faut que la nouvelle action mette en jeu les personnes qui ont déjà figuré dans la précédente. Que devons-nous entendre par là ?

I. Les parties peuvent dans l'instance figurer elles-mêmes, ou par l'intermédiaire d'une autre personne (1).

Ces personnes par qui on se fait représenter, portent le nom de *cognitores* ou *procuratores*. Le *cognitor* est plus ancien : Gaius ne connaît que lui. Au contraire, du temps de Justinien, c'est le *procurator* que nous voyons cité dans les textes. § 2, Inst., *De exception.*

Il n'en était point ainsi du *procurator*, qui n'est pas constitué ni *jure* (2), ni *certis verbis*. Gaius écrivait : « Procurator vero si agat *satis dare jubetur ratam rem dominum habiturum ; periculum enim est* ne iterum dominus agat. » La *L. C.* ne produit son effet qu'en la personne et non en celle du *dominus* qui pourra agir de nouveau, si bon lui semble. Mais, pour la sauvegarde de l'adversaire exposé ainsi à un second procès, le *procurator* devra fournir une *satisdatio ratam rem dominum habiturum*.

(1) A l'époque formulaire, car le droit primitif de Rome n'admettait pas la représentation en justice. V. Keller, p. 240 ; Ed. Capmas.

(2) Gaius, IV, 84 : « Sæpe mandatum initio litis in obscuro est, et postea *apud judicem* extenditur.

Le tuteur et le curateur sont également astreints à une *satisdatio* (1). *Sed aliquando illis satisdatio remittitur*. L'Édit du préteur au temps de Gaius les dispensait déjà, en certains cas, de fournir caution.

La rigueur du droit ne tarda pas à se relâcher : on distingua d'abord entre le *procurator præsentis* et le *procurator absentis*.

Le *procurator præsentis*, c'est-à-dire celui qui est présenté par le maître en personne, fut libéré de l'obligation de fournir caution. Plus tard la même dispense est accordée au *procurator apud acta factus*, c'est-à-dire à celui qui fournit en justice une preuve écrite de son mandat (2).

Enfin Ulpien nous montre l'action *judicati* donnée au pupille (3).

Puis le *procurator præsentis* est à son tour assimilé au *cognitor* (4), de même l'*actor municipum*.

Dans le droit de Justinien, on n'exige plus du *procurator* quel preuve de son mandat.

Dans les fragments du Digeste, au mot *cognitor*, les compilateurs ont substitué l'expression : *verus procurator* (5).

(1) Gaius, IV, 99.

Remarquons qu'au point de vue de la *deductio in judicium*, il suffit, de la part du défendeur, que celui-ci ait trouvé un *defensor*. Quand même il ne lui aurait pas donné mandat, il n'y a pas moins *res deducta*. Loi 23, Dg., *De sol.* : « judicium pro nobis accipiendo et invite et ignorantes liberare possumus .» Loi 11, § 7, *De exc. rei j.* : « adversus defensorem qui agit, litem in judicium deducet. »

(2) *Vat. frag.*, § 307, 333.

(3) Loi 2 pr., Dg. *De adm. tut.* (26, 7) ; Loi 1, C. I, *Quando ex facto tut.*

(4) *Vat. frag.*, § 331, 332.

(5) Loi 26, Dg., *De jud.* (5, 1) ; Loi 22, § 8, Dg., *Ratam rem.* — Bethmann-Hollweg., § 100, note 114, III, *Civil process.* — Gaius, IV, § 98-100. — Huschke, V. les renvois.

Mais, sous le système formulaire, on distinguait encore entre le *cognitor* et le *procurator :* Gaius nous cite des exceptions *cognitoriæ* et *procuratoriæ*. Le vieux rigorisme des actions de la loi subsistait encore en partie.

Quelle différence y a-t-il donc entre ces deux classes de représentants ?

Le *cognitor* est donné *certis et quasi solemniis verbis, coram adversario*, et *in jure*.

Par exemple, devant le magistrat, en présence de l'adversaire, le demandeur dit : « *Quod ego a te fundum peto, in eam rem Lucium Titium tibi cognitorem do.* »

Le défendeur de son côté : « *Quod tu a me fundum petis, in eam rem P. Mævium cognitorem do* (1). »

Cette procédure a pour effet de substituer le *cognitor* au *dominus ;* il est *loco domini ;* en conséquence, ce qui est déduit en justice par le *cognitor* est censé l'être par le *dominus*. Après la *L. C.*, si le maître veut agir à nouveau, l'exception *rei in judicium deductæ* lui sera opposée ; de même que, après le jugement, c'est à lui qu'appartiendra l'action *judicati*.

Le *cognitor* a donc consommé le droit de celui qu'il représente.

D'autre part, la formule offrait ce caractère particulier que l'*intentio* contenait le nom du *dominus*, et la *condemnatio*, celui du représentant.

Mais si le représentant a été régulièrement constitué, il a éteint le droit du *dominus*, de sorte que l'excep-

(1) Gaius, IV, 83-97. — Voyez, pour l'*assertor libertatis*, le § 325 des *Fr. Vat.*

Le défenseur n'a pas besoin de constituer un *cognitor :* il suffit qu'il ait eu, même à son insu, un *defensor*, pour qu'il y ait *res deducta* à son égard.

tion *rei in judicium deductæ* (1), ou l'exception *judicati* sera donnée soit contre le représentant, soit contre le *dominus*, suivant les cas.

II. Actions *adjectitiæ qualitatis* (institoria, institutoria, tributoria, quod jussu, de peculio, de in rem verso actio). L'*exercitor navis* (armateur) est considéré comme responsable des obligations contractées par le *magister navis* (patron du navire) envers les tiers, dans les limites de ses attributions (2).

Aussi l'action intentée soit contre l'*exercitor*, soit contre le *magister* éteint le droit : et l'un et l'autre pourrait se prévaloir de l'*exceptio rei in judicium deductæ* (3).

On pourrait, pour les autres actions de cette catégorie, construire des hypothèses analogues (4).

III. Soient plusieurs *correi stipulandi*. La stipulation comporte dans ce cas plusieurs stipulants, chacun y jouant le rôle principal. L'action engagée par l'un d'eux éteindra le droit à l'égard de tous les autres : en effet, la *L. C.* consomme le droit déduit en justice ; en fait naître un autre. Mais le droit nouveau ne prend naissance qu'à l'égard du *correus* poursuivant. Si donc les costipulants ne sont pas associés entre eux, celui qui aura poursuivi, ne sera pas obligé de partager avec eux le bénéfice de son action. C'est là un des effets les plus rigoureux de notre principe (5).

(1) Quand nous parlons de l'*exc. rei in j. deductæ*, nous supposons que la *L. C.* n'a pas opéré *ipso jure*, ce qui était le cas le plus fréquent.

(2) V. d. Keller, p. 132 ; Ed. Capmas, pr. la *formuli* de l'action.

(3) Loi 1, § 24, Dg., *De ex. actione*.

(4) Loi 32 pr., Dg., *De peculio*.

(5) Lois 2 et 16, *De duob. res.*; Loi 5, *In fine, de fides.*; Loi 55, § 4, *De evict.*

Remarquons que ces textes ont trait à une action de droit strict. Si, au contraire, la solidarité dérivait d'un contrat de bonne foi, l'effet de la L. C. ne serait plus invocable que par le débiteur pour-

Une même formule pourrait-elle contenir les noms de tous les créanciers? Non, car la *L. C.* opérant extinction du même droit à l'égard de chacun, cela revient à dire que le même droit se trouverait plusieurs fois déduit *in judicium*.

Si nous supposons plusieurs *correi debendi*, et que le créancier poursuive l'un d'eux, la *L. C.* éteignant le droit du créancier, libérera les autres débiteurs. Celui qui aura été poursuivi et qui aura payé ne pourra recourir contre les coobligés que s'ils sont *socii* (1).

La corréalité nous montre plusieurs débiteurs ou créanciers ayant tous un rôle principal.

Mais il peut arriver aussi qu'il n'y ait qu'un débiteur ou un créancier principal : et que les autres personnes n'aient dans l'obligation qu'une situation accessoire.

Prenons d'abord le cas de l'*adstipulator* (2). L'*adstipulatio* est essentiellement accessoire à la stipulation principale : L'*adstipulator* est un créancier subsidiaire :

suivi. Pourquoi, en effet, refuser au plaideur une action qu'il réclame *ex fide bona*, et à laquelle il a droit en toute équité? On a voulu là-dessus démontrer que les Romains, à côté des obligations corréales, auraient eu une classe spéciale d'obligations purement solidaires. Mais les textes, suivant nous, sont rebelles à ce système adopté par Savigny, *Oblig.*, I, p. 166, éd. 1873, et propagé par Ribbentrop dans sa brochure *Zur lehre der Correal Oblig. Götting*, 1831, p. 160, 170 et suiv.; cf, Accarias, II, p. 333; Maynz, *Oblig.*, p. 54; Demangeat, *Des ob. solid. en droit romain*. Pour nous, il y a en droit romain des obligations solidaires et des obligations *in solidum*, et nous nous refusons à distinguer la corréalité de la solidarité.

(1) Sur la corréalité avec ou sans société, V. Accarias, II, § 553.— Van Wetter, § 174, *in fine*; Loi 9 pr., t. 25, pr.; L. 27 pr., Dg., *De pactis* (2, 4). — Sur le recours en cas de société : L. 62 pr., Dg., *ad Leg. Falcidiam*, Gaius, III, § 122, *in fin.*

(2) Gaius, III, 110 : « Possumus tamen id quod stipulamur, alium adhibere qui idem stipulatur, quem vulgo adstipulatorem vocamus. — Accarias, II, § 558 ; — Maynz, 3e éd., § 331.

s'il poursuit le débiteur, et que, par sa faute, il n'obtienne pas condamnation, l'action est éteinte, même à l'égard du créancier principal : « Res in judicium deducta est. » Le créancier principal pouvait recourir contre l'*adstipulator* négligent par l'*actio mandati directa* (1), ou par celle qui se tire du deuxième chef de la loi *Aquilia*. Cette loi célèbre donnait une action contre l'*adstipulator* qui, par fraude, aurait libéré le débiteur par une acceptilation (2).

Le principe sera le même, si, à l'inverse, nous supposons des obligés accessoires, *sponsores*, *fidepromissores*, ou *fidejussores*.

La *sponsio* est la forme la plus ancienne du cautionnement à Rome : Gaius (3) nous indique comment ce contrat se formait : « Sponsor ita interrogatur; *idem dari spondes?* » *spondeo* était la réponse.

La loi *Furia* divisait de plein droit l'obligation entre tous ceux qui étaient vivants au moment de son exigibilité; de sorte qu'ils n'étaient tenus que pour leur part et portion. Cette loi, qui ne s'appliquait originairement qu'à l'Italie, fut étendue dans les provinces et à la *fide promissio* par un rescrit d'Adrien (4).

C'est ce rescrit qui accorda le bénéfice de division aux fidéjusseurs; on devait l'indiquer sous forme d'exception dans la formule.

(1) Gaius, III, 216 : « Actio mandati ad eam rem sufficeret. »

(2) Gaius, Cl., 215 : « Capite secundo in adstipulatorem qui pecuniam ad fraudem stipulatoris acceptam fecerit, quanti ea res esset tanti actio constituitur. Cf., § 12, note. — Caput secundum in usu non est.

(3) III, 116.

(4) Gaius, III, 121, 12ff. Cf. Paul, I, 20, qui affirme que le bénéfice de division aurait été accordé aux *fidejussores* par l'édit du préteur. V. Kuntze, I, § 665.

La *fidepromissio* est de même nature que la *sponsio;* mais elle était accessible aux étrangers, tandis que la seconde était réservée aux seuls citoyens romains.

La *fidejussio* est une troisième forme de cautionnement plus libre et plus large que les deux autres.

Tout le monde peut l'employer, et elle s'adjoint à une obligation quelconque, tandis que la *sponsio* et la *fidepromissio* ne peuvent être appliquées qu'à des obligations verbales (1).

La division entre *sponsores* a lieu en vertu de la loi Furia *ipso jure.* Donc, si on les poursuit au delà, le procès est perdu pour cause de *plus petitio.* La division introduite au contraire par le rescrit d'Adrien ne s'opère qu'*exceptionis ope.*

Il résulte de tout ceci, que si le créancier poursuit les fidéjusseurs, il doit diviser son action.

Il peut aussi la diviser entre le débiteur et les fidéjusseurs : en un mot il peut, de préférence, poursuivre ou l'obligé principal, ou les obligés accessoires. Mais, et c'est ici que nous rencontrons l'effet négatif produit par la *L. C.:* en exerçant son action, il consomme son droit. En poursuivant le débiteur, il libère les cautions; en poursuivant les cautions, il libère le débiteur jusqu'à concurrence de ce qui a été déduit en justice (2).

Toutes ces décisions sont les applications de cette

(1) Sur ces différentes sortes d'*adpromissores*, V. Accarias, *Précis*, II, p. 338. Pour l'historique : Kuntze, I, §§ 664 et seq. Cet auteur, dans cette *échelle* de cautionnements (*sponsio. fidp. fidej.*), voit la triple succession du *jus strictum, gentium et extraordinarium*, II, p. 480 (excurse).

(2) LL. 16 et 28, C. *De fidej.*

idée que, en matière de corréalité ou d'adpromission, il y a unité d'obligation. Lors donc que cette obligation est déduite en justice, elle est éteinte; et comme une obligation éteinte ne peut reparaître en justice, la poursuite contre l'un des débiteurs libère les autres, le droit consommé à l'égard de l'un des créanciers l'est aussi pour les autres.

Lorsque le cautionnement a la forme du *mandatum pecuniæ credendæ*, il n'y a plus unité d'obligation. L'obligation du *mandator* n'est point accessoire, bien plus, elle précède même l'obligation à cautionner.

Le *mandator* est tenu d'une façon absolue, il s'est engagé à indemniser le mandataire du préjudice qui pourrait résulter de l'insolvabilité du débiteur. C'est une obligation distincte. Si donc le mandataire agit contre le débiteur et que celui-ci soit insolvable, il pourra agir contre le *mandator* à l'effet de lui réclamer l'indemnité qui lui est due. Dans le premier cas, il se sera servi de l'action qu'il a contre le débiteur; dans le second cas, il se sera servi de l'action *mandati*, dont la cause et l'effet sont différents, qu'il a contre le *mandator* (1). Loi 25, § 2, 46, 1.

Il en sera de même s'il s'agit d'un pacte de constitut (2). Le constitut est la reconnaissance d'une dette préexistante avec fixation d'un jour pour le paiement : le constitut de la dette d'autrui remplace donc la fidéjussion. Mais l'obligation est distincte de celle qu'il s'est agi de cautionner.

Le *fidejussor indemnitatis* n'est pas libéré par la

(1) Loi 13, Dg., *De fidej. et mand.* — On désigne ce mandat d'une façon plus générale sous le nom de *mandatum qualificatum*.

(2) Loi 18, Dg., § 3 *De pec. constituta.* — C., *De const. pec.* (IV, 18), Cf. Vangerow, *Lehrb.*, III, § 579. Anm., n° 3.

poursuite exercée contre le débiteur principal (L. 116, *De v. ob.*; loi 21, *De sol.*, 46, 3) : il est en effet tenu sous condition, et la condition est celle-ci : *Si le débiteur ne paie pas*. Il en résulte que, lorsque les poursuites exercées contre le débiteur principal n'ont pas abouti au paiement, la condition se trouvant réalisée à l'égard du fidéjusseur, une seconde poursuite sera possible contre ce dernier.

Enfin, les débiteurs obligés *in solidum* ne sont pas considérés comme tenus d'une obligation unique. La *litiscontestatio* s'opérant à l'égard de l'un d'eux, ne libérera pas les autres : *Liberantur perceptione*, dit Paul, *non litiscontestatione*. LL. 2, 3, 4, Dg., *De his qui eluderent*, 9, 3 ; L. 18, *Adm. et per. tut.*, 26, 7.

Nous avons enseigné, conformément aux textes, que la déduction du droit en justice libérait les fidéjusseurs. Une loi au Code (L. 27, § 1, *De fid. et mand.*) semble contredire cette doctrine, et impliquer que la libération des fidéjusseurs n'était pas complète. Justinien dit que d'après un ancien usage le créancier, aussitôt après la condamnation, avant le délai de deux mois accordé au débiteur pour s'exécuter, aurait pu poursuivre les fidéjusseurs. La *litiscontestatio* ne les avait donc pas libérés? C'est pourtant ce qui est formellement écrit dans la loi 42, § 2, Dg., *De jurejurando*. On a essayé divers systèmes de conciliation dont voici, suivant nous, le plus probable : la loi 27, C. *De fid et m.* viserait le cas de la *fidejussio indemnitatis* (1).

(1) On peut aussi supposer, avec la loi 8, § 3, Dg., *De fidej. et mand.*, un fidéjusseur engagé *post litem contestatam*.

§ 2. — **Restrictions à l'effet négatif de la Litiscontestatio.**

A. *Existence d'une obligation naturelle.* — L'idée primitive d'où dérive l'extinction par *litiscontestatio*, est toujours la règle *bis de eadem re agere non licere*. A proprement parler, ce n'est pas le droit qui est consommé, c'est la possibilité de le déduire en justice qui n'est plus. Cela est évident pour les actions *in rem;* la propriété ne s'éteint pas, mais le droit de déduire en justice cette propriété n'existe plus. Quand il s'agit d'une action *in personam*, la conséquence est que l'obligation n'est pas, à vrai dire, éteinte, mais qu'elle demeure dénuée d'effets juridiques ; c'est-à-dire qu'elle n'est plus qu'une obligation naturelle.

C'est ce qui résulte de la loi 8, § 3, Dg., *De fidej. et mand.* (1). Cette loi parle d'une *obligatio civilis* à laquelle peut accéder un fidéjusseur. Cette *obligatio civilis* est celle qui découle du quasi-contrat judiciaire : c'est le *condemnari oportere*.

Quant à l'obligation naturelle, c'est ce qui reste de l'obligation primitive, elle est elle-même autre chose qu'une pure conception théorique; car, si elle n'est pas susceptible d'être invoquée en justice par voie d'action, du moins peut-elle être opposée en compensation (2), être garantie par des hypothèques (3) ou des fidéjusseurs (4).

(1) « Et post litem contestatam fidejussor accipi potest quia et civilis et naturalis subest obligatio. Et hoc et Julianus admittit, et hoc jure utimur. » V. Loi 50, § 2, Dg., *De pec. Pap.*

(2) Loi 8, Dg., *De compens.*

(3) Loi 27, Dg., *De pign.*; Loi 11, pr., § 1, Dg., *De pig. act.*

(4) Loi 8, § 3, Dg., *De fidej.*

Dans quel cas voyons-nous cette obligation naturelle persister ainsi après la *litiscontestatio?*

Supposons d'abord qu'il n'y ait pas eu *judicatum;* mais qu'il y ait péremption d'instance (lis amissa tempore). Dans ce cas l'obligation naturelle subsistera, si tant est qu'il y ait eu antérieurement un droit. Car, certainement, si le demandeur avant la *L. C.* n'avait aucun droit fondé, ce n'est pas la *L. C.* qui pourrait à son profit créer une obligation naturelle. Comme nous l'avons dit, cette obligation naturelle pourra, indirectement, avoir des effets juridiques (compensation, accessoires réels et personnels).

Supposons le jugement rendu. Deux cas peuvent se présenter :

1° Le défendeur est condamné. Dans ce cas, il ne saurait être question d'une obligation naturelle. Si le demandeur agit, c'est en vertu d'une obligation parfaitement civile, laquelle résulte *ex causa judicati.* C'est le *judicatum facere oportere* (Gaius, III, 180).

2° Le défendeur est absous. Subsistera-t-il au profit du demandeur une obligation naturelle avec les effets que nous avons indiqués? Cela n'est guère possible; car, si le juge a refusé au demandeur une action à l'effet de se faire payer, comment concevoir que le demandeur puisse obtenir ce paiement, qui ne lui est point dû, par la voie détournée d'une exception? Aussi le principe est-il qu'il n'y a pas en ce cas d'obligation naturelle, *post rem judicatam nihil quæritur* (1).

S'il en était autrement, l'autorité de la *res judicata* ne serait plus qu'un mot, et les parties pourraient sans cesse recommencer le procès.

(1) L. 56, Dg., *De re judic.*

Cependant la loi 28, Dg., *De cond. ind.* semble contredire ce principe. Un débiteur absous à tort a cependant payé sa dette. Il veut ensuite répéter le paiement. Paul décide qu'il ne peut le faire, sans toutefois donner le motif de cette décision. Est-ce parce qu'il subsiste une obligation naturelle? cela serait contraire à la règle *de eadem re agere non licere*. Il nous semble plus exact de dire que la répétition n'est pas admise, parce qu'un des éléments essentiels à la *condictio indebiti* fait défaut. La *condictio indebiti* suppose un paiement fait par erreur. Or le débiteur *male absolutus* qui a payé nonobstant la sentence savait bien ce qu'il faisait : il a voulu faire une donation.

Mais l'absolution du défendeur peut résulter d'une erreur de procédure ; par exemple d'une plus-pétition. En ce cas une obligation naturelle subsiste ; et on a pu le décider ainsi sans violer la règle *bis de eadem re*. En effet le *judicatum* n'a pas dans ce cas porté sur le droit ; il n'est que la constatation d'une erreur de procédure qui a eu pour résultat d'éteindre l'action (1).

Il en serait de même dans l'hypothèse suivante : un créancier a consenti à son débiteur un pacte *de non petendo intra tempus*, puis il agit avant le terme fixé. Il perd, par ce fait, son procès. Mais une obligation naturelle survit qu'il pourra invoquer par voie d'exception s'il y a lieu.

On voit que dans certains cas, lorsqu'il y a eu absolution du défendeur, il y a persistance d'une obligation naturelle ; dans d'autres cas, au contraire, le droit antérieurement déduit est détruit sans qu'il en reste un vestige. La règle générale qui explique les hypo-

(1) L. 27, Dg., *De pignor. et hyp.* — Accarias (conférence).

thèses que nous avons énoncées est la suivante : l'obligation naturelle existera chaque fois que son existence n'est pas une violation de la règle *bis de eadem re*. Au cas de péremption d'instance l'action n'a pas suivi son cours ; *de re actum non fuit*. De même lorsque le procès a été perdu parce qu'il y avait plus-pétition, le fond du droit n'a pas été jugé. On peut donc, sans méconnaître la décision du juge, repousser, dans ces circonstances, le demandeur par voie d'exception.

B. *Des accessoires réels de l'obligation.* — Les gages et hypothèques subsistent après la *litiscontestatio*. La novation au contraire fait perdre ces droits accessoires, et le créancier qui veut les conserver doit en faire la réserve expresse. On a voulu expliquer cette persistance des accessoires réels par l'obligation naturelle à laquelle ils sont attachés. Mais on a vu que cette obligation naturelle ne subsiste que dans certains cas. Les accessoires réels, au contraire, survivent toujours à la créance. La raison est que l'effet négatif de la *L. C.* ne se sépare pas de son effet positif. Au moment où le droit est éteint, un autre droit prend naissance, sur lequel se transportent les gages et hypothèques (1). Cette explication est d'accord avec la loi XIII, § 4, Dg., *De pign. et hypoth.*

Ajoutons que la *L. C.* ne peut avoir pour effet d'empirer la condition du créancier. Il serait inexplicable que le droit de celui-ci fût diminué, parce qu'il est déduit en justice : « Neque enim deteriorem causam nostram facimus actionem exercentes, sed meliorem (2).

(1) *Sic*, Accarias, *Précis*. — Cf. Vangerow, *Lehrbuch*, I, § 160.

(2) Cf., l. ult. C. *De novat.*

La *litiscontestatio* laisse également intacts les privilèges attachés à l'ancienne créance.

« Perit privilegium dotis et tutelæ, dit la loi 29 (Dg. *De novat.*), si post divortium dos in stipulationem deducatur ; — quod nemo dixit lite contestata (2). »

Il n'en saurait être autrement. Un privilège qui serait éteint par la *L. C.* serait une illusion ; puisqu'il ne peut s'exercer que sur le produit de la vente des biens du débiteur. Pour que les biens puissent être vendus, il faut un jugement de condamnation. Il eût été absurde de donner à la *litiscontestatio* un pareil effet.

(1) Cf. Loi 22, *De tutel et rat. distr.*

DEUXIÈME PARTIE

EFFETS POSITIFS DE LA LITISCONTESTATIO.

L'effet positif de la *litiscontestatio* consiste dans la création d'une obligation nouvelle, dans laquelle le défendeur est débiteur : *Incipit teneri reus litis contestatione.* Cette obligation se désigne par l'expression *condemnari oportere.* Cette obligation est conditionnelle *si paret;* parfois la condition sera un « arbitrium », *nisi restituat;* ou une exception, *nisi convenit.* Elle est, du reste, subordonnée à l'issue du procès que doit terminer soit une condamnation, soit une absolution.

D'abord, le défendeur s'est engagé, par la *litiscontestatio* (judicium acceptum) à soutenir le procès (1), et à se soumettre au jugement (2). Cette obligation donne à l'adversaire l'exception *rei in judicium deductæ*, s'il n'y a pas eu jugement ; et l'exception *rei judicatæ*, si le jugement a été rendu. Il y a donc, entre la *L. C.* considérée comme contrat et la stipulation, cette diffé-

(1) C'est la *clausula de re defendenda.*

(2) C'est à quoi correspond la *clausula de judicato solvendo.* V. LL. 6 et 17, Dg., *Jud. solvi.*

rence, que la première crée des obligations réciproques. A un autre point de vue, la *litiscontestatio* produit un effet double :

1° Pendant la durée de l'instance.

α. Si la juridiction était incompétente, elle a cessé de l'être après la *L. C.* Les parties, par leur silence, sont censées avoir accepté le tribunal devant lequel elles se sont présentées.

β. Elles n'ont plus la faculté de récuser le juge, car la *litiscontestatio* a définitivement organisé le *judicium.* En cela se révèle nettement le caractère contractuel de la *L. C.* Mais le préteur, en cas d'erreur, peut fort bien, dans la formule, modifier la partie qui a trait à la nomination du juge et mettre un autre nom (1). D'autre part, le juge, avant d'avoir entrepris l'affaire, peut faire valoir une excuse (2).

γ. Le *cognitor*, *procurator*, *defensor*, etc., ne peut plus être révoqué : la *L. C.* l'a rendu *dominus litis.*

δ. Enfin lorsque la formule est critiquée, après la *L. C.*, elle ne peut plus être changée (formula iniqua) que par la voie de l'*in integrum restitutio.*

2° Quant à l'issue du procès.

α. La *litiscontestatio* détermine le moment où il faut se placer pour apprécier le droit du demandeur. C'est à

(1) Loi 80, Dg., 5, 1. *De judic.*, Cf. Pline, *Panegyr.* 36 : « Sors et urna fisco judicem adsignat : licet reicere, licet exclamare : Hunc nolo — hunc volo. »

(2) L. 13 pr., Dg., *De vocat.*

ce jour que le droit a dû exister pour qu'il y ait *deductio in judicium*. Si le droit invoqué n'était pas encore acquis au jour de la *litiscontestatio*, rien n'a été déduit en justice ; le demandeur sera débouté (1), mais comme il n'a pas pu éteindre un droit qu'il n'avait pas, rien ne s'oppose à ce qu'il puisse reprendre une instance nouvelle. Il importerait peu que, dans le courant de l'instance, le demandeur acquière effectivement le droit qu'il n'avait pas d'abord. Si son droit n'existait pas lors de la *L. C.*, le défendeur devra être absous (2).

Du côté du défendeur nous appliquerons les mêmes principes. Le moment où s'accomplit la *L. C.* est décisif quant à l'appréciation des moyens de défense. Par exemple, la prescription doit être accomplie avant la *L. C.* pour qu'elle puisse être invoquée par le défendeur; sinon, quand même elle s'accomplirait au cours de l'instance, le défendeur sera condamné (3).

L'usucapion, à vrai dire, n'est pas interrompue par la *L. C.*; elle s'accomplit au profit du défendeur *inter moras litis*. Mais comme le défendeur n'était pas propriétaire au jour de la *L. C.*, il devra être condamné ; à moins qu'il ne restitue la chose ; c'est-à-dire, qu'il n'en retransfère la propriété au demandeur. L'*arbitrium* du juge imposant cette restitution

(1) Loi II, §§ 4, 5, Dg., *De exc. rei jud.*

Savigny, § 262. — Paul : « Non potest videre in judicium eo quod post judicium acceptum accedisset, ideoque alia interpellatione opus est (L. 23, *De judic.*, 5, 1). » — Cependant, en ce qui concerne les actions de bonne foi, voyez loi 17, *Mandati* (17, 1).

(2) Dans l'action *ad exhibendum*, action arbitraire, l'exhibition de la chose est exigée non seulement lors de la *L. C.*, mais encore lors du jugement. Loi 7, § 7, Dg., *Ad exhib.*

(3) Loi 2, *Code. ubi in rem actio*; L. 10, C. *De pr. long. temp.*, V. Vangerows, *Lehrbuch*, I, § 167. *anm.* II, Cf., LL. 18, 20, 21, *De rei vind.*

devra être renforcé d'une caution *de dolo*, que l'adversaire fournit : « Periculum est enim, dit Gaius, ne — vel pignoraverit vel manumiserit. » (Loi 18, *De rei vind.*) Cette caution garantit le demandeur contre toute dégradation, aliénation ou affranchissement (1). Ainsi, de deux choses l'une : ou le défendeur restitue et il est absous ; ou il a aliéné, s'est mis hors d'état de pouvoir satisfaire à l'*arbitrium* du juge, et il est condamné ; *quanti ea res erit* (2).

A l'inverse, si le revendiquant ne peut pas prouver sa propriété au jour de la *L. C.*, quand bien même la propriété lui serait acquise, *inter moras litis*, le juge devra prononcer l'absolution. Seulement, rien n'ayant été déduit en justice, le demandeur sera libre d'intenter une nouvelle action.

La *rei vindicatio* ne se donne en principe que contre le possesseur (3), car lui seul peut satisfaire à cette condition : *nisi restituat*. Si avant l'exercice de l'action le défendeur s'est dessaisi de la chose, il ne peut plus être poursuivi par la revendication ; mais il doit céder au revendiquant les actions qu'il peut avoir à l'effet de recouvrer la chose ; et, en tout cas, il peut être condamné à en payer la valeur. Mais ceci suppose qu'il était de mauvaise foi. Si au contraire il avait, avant l'instance, aliéné la chose de bonne foi, et s'il n'a aucune action qu'il puisse céder, le demandeur devra s'adresser à la personne qui se trouve actuelle-

(1) Cf., loi 73, Dg., *De procur.* Paul : « Si reus paratus sit. » — Gaius, IV, § 114.

(2) V. la formule de la *rei vind.* Cicéron, 2e *Verrine*, II, 12.

(3) Loi 36, *De rei vind.* Gaius : « Qui petitorio judicio utitur, ne frustra experiatur, requirere debet an is eum quo instituit actionem, possessor sit vel dolo desiit possidere. »

ment en possession (1). Toutefois le défendeur mis en demeure avant la *L. C.* n'échapperait pas à l'action. Le défendeur mis en demeure devait conserver la possession.

Dans l'action arbitraire, il va de soi que, si le défendeur offre satisfaction, il ne puisse plus être condamné. Cela résulte de la formule même de cette action, qui subordonne la condamnation à la condition *nisi restituat* (Cf. L. 13 pr., Dg., *Jud. solvi* (si lis finita fecerit — *vel solutione*).

Pour les actions de bonne foi il est facile de comprendre que le juge, dont les pouvoirs sont larges, puisse se refuser à condamner, lorsque, avant la sentence le demandeur a obtenu satisfaction. Mais en ce qui concerne les actions de droit strict, il y avait à Rome controverse entre les deux grandes écoles sabinienne et proculienne. Les Sabiniens, guidés par une raison d'utilité pratique, voulaient qu'après satisfaction de la part du défendeur, la condamnation, désormais sans intérêt, ne fût pas prononcée. Ils interprétaient ainsi le dicton classique: *Omnia judicia esse absolutoria.* Les Proculiens, au contraire, plus formalistes, exigeaient que même dans ce cas la condamnation fût prononcée (2).

Les règles de la procédure veulent en effet que, si l'exactitude des prétentions du demandeur au jour de la *L. C.* est vérifiée (si paret), le débiteur soit condamné. Faut-il penser que les Proculiens permettaient

(1) Voyez, sur la possession, les lois 27 et 42 *De r. vind.* (6, 1). — Si la chose est revenue entre les mains du débiteur avant le jugement, l'action a été régulièrement intentée. Vangerow, § 160, anm III; Accarias, II, § 770.

(2) Gaius, IV, 114. Bethm.-Hollweg., *Civil pr.*, II, § 103, p. 518.

au demandeur, même après qu'il avait été désintéressé, de se faire encore payer la valeur de la chose? Cela eût été d'une iniquité manifeste.

Dans le système des Proculiens, la condamnation avait ses effets accessoires : le défendeur perdait la *sponsio tertiæ partis;* il encourait l'infamie, et, en un mot, toutes les *pœnæ* auxquelles est soumis l'adversaire vaincu dans la procédure romaine (1).

Quant au demandeur, s'il eût voulu poursuivre l'exécution de la condamnation, après qu'il eût été désintéressé, nul doute qu'il n'eût vu son injuste prétention repoussée par une exception de dol (2) (Accarias, Conférence de Pandectes); et s'il avait payé, qu'il n'eût eu une *condictio sine causa* pour répéter ce qu'il a donné (3).

L'exemple que nous venons de rapporter a trait à la *rei vindicatio :* les actions confessoire, négatoire, et la pétition d'hérédité pourraient offrir des hypothèses analogues.

L'action *ad exhibendum* offre une particularité : si la chose qu'il s'agit de représenter n'était pas entre les mains du débiteur lors de la *L. C.*, mais que celui-ci en soit devenu possesseur au jour seulement de la sentence, il sera condamné. Dg., 27, § 1, *De rei vind.* De même l'action *de peculio* semble s'éloigner de nos principes : si au jour de la *L. C.* le pécule ne comprenait rien, et que, postérieurement, il acquière un actif sur lequel peut porter la *condemnatio*, l'action

(1) Keller, *Procédure civ.*, § 67.

(2) V. loi 33, § 1, Dg., *De sol.* (46, 3). V. pour l'exception de dol, loi 15, Dg., *De dol. mali et th. exc.* Scevola. — Loi 23, § 3, *De cond. indebiti.* Sur *la conditio sine causa.*

(3) *Sic*, Keller, *l. cit.* — Savigny, *Syst.*, IV, 62, 1. — Accarias, II, § 770. — *Contra*, Bethm.-Hollwez, II, § 103.

aura été régulièrement intentée. L. 30 pr., *De pec.*

Ces deux lois se concilient parfaitement avec la théorie que nous avons exposée. En effet, dans l'action *ad exhibendum*, de quoi s'agit-il ? D'obtenir la représentation d'une chose. Dans l'*intentio* d'une pareille action, ce n'est pas un droit que l'on énonce, mais bien plutôt l'exécution d'un fait. Cela est si vrai que l'*intentio* ne mentionne rien qui ait trait spécialement à ce fait; par exemple, dans l'action *de peculio*, la valeur du pécule n'est pas indiquée. Ulp. : « Quæsitum est an teneat actio de peculio etiamsi nihil sit in peculio, quum ageretur, si modo sit rei judicatæ tempore. Proculus et Pegasus nihilominus teneri aiunt; *intenditur enim recte, etiamsi nihil sit in peculio.* Idem et circa ad exhibendum et in rem actionem placuit. Quæ sententia et a nobis probanda est. » L. 30 pr., *De pec.*, 15,1.

De ce texte on peut rapprocher la loi 1 § 21 *Depositi* et la loi 17 *Mandati.*

Dans toutes ces hypothèses c'est évidemment à l'époque de la condamnation que l'existence du fait sera examinée ; il ne pouvait s'agir de la *litiscontestatio* (1). C'est ainsi que, dans la revendication, celui qui ne possède pas au jour de la *L. C.*, mais devient possesseur avant la sentence, est condamné (2).

Nous venons de voir les principaux effets de cette transformation du droit opérée par la *L. C.* A l'obligation primitive elle en substitue une nouvelle. Ce

(1) Savigny, *System.*, § 263 ; V. Vangerow, § 160, anm. III, 3 ; Accarias, *Précis*, II, p. 873.

(2) L. 27, *De rei vind.* Paul : « Idem, si lites contestatæ tempore non possedit, quo autem judicatur res possidet, probanda est Proculi sententiæ ut omnimodo condemnetur. »

double effet la rapproche de la novation, et une controverse s'est élevée sur le point de savoir si la *L. Ç.* n'était pas en effet une novation. Est-ce de l'idée de novation que sont partis les Romains pour arriver à donner à la *L. Ç.* les effets juridiques que nous avons étudiés jusqu'ici? L'intérêt pratique de ce débat est nul en ce qui concerne les effets de la *L. Ç.* sur lesquels tout le monde est d'accord; mais l'intérêt théorique est considérable. Ce système, qui voit dans la *L. Ç.* une sorte de novation (1), se rattache à une doctrine plus générale sur la cession de créance chez les Romains. Ce n'est pas ici le lieu de discuter cette doctrine. Mais en ce qui concerne la *L. Ç.* nous allons essayer d'établir qu'il est inexact de soutenir qu'elle soit une novation. Voici les textes sur lesquels ou s'appuie dans ce système.

1° Le paragraphe 263 des *F. Vaticana* parle d'une novation opérée *inchoatis litibus* (inchoatis litibus actiones novavit).

2° La loi 11, Dg., § 1, *De novat.*, dit formellement que la délégation s'opère par *L. Ç.* (fit autem delegatio vel per litiscontestationem).

3° La loi 23, Dg., *De solut.* complète la précédente : « Solutione vel judicium pro nobis accipiendo et ignorantes et inviti liberari possumus. »

4° La loi 29, Dg., *De novat.* compare à la novation volontaire la novation par jugement : « Aliam esse causam novationis voluntariæ, aliam judicii accepti multa exempla ostendunt. » Ce dernier texte a conduit les interprètes à qualifier la *L. Ç.* de *novatio necessaria* (1).

(1) *Sic.* Gide (Cours) ; de Vangerow voit même dans la *L. C.* : « Eine wahre Novation. » (*Lehrbuch*, I, § 168).

(2) Ribbentrop, *De necessaria, quam vocant, novatione.* Gött., 1822.

Que faut-il conclure de ces textes? Que l'idée d'une comparaison entre la *L. C.* et la novation n'a point échappé aux Romains, et, de fait, cela allait de soi. Dans l'un et l'autre cas, il y a extinction d'un droit et création d'un droit nouveau.

Mais d'abord, remarquons, avec M. Accarias, que dans la novation l'extinction de l'obligation primitive a pour condition la création de l'obligation nouvelle; en ce sens que la stipulation *novandi causa* crée une obligation même alors qu'elle n'en éteint pas. La *L. C.* au contraire ne produit un droit nouveau qu'autant qu'elle consomme l'ancien. Il y donc là une différence essentielle.

En second lieu, la novation ne se fait point par changement d'objet (1), la *L. C.* au contraire change l'objet de la dette; puisqu'au *dari oportere* elle substitue le *condemnari oportere* qui consiste en une somme d'argent; à Rome toute condamnation étant essentiellement pécuniaire.

Les Romains ont vu dans la *L. C.* quelque chose d'analogue à la novation, et la comparaison s'offrait tout naturellement à eux. Pour faire une novation, la stipulation est nécessaire; la *L. C.*, au contraire, acte solennel, se sépare, au point de vue de la forme, de la stipulation.

D'autre part, il n'y a pas novation sans consentement des parties (animus novandi). Au contraire, la *L. C.* opère une transformation du droit, non pas par suite du consentement des parties, mais par l'effet d'une règle de procédure.

Il n'est donc point permis d'en faire une novation. Le

(1) Loi 1 pr., Dg., *De novat.*

point de vue exact est indiqué par Gaius dans les §§ 179 et 180 du 3e commentaire.

La *L. C.* est assurément un mode d'extinction des obligations, mais un mode *sui generis*, qu'il faut classer à part. Aussi Gaius lui consacre-t-il un paragraphe spécial.

Non seulement la *L. C.* et la novation sont différentes quant à leur nature juridique, mais elles sont loin de produire des effets identiques.

La novation éteint la dette avec ses accessoires réels, gages, privilèges, hypothèques. La *L. C.* n'entraîne jamais de pareilles conséquences.

La novation ne laisse pas subsister d'obligation naturelle ; l'extinction de la créance est absolue.

La novation arrête le cours des intérêts (1), il n'en est pas de même de la *L. C.* : « Judicio cœpto usurarum stipulatio non est perempta » (L. 1, Code, *De judic.*).

Cette discussion, dont nous venons de retracer les points principaux, révèle les différences multiples qui existent entre la *L. C.* et la novation. Les effets de l'une résultent de la volonté des parties ; la *L. C.*, au contraire, n'éteint l'obligation primitive qu'en vertu de la règle *bis de eadem re ;* elle en crée une nouvelle par le jeu de la procédure formulaire. Sans doute la *L. C.* a un caractère contractuel ; mais, il ne faut pas l'oublier, c'est un contrat judiciaire dont l'objet est,

(1) Loi 18, *De novat.* Paul (46, 2) : « Novatione legitime pacta liberantur hypothecæ et pignus, usuræ non curant » (Accarias, II, p. 872, note 1).

Loi 35, *De usur.* (Paul) : « Lite contestata usuræ currunt. » — La pétition d'hérédité est soumise à des règles spéciales quant aux intérêts. — Accarias, II, § 772 ; de Vangerow, I, § 160. — Loi 34, *De usur.* Loi 20, § 11 ; Loi 51, § 1, *De her pet.* ; Loi 1, Code, *eod.*

non pas l'extinction d'une obligation et la production d'une autre obligation, mais simplement la solution d'un litige (1).

Il nous reste à indiquer les principales conséquences de cette modification du droit déduit en justice.

1° La prescription extinctive des actions temporaires est interrompue par la *L. C.* : « Omnes actiones quæ morte aut tempore pereunt semel inclusæ judicio salvæ permanent. » Par la *L. C.*, le *judicium* étant constitué, la mort d'une des parties ne peut avoir pour effet d'arrêter l'instance en cours. Loi 139 pr., *De reg. jur.*; Loi 26 et L. 68 *De O. et act.* (44), (2).

Les *actiones populares* étaient toutes annales (Loi 8, Dg., *De pop. act.*). Les actions utiles devaient également être intentées dans l'année, *anno utili* (Gaius, IV, 110). Les actions pénales, l'action *injuriarum*, l'*actio patroni adversus libertum* ne passent pas aux héritiers, même activement. La *L. C.* aura pour effet de les rendre perpétuelles (Loi 1, § 1, *De priv. debet.*, 47, 1), et de permettre aux héritiers de continuer l'instance, malgré la mort du demandeur.

2° La loi 3 § 2 *De pecul.*, 18, 1 (Dg.) nous montre encore un effet de la *L. C.* L'action *judicati* est donnée contre le père *de peculio*, à raison d'un délit commis par son fils, et non pas *noxaliter*. « Nam sicut in stipulatione contrahitur cum filio, ita judicio contrahi. » Il y a changement de cause dans l'obligation, le père n'est plus tenu à raison du délit pour lequel son fils a été condamné, mais en vertu de l'*obligatio judicati*.

(1) V., sur cette matière, Gide, *Novation*, p. 324 et suiv.

(2) Loi 8, Dg., *De fidej.* Paul : « Litis contestatione actiones temporales perpetuantur. »

3° Les actions populaires ne sont pas appropriables : elles appartiennent à tous, et tout le monde peut les intenter. A partir de la *L. C.*, elles entrent dans le patrimoine du demandeur (loi 5, Dg., *De pop. act.*). Une fois l'action intentée, il y avait *consumptio*, et tout nouveau demandeur pouvait être écarté par l'exception *rei judicatæ* ordinaire.

4° Enfin les actions pénales ne sont pas admises contre les héritiers de l'auteur du crime ou du délit. Mais après la *L. C.* elles peuvent être continuées contre eux par application de cette règle : « In contractibus successores ex dolo eorum quibus successerunt non tantum in id quod pervenit, verum etiam *in solidum* tenentur, hoc est unusquisque pro ea parte qua heres est » (L. 157, *De reg. jur.*, Dg.).

Si, par exemple, une personne contre qui est intentée l'action *furti manifesti* meurt avant la *litiscontestatio*, l'action est éteinte. Si elle meurt après la *L. C.*, l'action sera continuée contre les héritiers, et on sait que la condamnation était du quadruple.

Ces différentes décisions s'expliquent par l'effet positif de la *litiscontestatio*.

Remarquons que, lorsque nous disons que les actions temporaires deviennent perpétuelles, cette expression, quoique conforme au langage romain, ne doit pas être rigoureusement entendue. Sans doute il y a toujours une division des actions en perpétuelles et temporaires, même à l'époque de Gaius (IV, 110, 3), cf. Inst., IV, 12; Code, VII, 39; mais depuis la *lex Julia judiciaria*, il n'y a plus à proprement parler d'action perpétuelle; car cette loi limite à dix-huit mois la durée des instances. Elle s'appliquait aux *judicia legitima*. Pour les *judicia imperio continentia*, leur durée ne dépassa jamais celle des pouvoirs du magistrat qui avait délivré la formule.

Nous pouvons rattacher à l'effet positif de la *litiscontestatio* les points suivants :

1° *De la demeure.* — La *litiscontestatio* met-elle le débiteur en demeure? Pour employer l'expression romaine, y a-t-il *mora*, par suite de la *L. C.?* Un texte répond négativement à cette question, c'est la loi 63 *De rei jud. Julian.* : « Qui sine dolo malo ad judicium provocat, non videtur moram facere. » *Adde* L. 21 Ulpian. — L. 24 Paul, *De usur et fr.* Ce texte, et ceux que nous citons ensuite, enseignent qu'il n'y a pas *mora* lorsque le débiteur avait des motifs légitimes d'aller devant le préteur ; *juste*, *sine dolo malo.* Alors, la défense étant sérieuse, il n'y a pas de raison pour la soumettre aux effets de la mise en demeure. Si au contraire le débiteur sommé de payer a refusé frauduleusement de le faire, s'il a cherché en un mot à vexer son créancier, la *L. C.* aura l'effet d'une mise en demeure.

C'est ainsi qu'il faut entendre la loi 82, § 1, *De verb. ob.*, 45, 1 (Ulp.), qui semble d'abord contredire les textes précités : « Et hic moram fecisse videtur, qui litigare maluit, quam restituere. »

Mais lorsque c'est par suite d'un délit que le débiteur est poursuivi, la *mora* produit ses effets *re ipsa*, sans interpellation, indépendamment de la *L. C.* La demeure, nous le savons, met l'obligation aux risques et périls du débiteur (1).

Cet effet ne se produit pas par la seule *L. C.* Dans

(1) Loi 5 pr., Dg., *De reb. credit.*, 12, 1; loi 108, § 11, Dg., *De eg.* : « Si servus legatus sit et moram heres fecerit, periculo ejus et vivit et deterior sit. »

la plupart des cas, la *mora* se confondra avec la *L. C.*, mais, les textes en font foi, cette confusion n'a rien de nécessaire. Loi 32 pr., Dg., *De usur. et fruct.* : « Mora fieri intelligitur si interpellatus opportuno loco non solverit; *quod apud* judicem examinabitur; nam, ut et Pomponius libro XII Epistolarum scripsit, difficilis est hujus rei definitio, Mora — magis *facti* sit quam juris. »

2° *Objet et étendue du droit nouveau.* — Sous le régime formulaire, toute condamnation était pécuniaire. Cependant il ne faut pas exagérer ce principe, qui, s'il eût été appliqué dans toute sa rigueur, aurait eu pour résultat de ne pas donner satisfaction au demandeur. Il faut tenir compte de la maxime *omnia judicia absolutoria esse* : nous avons dit déjà que, d'après cette règle, le défendeur qui restituait la chose réclamée, échappait à la condamnation. De même dans les les actions arbitraires le *jussus* du juge avait pour effet de donner au demandeur la satisfaction arbitrée.

Comment appréciera-t-on le droit nouveau dans son étendue; quelle sera la base de la condamnation?

Le juge doit reporter au jour de la *L. C.* afin que le droit du demandeur soit mesuré et apprécié, comme si la condamnation avait été prononcée à ce jour.

Les Romains distinguent dans le droit du demandeur la *res* et la *causa* (1).

La *res*, c'est ou la restitution d'une chose, ou l'exécution de l'obligation.

(1) Loi 17, § 1; Loi 20, *De rei vind.*, 6, 1; Loi 2, *De usur.*; Loi 8, *id.*, 22, 1; Loi 75, Dg., *De V. S.*, 50, 16 : « Restituere is videtur, qui id restituit, quod habiturus esset actor, si controversia ei facta non esset. »

La *causa* désigne un ensemble d'accessoires qu'il faut remettre au demandeur avec la chose, afin que le dommage causé à celui-ci soit entièrement réparé. Elle comprend les fruits, le part des esclaves, les acquisitions réalisées par ceux-ci ; le *id quod deterior factus est*, et dans certaines actions, par exemple la *petitio hereditatis*, les intérêts des sommes d'argent (1). Loi 1, C., *De pet. her.*, 3, 31.

Papinien : « Vulgo receptum est, ut, quamvis in personam actum sit, post litem contestatam causa prestetur... (2). »

Ce texte nous révèle une controverse.

La règle que la *causa* est due avec la *res* elle-même avait été admise d'abord pour les actions réelles ; et paraît remonter jusqu'aux actions de la loi. On l'admit ensuite dans les actions *in personam* arbitraires et de bonne foi. Mais elle ne fut que plus tard étendue à toutes les actions personnelles ; c'est Sabinus et Cassius qui eurent l'initiative de ce dernier progrès. Loi 38, § 7, Dg., *De usur.* Cf. Loi 31 pr., *De reb. credit.*

Appliquons cette règle aux fruits.

Le défendeur peut être un possesseur de mauvaise foi : dans ce cas, il n'a jamais pu faire siens les fruits perçus avant la *L. C.* Pour ceux qu'il a négligé de percevoir ou qu'il s'est appropriés, depuis la *L. C.*, il devra les restituer au double. Mais ceci ne saurait

() Il n'est, en effet, question d'intérêts que dans les actions personnelles. Or, celles-ci furent soumises à des règles spéciales. On ne peut donc faire rentrer les intérêts dans la *causa*. De même, la théorie de la *causa* est sans application à l'égard du possesseur de mauvaise foi.

(2) Loi 2 et 3, *De usur.*, 22, 1.

rentrer dans notre règle, car ici la *causa* est antérieure à la *L. C.*

Supposons un possesseur de bonne foi. Deux textes de Paul nous apprennent que la *L. C.* avait pour effet de transformer la possession du défendeur en possession de mauvaise foi; et dès lors il devait restituer au double les fruits appropriés depuis la *L. C.* Paul, *Sentent.*, V, 9 § 2 ; — id., I, 13, B. § 8 (1).

Ce système rigoureux avait son origine dans les actions de la loi. A cette époque, en effet, les *vindiciæ litis et vindiciarum* assuraient cette restitution au double. Le mot *vindiciæ* désigne en effet la possession provisoire et les fruits.

Sous le système formulaire les restitutions sont garanties par la stipulation *pro præde litis et vindiciarum* quand on agit *per sponsionem;* et par l'*arbitrium judicii* quand on se sert de la *formula petitoria.*

Une opinion enseigne qu'avant le sénatus-consulte Juventien, qui vint modifier ces règles, le possesseur de bonne foi aurait dû restituer tous les fruits perçus et non encore consommés même avant la *L. C.* Il n'aurait donc acquis que les *fructus consumpti;* et il aurait dû restituer les fruits *extantes*, *percepti*, et *percipiendi.*

Cette opinion est contredite par la loi 23 § 1, Dg., *De usuris*, qui nous apprend que le possesseur de bonne foi était mieux traité que l'usufruitier quant à la restitution des fruits : *Quum fructuarii quidem non fiunt antequam ab eo percipiantur, ad bonæ fidei autem*

(1) Cf. L. 3, Dig., *De litigios.* ; Loi 1 pr., C. th., *De usur. rei. jud.* Le possesseur de mauvaise foi était soumis, pour les fruits consommés, à la *condictio ex injusta causa.*

V. aussi *Festus*, v° *Vindiciæ.*

possessorem pertineat quoquo modo a solo separati fuerint. Il est évident que les fruits *perçus* et non consommés ne sont pas restitués par l'usufruitier; par suite, aux termes de cette loi, le possesseur de bonne foi les fait siens, jusqu'au jour de la *litiscontestatio.*

Le sénatus-consulte Juventien (1) ne l'appliquait qu'à la pétition d'hérédité, et avait pour but de supprimer l'usucapion *pro herede.*

Quant au possesseur de mauvaise foi, il le soumettait à la restitution des fruits perçus ou même négligés avant la *litiscontestatio.* Pour le temps qui suit, les règles anciennes étaient maintenues (restitution au double). Il devait les fruits négligés avant la *L. C.*, parce que sa possession de mauvaise foi le constitue en état de dol; il est donc, par suite de ce dol, obligé à l'égard du demandeur ; et ce rapport d'obligation a pour objet la *res* avec la *causa.* Cf. Loi 33, Dg., *De rei vind.*

Pour le possesseur de bonne foi, le sénatus-consulte Juventien ne distingue plus comme autrefois les fruits perçus des fruits non perçus : il oblige le possesseur à restituer les fruits non consommés, et lui laisse seulement les fruits consommés. Ceux-ci en effet ne l'ont pas enrichi ; on présume qu'il les a consommés en vivant plus largement. Les fruits existant au contraire dans son patrimoine constituent un enrichissement. Or, nul ne doit s'enrichir aux dépens d'autrui : donc il restituera au demandeur.

Ces règles furent étendues à la revendication, comme il ressort d'un rescrit de Dioclétien et Maximin :

(1) Rendu sous Hadrien ; ainsi dénommé inexactement par les modernes. Il est rapporté dans la loi 20, § 6, Dg., *De hered. pet.* Cf. Puchta, *Inst.*, I, § 106, note *e*.

Loi 22, C., *De rei vind.*, 3, 32. — Inst., § 2, *De off. iudic.*

Nous avons parlé jusqu'ici d'un possesseur comptable des fruits ; il peut encore s'agir d'un débiteur d'une somme d'argent qui devra payer des intérêts. Si, lors de l'engagement principal, le débiteur s'est engagé à payer des intérêts, en cas de retard par exemple, le juge en tiendra compte dans la condamnation : on dit alors que les intérêts sont dus *ex obligatione*.

Les intérêts peuvent être dus en vertu d'un pacte, mais alors il faut faire les distinctions suivantes : s'agit-il d'un contrat de bonne foi auquel le pacte est adjoint *in continenti*, le demandeur réclamera ces intérêts par l'action même du contrat. Si le pacte était *ex intervallo*, ajouté au contrat, le demandeur ne pourrait l'invoquer que sous forme d'exception, car un pacte ne peut créer une action.

Si le pacte est adjoint *in continenti* à un contrat de droit strict, par exemple à une stipulation, il sera garanti par l'action *ex stipulatu*. S'il était adjoint à un *mutuum*, comme ce contrat donne naissance à une *condictio certæ pecuniæ*, on ne pourra en vertu de cette action réclamer des intérêts. Le pacte devra être renforcé d'une stipulation, et les intérêts se réclameront par l'action *ex stipulatu*.

Par exception le pacte adjoint au *mutuum* produirait intérêt, sans stipulation qui vienne lui donner une force légale, dans les trois cas suivants :

1° l'argent prêté est l'objet d'un *nauticum fœnus ;*

2° S'il s'agit de sommes prêtées aux municipes ;

3° Si le prêt consiste en froment.

Mais, il est des circonstances où, sans que le débiteur s'y soit obligé spécialement, des intérêts seront adjugés au demandeur, *officio judicis usuræ præstantur ;* nous voulons parler de la *mora.*

Si le débiteur est en demeure, et que le contrat soit de bonne foi, il devra les intérêts, calculés au taux légal (Loi 13, § 20, Dg., 19, 1) : « Veniunt autem in hoc judicium — usuræ pretii post diem traditionis, nam cum re emtor fruatur, *æquissimum est*, eum usuras pretii pendere. »

Ce texte nous fait comprendre la loi 34 *De usur.*, Dg., qui compare les intérêts aux fruits : « Usuræ vicem fructuum obtinent. » (Ulp.).

La loi 35, *De usur.*, Dg., semble signifier que les intérêts courent par le seul effet de la *litiscontestatio* (1); mais elle entend dire simplement que la *L. C.* n'interrompt pas le cours des intérêts. Cf. Loi 18, Dg., *De novat.*, 56, 2. Il n'en est pas de même dans les contrats de droit strict : le débiteur *ex mutuo* ne peut être condamné à payer des intérêts, fût-il en demeure.

3° *Dolus*, *Culpa*, *Casus.* — Lorsque le défendeur a, par son dol, fait disparaître la chose, il doit indemnité. Cela se comprend de soi, puisque, même avant la *L. C.*, il est responsable de la chose : dans les actions personnelles en vertu du contrat qui le lie ; dans les actions réelles, *quia dolo desiit possidere* (Loi 45, Dg., *De rei vind.*, 6, 1). Ce n'est donc pas à proprement parler un effet de la *L. C.*

Mais après la *L. C.* le débiteur est responsable de la *culpa* (2).

(1) La *petitio hereditatis* avait des règles spéciales : les intérêts sont assimilés aux fruits et font partie de la *causa*. Loi 20, § 11 ; Loi 51, § 1, *De H. P.*, 5, 3 ; Loi 1, § 1, C., Cod., 3, 31.

(2) C'est bien un effet de la *L. C.*, car, avant cet acte de procédure, le défenseur ne serait tenu que de la *culpa in faciendo* dans

Quant au *casus*, et par ce mot nous désignons l'événement fortuit qui fait disparaître l'objet du litige, sans qu'il y ait faute de la part du débiteur, il y avait controverse entre les jurisconsultes romains. Le débat se rattache à celui qui divisait les Sabiniens et les Proculiens sur la maxime *judicia omnia absolutoria*. Pour les Sabiniens, la perte par cas fortuit, le débiteur n'étant pas *in mora*, est pour le demandeur. Loi 14, § 1, *Depositi*, Gaïus : « Sine autem cum ipso, apud quem deposita est, actum fuerit — et *sua natura* res judicata interciderit veluti si homo mortuus fuerit, Sabinus et Cassius absolvi debere eum cum quo actum est dixerunt, quia æquum esset *naturalem interitum* ad actorem pertinere ; utique cum interitura esset ea *res, etsi restituta esset actori.* » *Adde*, Loi 40 pr., Dg., *De her. pet.*, 5, 3 ; Loi 60, Dg., *De rei vind.*, 6, 1.

Mais ce principe que le débiteur est libéré *interitu rei*, est tempéré par les restrictions suivantes :

1° Dans les actions *in personam* le débiteur *in mora* est responsable des cas fortuits (1) ;

2° Dans les actions *in rem* cette responsabilité à l'égard du possesseur est une conséquence de la *mala*

une stipulation de *dare* et comme possesseur du *damnum injuria datum*. Loi 91 pr., *De verb. ob.*, Dg., 45, 1 ; Lois 33, 45, 51, Dg., *De rei vind.*, 6, 1.

(1) La *litiscontestatio* ne sert de fondement à la *mora* qu'autant que le débiteur plaide de mauvaise foi. Loi 63, Dg., *De reg. juris*, 50, 17; Loi 24 pr., Dg., *De usur.*, 22, 1 ; Loi 82, § 1, Dg., *De V. O.*, 45, 1.

Le *casus* est présenté comme subordonné à la *L. C.* dans les lois. Loi 12, § 3, Dg., *Depos.*, 16, 3 ; Loi 8, Dg., *De re judic.*. 42, 1 ; Loi 5, Dg., *De confessis*, 42, 2. La *mora* est présentée comme dépendant de la *L. C.* dans la loi 12, § 4, Dg., *Ad exhib.*

Lorsque la *mora* est antérieure à l'instance, parce qu'elle a eu lieu *ex re* ou qu'il y a eu interpellation, la *L. C.* est sans intérêt sur ce point. Loi 14, § 11, Dg., *Quod met. causa*, 4, 2.

fides; et pour le possesseur de bonne foi, de sa désobéissance à l'*arbitrium de restituendo* (Loi 40 pr., Dg., *De hered. pet.;* Loi 20, § 21, *eod.*, 5, 3).

Chez les derniers jurisconsultes classiques les principes précédents ne sont plus appliqués avec la même simplicité. La chose eût-elle péri si elle avait été livrée au créancier? Si non, elle a péri pour le débiteur; quand même l'accident serait indépendant de sa volonté. Le créancier pouvait-il vendre la chose? La perte sera pour lui. D'ailleurs nulle part ces limitations aux principes primitifs ne sont clairement précisées.

3° *De l'æstimatio litis.* — La valeur vénale de la chose peut avoir augmenté ou diminué entre la *L. C.* et le jugement. Le principe qui veut que le droit soit fixé au jour de la *litiscontestatio* est étroitement maintenu en ce qui concerne les actions *stricti juris*. Loi 22, *De rebus creditis*, 12, 1; Loi 4, *De condict. triticaria*, 13, 3, Gaius : « Si merx aliqua, quæ certo die dari debebat, petita sit, veluti vinum, oleum, frumentum, tanti litem æstimandam Cassius ait, quanti fuisset eo die, quo dari debuit : si de die nihil convenit, quanti tunc, *cum judicium acciperetur* (1). »

Au contraire dans les actions de bonne foi, c'est au jour du jugement que le juge devra se placer pour faire l'estimation.

Cette distinction est expressément formulée par Ulpien dans la loi 3 § 2 *Commod.*, 13, 6.

(1) Cette question, du reste, était controversée : Cf. les deux lois contradictoires : Loi 3, *De cond. tritic.*, Ulp., et Loi 3, § 2, *Commodati*. Savigny a voulu concilier ces deux textes, § 216. Cf. Accarias, *Précis*, II, p. 877, note 1, et Bethmann-Hollweg, II, p. 526, note 169. Remarquer que dans la loi 3, § 3, Dg., *De act. empti*, Pomponius présente comme équivalentes ces deux expressions : *tempus quo lis in condemnationem deducitur* et *locus ubi agatur*.

A fortiori en sera-t-il de même dans les actions arbitraires où c'est l'*arbitrium* même qui impose au défendeur la prestation de la chose. C'est en effet ce que dit Paul dans la loi 53 pr., *De dolo*, 4, 3 : « *Arbitrio judicis* in hac actione (de dolo) restitutio comprehenditur; et nisi fiat restitutio, sequitur condemnatio quanti ea res *est.* » Cf. Ulpien, Loi 68, *De rei vind.*, 6, 1.

Mais remarquons que si le contrat indique l'époque à laquelle il doit être exécuté, c'est à cette époque que le juge doit remonter pour faire l'estimation de la chose.

La *mora* modifie également les principes qui précèdent. Nous avons vu déjà qu'elle avait pour effet de déplacer les risques et de les faire passer sur la tête du débiteur ; qu'elle faisait courir les intérêts et emportait obligation de restituer les fruits, sous les distinctions que nous avons retracées.

Elle a pour effet, en outre, de rendre le débiteur responsable des plus-values que la chose peut acquérir et perdre ensuite, c'est-à-dire que le juge, en ce cas, ne sera forcé de se placer ni au moment de la *L. C.* ni au moment de la *res judicata*. Si avant ou après la *litiscontestatio* la chose avait augmenté de valeur, le débiteur sera tenu de cette plus-value, car il est en faute de ne pas avoir exécuté l'obligation.

Ces règles s'appliquaient même à l'égard des actions de droit strict. Loi 108, § 11, *De leg.*, 30; Loi 8, § 1, *De condictione furtiva*, 13, 1 : « Si ex causa furtiva res condicatur cujus temporis destinatio fiat quæritur, placet tamen id tempus spectandum, quo res *unquam plurimi fuit*, maxime cum deteriorem rem factam furando non liberatur : *Semper enim moram fur facere videtur.* »

CHAPITRE III

INTERDICTION D'ALIÉNER L'OBJET LITIGIEUX.

Dg. 44, 6; Code 8, 37, *De litigiosis*. Outre les effets que nous avons jusqu'ici analysés, la *litiscontestatio* a encore pour résultat d'empêcher l'aliénation de l'objet soumis à litige. Déjà la loi des Douze Tables condamnait au double de la valeur de l'objet, le plaideur qui le consacrait aux dieux (1).

Les textes nous apprennent aussi que, pendant un *judicium divisorium*, aucune des parties ne peut valablement aliéner. « Judicium finium regundorum manet quamvis socii communi dividundo egerint vel alienaverint fundum. » (Loi 9, *Fin. reg.*, 10, 1 ; Loi 13, *Fam. herc.* 10, 2).

Un édit d'Auguste interdit l'aliénation, qu'il déclare nulle en fixant en même temps une amende, § 8 (*De iure fisci. fr.* Cf. Gaius, IV, 117). Cet édit s'appliquait-il aux deux parties? On peut conjecturer des mots *a non possidente* dans les deux textes précités qu'il s'agissait seulement de celui des deux plaideurs qui n'a pas la possession. *Adde*, Loi 27, § 1, *Ad Sc. Vellei*, 16, 1 ; Loi 1, § 2, *Quæ res pignori*, 20, 3.

Cet édit, restreint d'abord à l'Italie, fut ensuite étendu aux provinces, «*prava* usurpatione,» dit Gaius. Cette remarque du jurisconsulte montre que c'est le

(1) Loi 3, *De litigiosis*. Cette prohibition s'appliquait vraisemblablement aux deux parties ; c'est, du moins, ce que le texte précité semble impliquer : « *Ne liceat eo modo duriorem conditionem adversarii facere.* »

non-possesseur que l'édit d'Auguste visait. A la revendication de l'acquéreur, le possesseur opposait l'exception *litigiosi*.

Cette prohibition fut consacrée par une constitution de Constantin (L. 1, C. th., *De litig.*, 4, 5), reproduite au Code (loi 2, C., *h. l.*), avec de fortes interpolations. On pense que l'interdiction s'adressait cette fois aux deux parties.

Enfin Justinien étend ces différentes décisions. La loi 4, C., *h. tit.* s'applique manifestement aux deux plaideurs, et la novelle 112, C. 1, précise ce qu'il faut entendre par *res litigiosa :* « Ideoque sancimus, litigiosam dici et intelligi rem mobilem vel immobilem seseque moventem, de cujus dominio causa *inter petitorem et possidentem* movetur (1).

La loi 3, C., *h. t.*, prévoyant le cas où une chose litigieuse a été léguée, déclare que le légataire n'a autre chose qu'une prétention à l'objet légué et qu'il ne pourra réclamer le legs que si l'héritier sort vainqueur du procès, « quoniam sciens testator, rem litigiosam esse, litis eventum legatario dereliquit. »

L'objet commence a être litigieux à partir de la *litiscontestatio ;* les textes des Pandectes et du Code le répètent à l'envi :

Loi 13, *Fam. erc.*, 10, 2.

Loi 1, § 1, *De litig.*

Loi 1, *fin.*, Code, *Comm. divid.*, 3, 37.

Loi 2, Loi 4, C., *De litig.*, 8, 37.

(1) Justinien parle d'immeubles : il paraît, en effet, que l'édit d'Auguste ne se serait appliqué qu'aux choses *mobilières* et aux fonds Italiques.

CHAPITRE IV

DES PRESCRIPTIONS CONSIDÉRÉES COMME MOYENS DE LIMITER L'EFFET INSTINCTIF DE LA LITISCONTESTATIO.

Lorsque le demandeur, ayant un droit qui n'est pas exigible en totalité, ne peut le faire valoir que par une *condictii incerta,* il est nécessaire qu'il fasse insérer dans la formule une *præscriptio*, à l'effet de limiter l'extinction de son droit. La formule *Quidquid paret,* en effet, employée dans l'*intentio incerta,* a une portée bien plus grande que dans la stipulation. Loi 9, *De verb. ob.*, 45, 1.

Dans une stipulation elle se restreint à la portion du droit qui peut être actuellement exigée : « In stipulatione enim deducitur quod jam dari oportet. »

C'est ainsi que dans la stipulation Aquilienne la formule *Quidquid oportet* ne comprend que ce qui est exigible actuellement. Si on veut déduire le droit futur, il faut employer la formule *Quidquid oportebit.*

Au contraire, la portée de la formule *Quidquid oportet,* dans un *judicium* comprend non seulement le droit échu, mais encore le droit à échoir. « Quum stipulamur quidquid te dare facere oportere, id quod præsenti die duntaxat debetur, in stipulationem deducitur, non ut in judiciis etiam futurum » (Loi 76, *De verb. ob.*).

Comment expliquer cette différence ? Par cette idée que dans les contrats, et aussi dans les legs, on s'attache à respecter l'intention des parties. Il n'en est pas de même en justice; la loi 61, *De judicis*, 5, 1, nous dit que, pour interpréter la portée d'une *intentio*, on répute y être compris non pas ce que les parties y ont mis, mais tout ce qu'elles n'en ont pas exclu formellement. Le motif est que, si on s'en rapportait à l'intention des parties, il y aurait des chicanes perpétuelles faites par le défendeur sur l'extension de la formule.

Mais cette règle serait préjudiciable au demandeur, s'il n'y avait un moyen de la mitiger. Gaius nous l'indique dans le § 131 du 4e Commentaire : c'est la *præscriptio ea res agatur cujus dies fuit*. Supposons, par exemple, que j'aie stipulé 10 sous d'or par an, *usque ad mortem*, en une stipulation périodique, mais unique. Au bout d'un an, une prestation est exigible : cependant tout le droit n'est pas exigible. Si je veux réclamer en justice cette prestation par la formule *Quidquid paret*, je déduis le droit même pour les années postérieures. Je devrai, pour éviter ce déplorable résultat, limiter l'*intentio*, par la *præscriptio ea res agatur ;* et alors je ne déduirai que la prestation dès à présent exigible.

On le voit, les Romains dans cette stipulation ne voient qu'une seule obligation (1), une *res incorporalis*, dont les arrérages sont le produit : ils se refusèrent à la décomposer en autant de stipulations distinctes qu'il y aura de termes, parce que le *dies est incertus* (2). Ils ne virent pas qu'en réalité, il y a plusieurs stipulations portant sur un terme déterminé, qui est l'époque à laquelle les arrérages sont fournis, et affectées d'une condition, qui est l'existence du créancier.

C'est pourquoi ils se refusaient à donner une *condictio certi* pour chaque annuité, et donnaient une *condictio incerti* limitée par une *præscriptio*. Ce droit incorporel survivait au créancier ; car *ad tempus deberi non*

(1) Cf. art. 1568, C. civ.
(2) Cf. Loi 148, § 1, *De verb. obligationibus.*

potest, mais on donnait au débiteur contre l'héritier une exception de dol.

De même si je veux agir *de fundo mancipando* sans épuiser l'action *ex empto*, je devrai me servir d'une prescription. Je puis, par exemple, ne pas vouloir user contre mon vendeur del'action *ex empto*, parce que je me suis réservé un terme pour payer ,mais je désire que le fonds me soit mancipé : je limiterai mon action par une *præscriptio*, de telle sorte que, lorsque plus tard je voudrai réclamer la *vacua possessio*, l'action *ex empto* sera à ma disposition (Gaius, IV, 131. Cf. Loi 2, § 2; L. 14, § 2, *De exc. rei. jud.*, 44, 2. Cf. Loi 48, § 7, *De ædilitio edicto;* Loi 41, *De judiciis*, 5, 1 ; *Ad interponendam cautionem*).

En matière de legs, les principes romains sont tout autres : le legs *in singulos annos* se décompose en autant de legs que le légataire vivra d'années : à chaque échéance, par conséquent, le légataire exercera une *condictio certi* pour l'annuité échue (Loi 16, § 1, *De verb. obl.;* LL. 14, 11, *De ann leg.*, 33, 1). Cette différence entre la stipulation et le legs s'explique par ce motif que dans le legs on recherche surtout ce que le donateur a voulu, tandis que dans la stipulation on s'en réfère exclusivement à la formule employée par les parties, sans se préoccuper de leur intention. D'ailleurs *in legatis dies incertus conditionem facit.* Le terme *usque ad mortem*, étant considéré comme condition, rien ne s'opposait à ce qu'on décomposât le legs en autant de legs spéciaux qu'il y aurait d'annuités. Le premier legs était pur et simple, les autres conditionnels (1). Outre la *præscriptio*, le demandeur avait

(1) Machelard, Cours, année 1878 ; Accarias, II, § 581.

encore un moyen d'éviter l'effet extinctif de la *litis-contestatio* : c'était l'*interrogatio in jure;* nous voulons parler, non pas des interpellations sacramentelles en usage sous les actions de la loi, mais bien du système de questions que le demandeur, d'après l'Édit, pouvait adresser à son adversaire. Supposons que mon débiteur soit mort et que je veuille actionner l'un des héritiers. Si je ne sais pas pour quelle part il est héritier, je m'expose à demander plus, et à tomber dans le piège de la plus-pétition, je perdrai mon procès, et ne pourrai le renouveler, l'action étant détruite. Par une interrogation, je mettrai le défendeur en demeure de déclarer par-devant le magistrat s'il est héritier, et pour quelle part. La réponse était tenue pour véridique, et la formule rédigée en conséquence. Sa déclaration, vraie ou fausse, le liait; *vel confitendo, vel mentiendo*, il était obligé envers le demandeur, et une action *interrogatoria* était la sanction de cette obligation (Dg., *De interrog. in jure faciendi*, 2, 1. V. Loi 1 pr.; Loi 4 pr.; Loi 1 § 1). L'interrogation devait être faite *in jure;* et le préteur, après un examen sommaire de l'intérêt qu'elle peut offrir, l'accorde ou la refuse (Loi 9, § 6, *h. tt.*).

D'une façon générale, l'interrogation *in jure* permettait au demandeur de faire établir et constater les faits sur lesquels l'action sera intentée. Elle n'avait pas toujours une influence sur la déduction du droit : car si j'actionne Paul au lieu de Pierre, j'intente un procès inutile; mais je n'éteins pas mon droit.

Mais l'interrogation corrigeait les inconvénients de l'extinction du droit, dans le cas où elle écartait les dangers de la plus-pétition (1).

(1) Loi 11, §§ 4 et 7, *hoc titul.*; Cf. Loi 18, § 2, *De prob.*, 22, 3.

DROIT FRANÇAIS

DU RETRAIT SUCCESSORAL

CHAPITRE PREMIER

HISTORIQUE.

Le retrait est le droit de prendre le marché d'une personne, sous certaines conditions que nous nous réservons de déterminer. Un héritier vend ses droits successifs ; cette vente donne à l'acquéreur le droit de se présenter au partage : la loi y voit un inconvénient, et donne aux autres héritiers le moyen d'écarter cet étranger en s'appropriant son marché, sous les diverses charges que nous verrons plus loin.

On voit tout de suite le caractère insolite de ce droit.

Certes il y a là une atteinte grave à la liberté des conventions. Il y a là une limitation considérable aux droits du propriétaire. Cependant les objections qu'il est facile de soulever contre la théorie des retraits et qui n'avaient point échappé aux jurisconsultes d'alors, n'avaient pas arrêté le développpement de la jurisprudence. Cette institution, que nous ne connaissons plus que par quelques débris à peine reconnaissables, avait poussé dans toutes les parties de l'ancien droit ses racines envahissantes ; son extension n'avait pas connu de mesure, et l'on pouvait dire, avant 1789, qu'il n'était point de question de droit à travers laquelle on ne vît poindre quelque retrait. Nous avons voulu dans cette étude nous borner à l'examen du retrait successoral conservé par l'art. 841. Toutefois, il nous semble qu'il serait impossible de voir cette matière dans son vrai jour, sans jeter un regard sur la législation coutumière si riche en retraits, dont l'art. 841 n'est plus qu'un vestige, que quelques-uns voudraient effacer.

Quelle est l'origine de cette législation? On a voulu la rattacher au droit romain. Cette théorie, vraie en ce qui concerne les retraits litigieux et successoral, qui dérivent des lois célèbres *Per diversas* et *Ab Anastasio*, est fausse à l'égard du système général des retraits. Nous verrons que ce système repose sur cette idée que le patrimoine est commun à tous les membres de la famille.

Mais si les textes de l'époque classique considèrent en effet les membres de la famille comme copropriétaires, il n'en est pas moins vrai que les Romains n'ont jamais su ce que c'était qu'un retrait.

Il est même fort contestable que cette idée de copropriété ait été connue des vieux Romains. Pour l'admettre, il eût fallu qu'ils fussent moins jaloux d'assurer au père de famille une autorité absolue. Il semble bien que la puissance paternelle, à l'origine, ait été organisée sur le type du droit de propriété ; que le père ait été propriétaire de son fils comme des autres choses de son patrimoine, c'est là ce que paraît impliquer la sauvage énergie de la *patria potestas*. Et si notre point de vue est vrai, il faut bien en conclure que pour les vieux Romains le père seul est le maître dans la famille (1). Il est le maître de son fils par la *patria potestas*, comme il est le maître de sa femme par la *manus*. Virginius tue sa fille pour la soustraire aux fureurs du décemvir Appius. La foule est indignée : mais comment l'acte du père est il jugé? « Necessitatem patris deplorant, » dit Tite-Live.

Mais comment expliquer, si ce n'est en admettant que la puissance paternelle n'est que le calque, plus tard déformé par les mœurs, de la puissance dominicale, comment comprendre que le père puisse exposer son enfant nouveau-né, qu'il puisse vendre cet enfant devenu homme, qu'il puisse le revendiquer et exercer l'action *furti*, tout comme s'il s'agissait d'un meuble? Ce droit d'exposition, sorte de *jus reliquendi*, le *mancipium*, l'action en revendication, l'action *furti*, ne sont-il pas les attributs du droit de propriété? Le père peut tuer son enfant, de même que le propriétaire peut détruire sa chose. En examinant les caractères de ce pouvoir du père, nous y voyons bien le « *jus utendi et abutendi* » par lequel les Romains définissent le droit de propriété, et nous ne croyons pas être téméraire en avançant qu'à l'origine, puissance paternelle et puissance dominicale se confondaient dans l'esprit de ce peuple belliqueux et farouche.

(1) De hautes autorités, toutefois, contestent cette assimilation entre le droit de propriété et la *patria potestas*, à l'origine. Le fils de famille, dit-on, est un homme ; et la preuve qu'il n'est pas une chose, c'est qu'il est classé, et contribue aux charges militaires. Un passage de Tite-Live, XXIV, 11, induit les auteurs à penser que, dès l'époque royale, le fils de famille était compté comme une personne au point de vue du droit public.

Le progrès des âges, le contact des nations que Rome eut à combattre, l'influence surtout de la civilisation grecque, adoucirent la rudesse de ces premières coutumes. La *patria potestas* fut débarrassée de ce qu'elle avait d'excessif; et, à l'époque classique, le père n'est plus un maître, mais un chef. Ses pouvoirs restent toujours étendus, mais non plus sans limites (1). M. Accarias (2) a pu dire dans une formule aussi exacte qu'heureuse, que la puissance paternelle revêt le père du triple caractère de prêtre, d'administrateur et de juge (3). Administrateur : l'idée d'un patrimoine commun est dans ce mot. Et les textes des jurisconsultes classiques montrent en effet le père administrant les biens de la famille. La famille, personne collective, a un patrimoine, dont le père a la gestion, au sens très large de ce mot. Ce n'est plus seulement pour lui qu'il vend, acquiert, aliène, c'est aussi pour ses héritiers, pour ses proches, qui sont ses copropriétaires, quoiqu'ils n'aient aucun droit ni de direction ni de contrôle, au moins de son vivant. C'est là ce que Gaius veut exprimer quand il dit, en parlant des héritiers : « Vivente parente quodammodo domini existimantur (4). »

Les Romains cependant ne poussèrent pas cette idée de copropriété jusqu'à ses conséquences extrêmes : ils ignorèrent ce qu'était un retrait (5), quoiqu'on ait pu dire au seizième siècle de certains textes

(1) Le progrès, quant au droit public, avait été plus rapide, aidé par les nécessités guerrières.

(2) *Précis*, I, § 76. Cf. *Puchta's Pandekten*, § 432.

(3) Tite-Live, VIII, 15, compare la puissance paternelle au pouvoir consulaire (*consulare imperium et majestatem patriam*).

(4) C. II, § 157.

(5) Le despotisme impérial, si ombrageux, ne se fût pas accommodé d'une institution semblable.

du Digeste et en particulier du Code Théodosien (1). Les lois *Per diversas* et *Ab Anastasio*, qui plus tard donnèrent naissance au retrait litigieux, et, plus tard encore, au retrait successoral, furent inspirées par des motifs tout autres : elles furent dictées par la haine des acheteurs de procès ; mais le principe de copropriété n'y est pour rien. Il sera même curieux de voir comment le retrait successoral sortit de la combinaison des lois Anastasiennes, étrangères à notre principe, avec le système des retraits en vigueur dans notre ancien droit, qui dérive de ce principe.

Quand la Gaule fut envahie par les Germains, ceux-ci apportèrent des coutumes nouvelles, un droit qui sur beaucoup de points différait de la législation romaine. Mais, eux aussi, ils considéraient le patrimoine comme appartenant collectivement à la famille : il y eut donc en cet endroit accord entre le droit des vaincus et les coutumes des vainqueurs. Et même cette idée qui rapprochait les membres de la famille dans une même communauté d'intérêts, régnait chez les Germains avec une énergie singulière. C'était plus qu'un rapport de copropriété, c'était un lien de solidarité. Quelqu'un a-t-il été insulté? Tous ses parents et même ses amis prendront les armes pour venger l'outrage (2). Un meurtre a-t-il été commis? On courra

(1) Tiraqueau, *Utroque commentarii* (préface). Il n'y avait d'ailleurs pas de règle de droit qu'on ne trouvât moyen de rattacher au droit romain. A propos du retrait lignager, on citait des lois de Théodose qui l'auraient condamné à mort, cinq ou six siècles avant qu'il ne fût né.

(2) Clotilde, fiancée au roi Clovis, s'écrie, au moment où l'escorte qui la conduit sur les terres franques a dépassé la frontière : « Dieu tout-puissant, je te rends grâces ! Je vois enfin commencer la *vengeance* de mes parents et de mes frères ! » H. Martin, I, p. 417.

sus au meurtrier, la guerre sera déclarée à lui et à sa famille, et ne cessera que par la mort du coupable, à moins qu'un arrangement ne soit offert par lui, et qu'il ne paye l'indemnité dont les lois de la tribu fixent le taux, variable suivant la qualité de la victime et les torts de l'assassin. Ce tarif d'indemnité, de composition, se retrouve dans toutes les lois barbares : c'est le *Wergeld* au moyen duquel on peut mettre fin à la guerre, à la *Fæda* (1).

Cette idée de copropriété explique que les Germains n'aient pas connu le testament. C'est de là que dérivent les principes suivants inscrits dans les coutumes :

1° On doit protéger les parents contre les actes d'usurpation du possesseur ;

2° Contre les ventes qui dénaturent le patrimoine;

3° Les aliénations à titre onéreux se font avec le concours des héritiers présomptifs.

De là naquit le retrait lignager; il est la manifestation dernière du droit des parents : ce droit avait eu pour conséquence première d'interdire toute aliénation faite sans le consentement des héritiers présomptifs. On permettait toutefois cette aliénation lorsque l'aliénateur déclarait sous serment qu'il

— « Au plus proche appartiennent les biens, les armes des morts et la *vengeance.* » (*Loi des Angles.*)

(1) Cette *fæda* germanique est l'origine des guerres privées qui désolèrent le moyen âge. En 1257, saint Louis voulut les interdire ; « Sachez, dit-il, que nous avons prohibé toute guerre dans notre royaume. » (*Rec. des ord.*, I, p. 86.) Mais cette ordonnance ne tarda pas à tomber en désuétude. L'année précédente, le sire de Coucy ayant fait pendre trois jeunes nobles soupçonnés d'avoir chassé sur ses terres, avait été traduit par le roi devant la Cour suprême : il déclara qu'il ne voulait pas se soumettre à un jugement, mais il offrit la bataille.

obéissait à une nécessité pressante. Les héritiers, en tout autre cas, pourront revendiquer le bien, l'aliénation étant nulle (1).

Plus tard cette rigueur du droit s'adoucit, et on permit l'aliénation en cas de pauvreté. Mais le possesseur doit d'abord offrir le marché aux héritiers, ce n'est qu'au cas où ils n'acceptent pas l'offre que l'aliénation est valable.

Cette forme de retrait était pratiquée aux onzième et douzième siècles. Elle fut remplacée par le retrait lignager. L'offre aux parents devait être souvent négligée, surtout si les parents ne pouvaient attaquer la vente qu'en remboursant le prix. De plus le retrait féodal vient de s'établir : on assimile le droit des parents au retrait féodal.

Le retrait lignager était déjà connu au douzième siècle (*Coutume de Beauvoisis*).

Au treizième siècle il est fort répandu, ainsi que l'atteste Beaumanoir (ch. XLIV).

Au quinzième siècle un revirement se produit; Bouteiller qualifie le retrait lignager de « haineux » ; l'auteur du *Grand Coutumier* énumère les nombreux procédés qui permettent de l'éluder.

Il reprend faveur au seizième siècle, l'idée nobiliaire prenant de plus en plus d'importance.

Le retrait lignager devient un des rouages de ce système des propres qui rendait si compliqué notre ancien droit successoral. Ce droit était considérable en ce qu'il appartenait aux héritiers, sur tout héritage, seigneurial ou non : c'était un retrait général.

(1) Dans les coutumes basques et dans l'Artois, on exige encore, dans le dernier état du droit, le consentement des héritiers présomptifs.

En vertu même de son principe, il ne s'exerçait que sur les immeubles propres, les seuls qui fussent vraiment patrimoniaux (1). Mais, à ce point de vue, était propre tout immeuble venant d'un parent, fût-ce d'un collatéral. Ainsi avait-on interprété les termes généraux de la *Coutume de Paris* : « Quant aucun a vendu son héritage. »

La *Coutume de Normandie* accordait ce droit même à l'égard des acquêts, et on discutait la question de savoir si dans les coutumes qui ne spécifiaient pas la nature des biens, on ne devait pas admettre le retrait aussi bien à l'égard des acquêts que des propres (2).

Ce qui est certain, Pothier l'atteste, c'est qu'en cette matière la signification du terme *propre* était beaucoup plus étendue qu'en toutes autres. La *Coutume de Paris* disait, art. 123 : « Si aucune personne acquiert un héritage propre de son parent du côté et ligne dont il est parent, s'il vend ledit héritage, tel héritage chet en retrait. »

La plupart des coutumes, notamment celles de Paris (art. 141) et d'Orléans (art. 378), préféraient, entre plusieurs lignagers, celui qui avait formé le premier la demande en retrait, quoique d'ailleurs il ne fût pas le plus proche parent.

Et la raison qu'en donne Pothier est saisissante, elle nous fait pénétrer dans l'esprit de ce retrait, elle nous montre cette idée de copropriété qui est comme l'âme du retrait lignager :

« La raison est que suivant l'esprit de ces coutumes le droit de retrait lignager est accordé à toute la fa-

(1) L'action en retrait devait être exercée dans l'année, à peine de prescription.

(2) Pothier, *Retraits*, §§ 47, 48.

mille en général, avant que la demande ait été formée par quelqu'un de la famille. Ce droit n'appartient déterminément à aucun de la famille, *generaliter et indeterminante* : chacun de ceux qui composent cette famille a droit de former la demande ; en la formant, il se l'approprie, *quodam jure occupationis*... »

Cela est net : le droit de retrait appartient à tous les membres de la même famille, à tous les copropriétaires du patrimoine : ils sont à des degrés divers par rapport aux défunts, leur droit de copropriété est plus ou moins étendu, plus ou moins effectif, il est éventuel ou actuel. Mais il est : et par suite l'exercice du retrait est ouvert à tous, sans préférence de degrés.

Le retrait lignager, comme le retrait féodal, existait dans toutes les Coutumes, sauf trois : le Lyonnais, le Forez et le Dauphiné, et l'Édit de 1581 qui voulut le généraliser, se heurta à la résistance de ces trois provinces, qui se refusèrent à l'admettre (1).

Une variété de retrait lignager existait sous le nom de *retrait de mi-denier*. Voici la définition qui nous en est donnée par Pothier (2) : « Lorsque deux conjoints par mariage et communs ès biens, dont l'un était lignager du vendeur, l'autre étranger, ont acheté durant la communauté un héritage propre du vendeur, les *Coutumes de Paris*, art. 155, et celle d'Orléans, art. 381, accordent, après la dissolution du mariage, au conjoint lignager ou à ses héritiers lignagers et, à leur refus, aux autres lignagers, retrait de la *moitié* du

(1) Charondas le Caron, *Code du roi*, III (édit de novembre 1581) : « Ordonnons que, dorénavant, le retrait lignagé aura lieu en tous les pays de notre royaume, et obéissance : mesmes en pays de droit écrit (art. 1er).

(2) Pothier, *Retraits*, 448.

conjoint étranger, à la charge de rembourser la moitié tant du prix que des loyaux coûts et mises. »

C'est pour cette raison que ce retrait est appelé *retrait de mi-denier*, et il ajoute : « Ce retrait est un vrai retrait lignager. »

L'action en retrait, après la dissolution de la communauté, était exercée par le lignager, pour la moitié de l'immeuble qui, dans le partage, serait échu à son conjoint non lignager du vendeur. Pendant la communauté le retrait de mi-denier (1) sommeillait en quelque sorte : la raison en était que, tant que durait le mariage, le bien, étant indivis, n'était pas censé sorti de la famille (2) : il n'en sortait que par l'effet du partage et seulement pour moitié.

Disons quelques mots du retrait féodal. Il naquit de cette hiérarchie des personnes et des terres qui constitue la féodalité. Le vassal par une série d'empiètements successifs se rend de plus en plus indépendant. Son droit, d'abord révocable (le fief était usité du *précarium*), devient viager, puis héréditaire ; un dernier pas fut fait : il devint aliénable.

(1) Les Coutumes de Bretagne et de Normandie admettaient une autre sorte de retrait de mi-denier. En Normandie, on entendait par là une faculté accordée au mari ou à ses héritiers, de retirer la part des conquêts ayant appartenu en propriété à sa femme, en rendant le prix de ce qu'elle avait coûté, ensemble des augmentations survenues dans les trois ans du jour du décès de ladite femme.

En Bretagne, il y avait trois sortes de retraits de mi-denier. Voy. Merlin, *Répertoire*, au mot *Retrait*.

(2) Pothier, 196, *Retraits :* « L'union de mariage, jointe à la communauté de biens qui est entre le mari et la femme, les fait regarder comme n'étant, au regard des biens de la communauté, qu'une seule et même personne ; ce que les Coutumes expriment par ces termes dont elles se servent : *sont uns et communs.* »

Non absolument toutefois. Pour satisfaire aux revendications des vassaux, on leur abandonne le droit d'aliéner : mais le seigneur retient par-devers lui un droit de préemption ; le droit de reprendre sa concession, si l'acquéreur ne lui convient pas, en indemnisant celui-ci des frais par lui faits. Telle est l'origine du retrait féodal. C'est un droit retenu (1) (Loysel, Institutes, III, t. V, n° 2). Le seigneur, en concédant un fief qui sera héréditaire et aliénable, n'a pas pu cependant abdiquer entièrement son droit de suzeraineté : le fief sera toujours dépendant de la terre seigneuriale ; ce lien de dépendance à la vérité s'est avec le temps sensiblement relâché : mais il existe pourtant sous la forme du retrait féodal. Le vassal a réussi à transformer un droit précaire en droit de propriété, mais sa propriété est incomplète ; et le seigneur en a gardé un démembrement ; il a retenu une portion du domaine concédé.

(1) C'est là un des caractères qui distinguent le retrait féodal du retrait lignager. Celui-ci est un droit accordé par la coutume. Cependant, en cas de conflit entre ces deux retraits, le lignager passait avant le féodal (Pothier, n° 539). Le seigneur ne pouvait retirer l'immeuble sur un lignager (Pothier, partie II, s. I). Cela était, en toute rigueur, contraire aux principes : un droit retenu aurait dû passer avant un droit accordé par la loi : « les lois, lorsqu'elles accordent des grâces, étant censées les accorder sans préjudice du droit des tiers ». Ce droit du seigneur aurait dû être sauvegardé. Mais, en haine du retrait féodal, les légistes lui préférèrent le lignager, et ce fut par un artifice d'interprétation que l'on atteignit et justifia ce résultat. On interpréta l'acte d'inféodation en ce sens que le seigneur, en recevant en foi un acquéreur, était censé lui concéder le fief pour lui *et sa famille*. C'est pourquoi il ne pouvait exercer le retrait féodal à l'encontre des parents. C'eût été refuser l'investiture après coup. On alla plus loin dans cette voie : on permit aux lignagers d'exercer leur retrait par préférence au retrait féodal. Voy. *Cout. d'Orléans*, art. 365.

Le possesseur de censive n'avait pas à son service un droit de retrait (1) sur les terres qu'il aurait pu concéder. C'est que le retrait féodal est essentiellement aristocratique : donner un droit analogue à la roture eût été porter atteinte à la prééminence de la noblesse trop jalouse de l'élévation chaque jour croissante de la classe bourgeoise, pour partager avec celle-ci un de ses privilèges.

Le retrait féodal, le retrait lignager étaient de droit commun. Mais il y avait encore un troisième retrait, comme les deux premiers applicable à toute la France, et que l'on retrouvait dans toutes les coutumes ; c'était le retrait conventionnel. Un simple pacte entre deux personnes pouvait au profit de l'une d'elles créer ce droit de retrait si exorbitant, si gênant pour la liberté du commerce. L'institution ici est arrivée à son apogée. Nous l'avons vue en germe dans cette conception de la copropriété du patrimoine, développée sous l'influence des idées féodales : ici elle est dans le domaine de la convention ; le chemin qu'elle avait devant elle est parcouru. Par une clause expresse (2) un vendeur se réserve pour lui et ses successeurs la faculté d'être préféré aux acquéreurs futurs toutes les fois que l'héritage sera aliéné, et de s'emparer de leur marché.

(1) Pourtant, quelques coutumes admettent un retrait censuel qu'on exercera dans les quarante jours de la vente notifiée. Loysel, Pothier (*des Retraits*, p. II, s. I) s'exprime ainsi :

« C'est au seigneur féodal que la plupart des coutumes attribuent ce droit ». A la sect. VI, il ajoute : « Les seigneurs de censive n'ont pas ce droit, si ce n'est dans un petit nombre de coutumes qui les leur accordent, quelques coutumes même n'accordaient pas ce droit à tous les seigneurs de fiefs, mais seulement aux seigneurs châtelains ou d'une plus haute dignité.

(2) Pothier, § 531, *Retraits*.

On le voit, c'était, comme le retrait féodal, un droit retenu. Voilà pourquoi Pothier qui, dans son livre, traitait spécialement du retrait lignager, a dû occasionnellement parler du retrait conventionnel qui, dans le conflit avec le précédent, avait la priorité, comme étant un droit retenu. On sait par suite de quelles subtilités de raisonnement on avait pu placer le retrait lignager avant le féodal, quoique, strictement, le premier rang eût été dû à celui-ci. Mais le retrait conventionnel n'était pas vu avec la même défaveur que le retrait seigneurial, reste encombrant du despotisme féodal; aussi la place que la raison du droit lui assignait ne lui fut-elle jamais contestée (1). Bien plus, primant le retrait lignager, on l'avait admis par voie de conséquence à primer le retrait féodal. *Si vinco vincentem te, a fortiori vinco te* (2).

Ces trois retraits se distinguent de ceux que nous allons passer en revue en ce qu'ils sont de droit commun. Ils ne s'exerçaient les uns et les autres que sur les immeubles. Les meubles n'y pouvaient être soumis que lorsqu'ils faisaient accessoirement partie d'un tout immobilier.

La raison en était que les immeubles seuls sont susceptibles de droits réels entraînant poursuite contre des tiers. On ne concevait sur les meubles pas plus un droit de suite résultant d'un retrait que d'une hypothèque.

(1) Pothier, *Retraits*, § 531. Dumoulin donne la raison suivante de cette préférence : « Celui qui s'est réservé un droit de retrait se l'étant réservé indistinctement pour toutes les fois que l'héritage serait vendu, sans aucune distinction des personnes à qui il serait vendu, il doit avoir lieu sur les lignagers de même que sur les autres acquéreurs.

(2) Pothier, 553.

Ce n'est pas qu'une personne n'eût pu, en vendant un meuble, convenir avec l'acquéreur qu'en cas de revente de la part de celui-ci, elle serait préférée à l'acheteur. Mais une telle convention n'eût point établi un droit de retrait opposable à l'acheteur : il n'en fût résulté qu'une obligation par laquelle le premier acquéreur se serait engagé à faire délaisser l'immeuble, et, au cas où le tiers s'y fût opposé, à payer dommages et intérêts. C'eût été une simple obligation de faire.

Quant aux immeubles sujets à retrait, c'étaient les fiefs, s'il s'agissait du retrait féodal, les propres, s'il s'agissait du retrait lignager; et, quant au retrait conventionnel, les immeubles à l'égard desquels un tel droit avait été expressément stipulé par le vendeur (1).

On entendait encore par retrait conventionnel, dans l'ancien droit, la clause apposée à un contrat de vente, plus connue sous le nom de pacte de réméré (2). Quelques auteurs modernes continuent à user de ce terme (3). Sans nier qu'il n'y ait à certains égards de nombreuses analogies entre les effets du réméré et ceux du retrait conventionnel de notre ancien droit, nous croyons qu'il y a erreur à rapprocher dans la même formule deux actes juridiques dont les caractères essentiels diffèrent profondément.

Le retrayant, quand il exerce son droit, s'ingère dans un contrat qu'il n'a pas fait, à l'encontre d'un tiers, le retrayé, et nonobstant l'opposition de celui-ci : il prend pour lui le marché d'un autre.

(1) Sur cette matière, voir Pothier, *Retraits*, partie II, section III.

(2) Les anciens auteurs ne s'y étaient pas mépris, et Pothier traite du réméré au livre *de la Vente*.

(3) Aubry et Rau, IV. p. 407.

Le vendeur, au contraire, quand il use du pacte de rachat, invoque une clause insérée par lui dans le contrat, et expressément acceptée par l'acquéreur. C'est une condition résolutoire qui s'accomplit (1), et non un retrait qui s'exerce.

Mais, dans l'ancien droit, cette expression de retrait conventionnel avait sa raison d'être. On avait voulu par là écarter la théorie romaine sur la condition. A Rome le réméré n'avait que la valeur d'un simple pacte, *pactum adjectum*, efficace entre les parties, sans effet à l'égard des tiers. Il en était ainsi de toute condition résolutoire apposée à un contrat translatif de propriété. L'acquéreur se soumettait à l'obligation personnelle de retransférer la propriété au vendeur, si celui-ci réclamait l'exécution du pacte (2), mais cette retranslation n'atteignait pas les droits réels qu'il aurait pu concéder à des tiers pendant l'intérim de sa propriété : servitudes et hypothèques subsistaient malgré le réméré.

C'était là un résultat fâcheux, contre lequel Marcellus (3) et Ulpien (4) s'étaient élevés dans l'ancien droit, mais leur opinion n'avait pas prévalu.

L'ancienne jurisprudence, réagissant contre le droit romain, assimilait le pacte de rachat à une condition

(1) On a contesté à tort que la clause de réméré fût une véritable condition résolutoire. Rennes, 1870 ; Dalloz, 1871, 2, 67.

(2) V. Bufnoir, *Théorie de la condition en droit romain*, section V: « La propriété fait retour au vendeur sans aucune rétroactivité. »

(3) Loi 4, § 3, *De in diem add.* Cette loi fait tomber les droits de gage et d'hypothèque à l'événement de la condition.

(4) Loi 41, pr., *De rei vindic.*, VI, 1. Ulpien, allant plus loin que Marcellus, défend à l'acheteur, dont le droit est résolu, d'exercer l'action de revendication qu'il avait auparavant. Mais cette revendication fut refusée au vendeur par une constitution d'Alexandre Sévère.

résolutoire opérant, comme toute condition de cette nature, en droit français, avec effet rétroactif (1).

Pothier dit au § 430 de son livre de la vente : « Le vendeur qui est rentré dans l'héritage en vertu de cette faculté en redevient propriétaire au même titre auquel il était avant d'avoir vendu. »

Et c'est à cause de cette différence entre le droit français et le droit romain, que nos anciens auteurs appelaient le réméré du nom de retrait. Aujourd'hui cette dénomination n'est plus qu'une inexactitude.

Un esprit étroit de patriotisme local avait fait introduire le retrait *de bourgeoisie* : il avait pour but d'empêcher l'immigration des étrangers sur le territoire d'une commune ; c'était une conséquence de cette défiance de nos pères pour tout ce qui tenait du dehors, et en même temps c'était l'exagération de ce principe qui les portait à maintenir avec une rigueur jalouse l'unité d'héritage. Lorsqu'un étranger achetait un immeuble situé dans l'étendue d'une ville ou d'un bourgrégi par cette coutume, tout bourgeois dudit lieu avait droit de se faire subroger à l'acquisition et par là d'évincer l'intrus. Dans les dernières années de l'ancien régime la fréquence croissante des transactions, les rapports de jour en jour plus nombreux entre provinces voisines ou étrangères, avaient fait tomber ce retrait dans une désuétude presque générale.

Les trois retraits sur lesquels nous venons de nous étendre n'étaient pas les seuls qui fussent de droit commun, c'est-à-dire applicables à tout le royaume : il y avait encore le retrait des biens d'églises, le re-

(1) Loi 12, Dg., *De pr. verbis.*, 195 ; Lois 2 et 7, Code, *De pactis inter emptorem* ; Cf. Maynz, *Cours de droit romain*, c 269, 1°, note 8 ; Accarias, tome II, *Vente, sur l'* « *in diem addictio* ».

trait domanial, et le retrait d'utilité publique. Mais nous ne citerons ces derniers que pour mémoire, leur place étant bien moins dans un ouvrage sur le droit civil, que dans un traité de droit public et administratif. Le retrait des biens d'église et le retrait domanial n'étaient point d'ailleurs de véritables retraits. Les biens d'église et le domaine étaient inaliénables : lorsqu'au mépris de ce principe souvent violé par nos lois une aliénation avait été faite, elle était nulle, de nul effet et non susceptible d'être couverte par prescription. Il ne s'agissait donc que de faire valoir cette nullité et non point d'exercer une action en retrait, laquelle suppose une aliénation valable.

Quant au retrait d'utilité publique, il était, dans notre ancien droit, ce qu'est notre loi du 3 mai 1841 sur l'expropriation pour cause d'utilité publique. C'était l'expression générale qui servait à désigner l'ensemble de la jurisprudence sur la matière. Car aucune loi ni ordonnance générale n'avait réglementé cette question ; il n'avait été rendu que des édits spéciaux (1) (une ordonnance de Philippe le Bel 1303, — des lettres patentes de 1470, — un édit de 1638, — des lettres patentes de 1770, 30 septembre, qui formulent nettement le principe de l'indemnité préalable. Cf. art. 545, Cod. civ.).

(1) En 1318, Philippe le Long rendit une ordonnance qui révoquait les aliénations faites par Philippe le Bel, son père, et Louis le Hutin, son frère.

Le principe de l'inaliénabilité fut fixé d'une façon certaine par l'édit de février 1566 ; mais, historiquement, il remonte bien plus haut. Le préambule de cette ordonnance montre bien qu'il ne s'agissait pas de créer une règle nouvelle, mais de codifier les *maximes anciennes* sur l'union et la conservation du domaine, « afin que personne n'en puisse douter », dit l'ordonnance.

Il est bon toutefois de remarquer que le retrait d'utilité publique permettait au roi de *se subroger* aux droits de l'acheteur : la loi de 1841 ne contient aucune disposition analogue.

Ajoutons qu'il n'était pas exigé de *déclaration d'utilité publique*, avant l'expropriation : les intérêts privés étaient médiocrement respectés.

En dehors des retraits dont nous venons de tracer un aperçu rapide, et qui étaient applicables dans toute l'étendue du royaume, il y en avait un grand nombre de particuliers à certaines coutumes, nés de circonstances et de besoins spéciaux, ou créés par les exigences de quelque despotisme local. L'énumération en est longue et curieuse, Merlin n'en cite pas moins de 25, chiffre énorme, qui fait rêver procès et procédure !

Quel enchevêtrement de difficultés que ces vingt-cinq retraits, se combinant, se combattant, s'entrelaçant ! Qu'une succession s'ouvre, et de toutes parts des retraits de toute espèce vont surgir : c'est le retrait successoral, le retrait de mi-denier, le retrait lignager, aux prises avec le retrait féodal ; le retrait d'*argenterie léguée* en conflit avec les droits du légataire universel (Merlin, *hoc verbo* ; *Répertoire*) ; le retrait de *préférence* accordé à l'héritier bénéficiaire qui, vendant les meubles du *de cujus*, aura « promptement payé » les deniers de la dernière enchère ; enfin le *retrait de communion* entre copartageants indivis.

Mentionnons encore les *retraits d'esclèche* et de *frareuseté* en vigueur dans les Coutumes de Lille et d'Armentière.

Le premier était le droit accordé par ces Coutumes à un propriétaire voisin, de reprendre la partie *autre-*

fois démembrée de la maison lorsqu'elle est vendue soit avec la maison voisine, soit séparément (Merlin).

Il primait le retrait de frareuseté, lequel avait pour objet de permettre au propriétaire de retirer, la portion indivise que son copropriétaire va vendre *avant* qu'il se fût opéré un démembrement effectif par le partage (1).

On a prétendu (2) que ce *retrait de communion*, appelé aussi *retrait de bienséance*, aurait été l'origine de notre retrait successoral : il est vrai qu'il y a entre eux la plus grande analogie, mais les faits démentent une pareille assertion. Nous verrons que les arrêts des Parlements font tous remonter le retrait successoral aux lois *Per diversas* et *Ab Anastasio*. Le retrait de communion dériverait au contraire, si l'on en croit Bannelier, de la loi 14 du Code, *De contrahenda emptione*. D'ailleurs il n'avait lieu qu'à l'égard des immeubles, tandis que le retrait successoral s'appliquait à la part de succession vendue, sans qu'on distinguât les meubles des immeubles (3). On évitait

(1) Ajoutons le retrait de *maison vendue* pour être démolie, connu seulement dans la *Coutume de Bayonne*.

Le retrait de *bestiaux* (commune de Labourt, Gascogne).

Le retrait *sur les juifs* introduits en Alsace par la jurisprudence du conseil souverain de Colmar : tout bourgeois de cité d'Alsace avait le droit de retirer sur un juif l'immeuble acquis par celui-ci moyennant remboursement.

(2) Davot et Bannelier, tome IV, p. 318.

(3) Ce retrait était tombé dans l'oubli vers les dernières années de l'ancien régime. Le retrait successoral, au contraire, était devenu d'une application chaque jour plus fréquente : et il fut question de l'étendre, en dehors du droit des successions, à tous les cas d'indivision. Il aurait donc remplacé l'ancien retrait de communion. Mais ce n'est pas une raison pour confondre l'un avec l'autre : ils différaient quant à leur histoire et surtout quant à leur nature juridique. (V. Merlin, t. XVI, *Retraits*.)

même d'appeler *retrait* ce droit donné à l'héritier de retirer la portion cédée par son cohéritier : on le désignait sous le nom d'action en subrogation.

Nous terminerons cette courte et imcomplète révision des retraits dans l'ancien droit en citant le *retrait ducal* (1).

La dignité de duc était substituée à l'infini en faveur des descendants mâles : lorsque l'ordre des successions déférait le duché aux cadets ou aux fils, l'aîné mâle avait droit de le retenir. Ce droit fut aboli par les lois du 5 août 1789 avec les privilèges aristocratiques.

Quelques-uns des gouvernements qui depuis la Révolution se sont succédé en France, ont rétabli la dignité de duc (2). Mais le retrait ducal ne fut point ressuscité.

Tel était ce droit compliqué, embrouillé, que la Révolution devait anéantir. C'était une intarissable source de difficultés ; c'était bien là vraiment l'antre de la chicane. Tiraqueau, jurisconsulte poitevin, pouvait à bon droit imprimer en 1574, en tête de la préface de son remarquable livre, ces lignes qui définissent à la fois l'importance et les abus de cette législation :

« Nullus omnino locus est in nostris consuetudinibus qui latius pateat quique frequentius in negotiis forensibus occurrat. »

La propriété était couverte d'entraves, les acquéreurs d'immeubles, toujours exposés au retrait lignager,

(1) Édit de 1711 ; Déclaration du 26 janvier 1772.

(2) Napoléon, en 1806, créa toute une noblesse militaire. Il s'entoura de ducs, princes, maréchaux, chambellans, empruntant à la vieille monarchie toutes ses pompes pour en orner sa puissance aventurière.

n'avaient plus de sécurité : l'action, il est vrai, se prescrivait après un an, mais, pendant cette année, les immeubles, suivant une expression d'alors, étaient véritablement hors du commerce (1).

L'exercice de l'action entraînait des recours de toute espèce, en indemnité, en garantie ; des liquidations par-devant justice ; et quand on songe combien la procédure de l'époque était onéreuse et inextricable, on se sent pris de vertige, comme devant un abîme. On est stupéfait des efforts immenses que sut déployer le vieux juriste poitevin qui le premier porta la lumière dans ces ténèbres. Son livre (2) est le résultat d'un travail gigantesque ; avant lui la législation des retraits n'avait jamais été coordonnée. Il lui fallut recueillir des matériaux disséminés au hasard dans la jurisprudence souvent contradictoire des Parlements ; puis avec une patience merveilleuse, cherchant des analogies et des principes dans le droit romain, élever seul et de toutes pièces, un édifice dont les proportions nous surprennent encore. Pothier, qui a fait sur les retraits un traité plus pratique et dégagé de l'érudition un peu rébarbative de son prédécesseur, doit tout à celui-ci et ne l'a point fait oublier.

C'est le plus bel éloge que l'on puisse décerner de l'ancien commentateur de la Coutume poitevine.

Il est intéressant de voir, dans le traité de Tiraqueau, quelles attaques passionnées la législation des retraits avait soulevées dès le XVIe siècle. Les inconvénients

(1) Cette courte prescription fut imposée aux lignagers, dans l'intérêt public, dit Pothier (*Retraits*, § 185), afin que les acheteurs ne fussent pas trop longtemps, par crainte de retrait, empêchés d'améliorer l'héritage.

(2) *De utroque retractu.* In-folio, 1574.

avaient frappé les esprits. Cette institution arbitraire, *inventée*, suivant l'expression de Domat (1), et qui jetait tant de confusion et d'insécurité dans les rapports juridiques, était contestée dans son existence. Beaucoup protestaient contre cette création de la Coutume : elle était contraire à la loi romaine, cette *ratio scripta*, contraire au droit naturel (2). Ce qu'on niait assurément était le côté aristocratique de ce droit ; mais on se gardait bien de le dire ; à peine faisait-on remarquer qu'il y avait là une atteinte à la liberté des conventions, qu'il était odieux de déchirer entre les mains de l'acquéreur le contrat sur lequel il avait compté, et de reprendre une parole à laquelle il avait donné sa foi.

Mais c'était, suivant la mode de l'époque, à l'aide des procédés de la dialectique de l'École, que la discussion suivait son cours : et les Écritures, suivant l'usage, étaient un arsenal d'arguments où chacun puisait à pleins bras.

Les partisans du retrait prétendaient que Dieu lui-même, par l'intermédiaire de Moïse, avait fondé cette législation. Un certain verset de l'*Ecclesiaste* défend à tout membre d'une tribu de vendre une parcelle de terrain à un habitant de la tribu voisine : à l'encontre de celui-ci, un droit de retrait était ouvert à qui voudrait en user. C'était quelque chose d'analogue à notre retrait de bourgeoisie.

Mais Tiraqueau faisait observer qu'il ne fallait voir dans cette loi hébraïque qu'une disposition politique, faite pour les besoins personnels du peuple juif, et non une règle de droit divin — « *retractum non esse juris divini.* »

(1) *Lois civiles*, ch. XI.
(2) Tiraqueau, 2e préface.

D'autre part, on soutenait que le retrait n'était pas de droit commun, car le droit romain ne l'avait pas connu ; il avait paru successivement et isolément dans quelques coutumes; et restait ignoré dans beaucoup (1). S'il n'était pas de droit commun, il était de droit strict ; or ce qui est de droit strict est odieux : *Quod est contra jus commune est odiosum.* Tel est le syllogisme que Tiraqueau détruit consciencieusement. Et, en invoquant force textes, commentaires, gloses, etc., il reconnaît qu'à la vérité l'usage seul a créé les retraits, mais qu'il n'en faut pas de là conclure à leur illégitimité. Aucune loi ne les a institués, mais aucune ne les a prohibés. Donc le retrait n'est pas contraire à la loi, mais plutôt à côté de la loi. *Retractum esse non contra legem, sed prœter legem.* Plus loin, il déclare que, quant à lui, le retrait était conforme au droit commun : *præsertim quum non prohibeat cuilibet vendere.* Assurément le retrait laisse intact le droit du vendeur : mais que fait-il du droit certes aussi respectable de l'acquéreur ?

Telle était la législation coutumière, telles sont les premières origines de nos retraits actuels. Mais un autre courant vint s'y mêler, qui venait de Rome, et que nous allons être obligé de suivre. Le retrait successoral, comme le retrait litigieux, se trouve au confluent des législations coutumière et romaine.

Nous voulons parler des lois célèbres *Per diversas* et *Ab Anastasio :* ces deux textes furent et sont encore un fertile sujet de discussions. L'ancienne jurisprudence les admit, non sans peine, mais en les transfor-

(1) L'Édit de 1581 est postérieur à l'ouvrage de Tiraqueau. Il eut pour objet de faire cesser la controverse en étendant le retrait lignager à toutes les provinces.

mant, en les habillant à sa mode, et de ces lois qui n'avaient édicté qu'une sorte de sanction pénale, purement pécuniaire, on fit un droit de retrait, organisé sur le modèle des retraits alors existants.

CHAPITRE II

DES LOIS PER DIVERSAS ET AB ANASTASIO DANS NOTRE ANCIEN DROIT.

Ces deux lois sont un témoignage des difficultés intérieures de la cité romaine. Ce n'est plus l'unité d'héritage qui préoccupe le législateur; il ne s'agit plus que de maintenir intact un mécanisme politique. On avait voulu remédier à une cause de troubles: l'accumulation des dettes.

L'aristocratie romaine avait en face d'elle une population de débiteurs, remuante et affamée : maintes fois le Forum fut ensanglanté, et les querelles de Marius et de Sylla n'avaient d'autre raison que cette hostilité permanente qui divisait la ville en deux camps. Le plébéien besogneux vit d'emprunt, le patricien se fait prêteur et usurier. Il y a désormais dans la cité un peuple de créanciers qui veut garder ses droits, et un peuple de débiteurs qui veut secouer le joug.

On comprend dès lors avec quelle insistance le législateur romain règle, amende les rapports de créancier à débiteur.

Déjà, sous la République, une loi Licinia prohibe les aliénations qui ont pour but de rendre plus difficile la situation du demandeur.

Dès l'époque classique une double série de mesures apparaît (1) :

1° La première classe de ces mesures a pour objet de protéger le possesseur d'une chose, défendeur à la revendication, contre une cession de droits que le demandeur ferait de mauvaise foi. C'est un principe général qui régit toute action actuellement pendante (2).

Mais le prêteur est allé plus loin : s'agissant d'une instance *future*, il défend toute aliénation, même avant la *litiscontestatio*, si cette aliénation est faite *judicii mutandi causa* (3). Si l'aliénation a eu lieu nonobstant la prohibition, le magistrat donne au demandeur une action *in factum*, en dommages-intérêts.

On lui donne l'exception *litigiosi* (4). Un édit d'Auguste l'avait introduite (*De jure fisci* § 8), mais seulement à l'égard des fonds litigieux. Une controverse s'éleva entre les jurisconsultes sur le point de savoir si l'édit ne devait pas être étendu à toute chose litigieuse (res) (5).

Papinien paraît se refuser à une pareille extension : Gaius ne parle également que des immeubles. Mais un fragment *De jure fisci* et nombre de textes prouvent qu'à l'époque de Paul et d'Ulpien, l'extension n'était plus contestée.

2° La deuxième catégorie de mesures est conçue en faveur du demandeur. On veut le mettre à l'abri contre

(1) Voyez la savante étude de M. Alb. Desjardins sur les origines et le caractère du retrait litigieux (*Rev. prat.*, XXV) ; Voy. Mommsen, tome IV, livre III, ch. XI.

(2) Loi 27, § 1 ; Lois 63 et 69, *De rei vind.*

(3) L. 8, § 1, *De alien. jud. mat.* Cf.

(4) Accarias, *Précis* ; Gaius, IV, 117.

(5) (Loi 27, § 1, *Ad sc. Vell.*). C'est-à-dire à une chose mobilière. Cet édit, en effet, ne pouvait s'appliquer au droit de créance.

une aliénation que ferait *pendente lite* le défendeur.

Au cours de l'instance le défendeur qui aliène à partir de la *litiscontestatio*, reste tenu de l'action et sera condamné, quoiqu'il ne soit plus détenteur de la chose.

La loi 1 pr., *De alien. jud.* nous donne la *condemnatio* de cette formule d'action : « quanti nostra intersit alium adversarium nos habuisse. » Le *quantum* des dom. int. est déterminé par le préjudice que cause au créancier cette substitution d'adversaires.

Jusqu'ici, c'est seulement au cas d'une action *in rem* que le préteur ou la loi donnent protection soit au demandeur, soit au défendeur.

Plus tard ces dispositions comprirent même l'action *in personam* (1); mais une pareille extension fut nécessairement tardive. On sait, en effet, que ce n'est pas sans difficulté que les Romains admirent la cession de créance. Le droit de créance ne leur paraissait pas de nature cessible. Le transport de créance donc ne s'opérait que par des artifices de droit : novation, *procuratio in rem suam.* Voilà pourquoi les créances n'étaient pas visées dans l'édit du préteur, pas plus que dans l'édit d'Auguste qui introduisit l'exception *litigiosi.*

Gratien, Valentinien et Théodose règlent le transport de créance par acte de dernière volonté : ce fut le premier pas fait en cette matière ; ils disposent que, si une chose litigieuse est laissée par legs ou fidéi-

(1) Alb. Desjardins, *Revue prat.*, 25. On a soutenu que l'Édit du préteur accordait l'action *in factum*, même quand l'instance portait sur un droit personnel. Mais cette opinion nous paraît erronée : les textes emploient constamment l'expression *alienare*, qui jamais n'a pu s'appliquer à un droit de créance.

commis, à une personne *potentior*, l'estimation devra être fournie au *légataire*, et les *héritiers* continueront le procès à leurs risques et périls. Citons ici une constitution de Dioclétien et Maxime qui interdit la *cessio in potentiorem* (Loi 1, § 2, C. *Ne liceat*) à une personne qui par ses influences, son crédit, serait pour le débiteur un adversaire plus dangereux (1).

Nous renvoyons aux lois qui ont établi ces règles : notre tâche n'est pas de les approfondir ni de les discuter, mais seulement d'expliquer rapidement sous quelles influences, avec le cours des âges, est né le retrait successoral, objet de ce travail.

Ainsi ce n'est plus seulement le demandeur ou le défendeur à une action *réelle* qui sont protégés : l'exception *litigiosi* s'applique même aux actions *in personam* (2). Un titre au Code résume les progrès faits par la législation sur ce terrain. Il a pour titre : « Ne liceat potentioribus patrocinium litigantibus præstare vel actiones in se *transferre* (3).

Jusqu'ici, rien de semblable à notre retrait litigieux et surtout au retrait successoral.

Nous voyons soit des actions en dommages-intérêts, soit des exceptions mises au service du plaideur. La loi 2 (*hoc tit.*) frappe même de déchéance celui qui outrepasse sa prohibition. Mais nous ne voyons rien d'analogue à une action en retrait. La loi *Per diversas* elle-même, rendue par Anastase, ne crée pas un droit de retrait (4).

(1) Maynz, II, § 275 ; Loi 2, C., *De fisc. vel priv.* ; Loi 22, § 2, Dg., *De jure fisci.* — Paul, V, 12, 7.

(2) Lois 2 et 3, C., *De litigiosis* ; Voy. Loi 1, *Ne liceat pot.*

(3) Voyez notamment la loi 1, où Dioclétien rappelle une constitution de Claude. Voy. aussi la loi 2 rendue par Arcad. et Honor.

(4) Loi 22, *Mandati*. Citons encore les lois rendues dans le même

C'est d'elle pourtant que dérivent les retraits litigieux et successoral. Anastase, dans la loi 22 (*Mandati*) vise spécialement les cessions de créances. Analysons les prescriptions nouvelles introduites par lui :

« Diverses requêtes, à nous adressées, nous font connaître que certaines personnes, avides des biens d'autrui, courent après les créances appartenant à d'autres et poursuivent les débiteurs de leurs vexations : *Personas litigantium vexationibus afficere.* — Il est certain que ceux qui ont des créances non douteuses, aiment mieux les exercer eux-mêmes que de les vendre. »

Nous voyons quelle pensée a dicté la constitution impériale.

Ainsi ces prohibitions sont inspirées par la haine de l'acheteur de créances. C'est un spéculateur qui poursuivra le débiteur sans merci : il achète à vil prix, et, pour réaliser le bénéfice, il usera de tous les moyens de coercition. C'est là un métier dangereux, qu'il importe de faire disparaître. De pareils trafics ne peuvent être que préjudiciables à l'ordre public ; ils accroissent la multitude des procès, et donnent aux poursuites judiciaires un caractère odieux et brutal. Le magistrat est institué pour dire le droit ; et non pour servir de prétexte à une industrie. Ces gens qui faisaient commerce de créances, mettaient la loi en boutique.

Doneau et Cujas prêtent au rédacteur de la loi une idée tout autre.

but et qui eurent pour objet d'empêcher l'aliénation des choses litigieuses : un édit d'Auguste, *De jure fisci*, § 8 ; une loi Licinia citée par Marcien dans la *L. ult.*, Dg., *De alien. jud. mul. causa.* La loi des *Douze Tables* contenait déjà une disposition en ce sens. Loi 3, Dg., *De litig.* Cf. Zimmern, § 124, de Vangerow, *Lehrbuch*, § 160 ; Maynz, II, § 275.

Ils supposent un contrat dans lequel l'acheteur, ayant vendu sa créance à un prix inférieur à sa valeur nominale, se serait réservé l'excédent. C'est là le contrat que la loi aurait eu en vue ; et ils fondent leur interprétation sur les mots : *Redemptor litis*. A notre avis, c'est donner à ces mots une portée exagérée. La traduction exacte est celle qui fait dire à l'empereur que ceux qui achètent ainsi des créances, achètent plutôt le procès que la créance. C'est un motif que l'empereur donne pour expliquer sa constitution ; rien de plus.

Quelle sera la sanction de la loi impériale? « Per hanc legem jubemus... ut si qui, datis pecuniis, hujusmodi subierit cessionem usque ad ipsam tantummodo solutarum pecuniarum quantitatem et usurarum ejus, actiones exercere posse... »

Quelle que soit la valeur nominale de la créance, le cessionnaire ne pourra exercer son action que jusqu'à concurrence de ses déboursés, y compris les intérêts.

Cette constitution est applicable aux créances, et même aux créances seules : cela résulte clairement de ses termes. Mais le droit accordé au débiteur n'est pas un droit de retrait ; le débiteur ne pourra se substituer à l'acquéreur ; prendre le marché pour lui et par voie de conséquence, éteindre la dette. La constitution d'Anastase ne crée aucun mode nouveau d'extinction des obligations.

Seulement, par le seul fait de la cession, la créance est réduite de tout ce dont sa valeur nominale dépassait le prix réel de l'achat.

Cette rigueur ne souffre d'exceptions qu'en certains cas ainsi énoncés :

« Exceptis cessionibus *inter coheredes* pro actionibus

hereditariis; — quascumque *creditor pro debito ;* — vel is qui res aliquas *possidet* pro munimelli aut lactione accessit — quas *in legatarios*... Quibus debita seu aliæ res relictæ sint, pro his fieri necesse est. »

La constitution ne suppose pas une créance litigieuse. C'est bien la haine des procès qui l'a dictée ; mais, pour qu'une cession soit atteinte par elle, il n'est pas nécessaire qu'une contestation soit d'ores et déjà engagée entre le débiteur et le créancier.

Faut-il dire que la législation antérieure, qui frappait de nullité la cession d'une créance litigieuse, était abrogée et remplacée par la loi nouvelle ? Nous ne le croyons pas, et notre opinion se fonde sur les lois 2 et 3 au Code, titre XXXVII livre VIII (1).

La dernière phrase de la constitution ouvrait une porte à la fraude : Anastase admettait que tout acte offrant de l'analogie avec ceux dont il avait donné l'énumération, et d'une façon générale, tout acte à titre gratuit, serait excepté de la règle rigoureuse qu'il édictait.

Les spéculateurs imaginèrent, pour éluder la loi, des opérations mixtes, moitié vente, moitié donation : par exemple, ils faisaient porter comme prix de vente les sommes réellement payées par eux, et se faisaient gratifier de l'excédent. Une nouvelle constitution fut donc nécessaire : c'est la loi 23 au même titre. Justinien y déclare que, seule, la donation entière sera permise (2). Ainsi les lois *Per diversas* et *Ab Anastasio*

(1) Loi 2, *Constantinius ad Provinciales* : « Lite pendenti; actiones minime transferre liceat..... tanquam si *nihil* factum sit lite nihilominus peragenda. »

(2) Dans une constitution postérieure qui ne nous est connue que par l'analyse que nous en donne la loi 24, C. *Mandati*, Justinien révoque complètement les exceptions admises par les lois 22 et 23.

n'établissent aucun droit de retrait, et la différence avec notre législation actuelle était triple :

1° Elles en formaient toute cession de créance, que la créance fût litigieuse ou non ;

2° Elles informaient l'acte de cession d'une créance ; mais ne s'occupaient point des droits réels ;

3° La sanction était non la nullité, ni une faculté de retrait donnée au débiteur, mais la réduction de la dette.

Suivons ces constitutions à travers notre ancienne jurisprudence et voyons comment elles aboutirent, après une série de modifications, d'abord à notre retrait litigieux, et, par suite de transformations plus profondes encore, à notre retrait successoral (1).

Nous avons a étudier la marche convergente de deux législations : la législation des retraits, germaine et féodale; la législation romaine dont nous allons suivre le développement. Elles se rencontrent à un certain point au cours des âges; et c'est de leur combinaison que sortent nos deux retraits, unis dans la même origine.

Les anciens jurisconsultes ne semblent pas d'accord sur la portée des lois d'Anastase et de Justinien. Pothier (2) et Dumoulin (3) les restreignent aux créances litigieuses.

(1) Nous laissons de côté deux dispositions législatives de notre ancien droit, une ordonnance de 1356, rendue sous Charles V et renouvelée par Henri III en 1585. Ces ordonnances défendaient la cession à une personne plus puissante. Mais elles sont en dehors de notre sujet. Nous ne pouvons nous écarter des lois *Per diversas* et *Ab Anastasio* qui ont donné naissance aux retraits qu'a conservés notre Code. V. aussi l'ordonn. de 1521, art. 94, Code Michaut.

(2) *Vente*, n° 591.

(3) *Tractat. cont. usur.*, n° 413.

Charondas (1) et Maynard (2) admettent qu'elles s'appliquent à toute créance litigieuse ou non.

Pothier l'exprime ainsi : il n'est pas douteux que dans le for extérieur on peut acheter la créance d'une certaine somme d'argent pour un moindre prix que n'est cette somme (3). Et plus loin, § 590 : les lois pour mettre un frein à la cupidité des acheteurs de procès.... »

Ainsi c'est bien la créance litigieuse, d'après Pothier, que la loi a eu en vue. Mais la constitution d'Anastase ne distinguait point entre les créances litigieuses et les autres ; elle s'appliquait à toutes sans distinctions. Ces lois subirent donc une modification dans la pratique, et c'est ainsi que Pothier peut les considérer comme s'appliquant aux seules créances litigieuses (4). La jurisprudence cependant n'était pas uniforme en cette matière, et on a vu que Maynard et Charondas appliquaient les lois romaines sans restriction aucune. Mais Charondas écrivait en 1593, et Maynard en 1618 ; leur doctrine fut abandonnée ; et, sauf quelques dissidences, du temps de Pothier, la doctrine qui prévalait était celle qu'enseigne le commentateur de la Coutume d'Orléans. Comment ce revirement s'était-il effectué? La réponse est difficile. Il est probable que les constitutions romaines furent ainsi modifiées, pour qu'elles se trouvassent d'accord avec certaines dispositions analogues du droit coutumier : notamment l'ordon-

(1) *Pandectes du droit français*, liv. II, ch. XXIX.

(2) Maynard, *Notables et singulières questions de droit civil*. Ed. 1618, liv. VII, ch. XC, n° 2.

(3) *Vente*, n° 678.

(4) Cela aurait été décidé par un arrêt de 1580, « Arrêt rendu en robe rouge », dit Pothier.

nance de Charles V (1), et l'art. 94 du code Michaut, lesquels ne visent que les créances litigieuses.

Qu'était-ce que cette ordonnance ? On pourrait inférer d'un passage de Charondas (2) qu'elle avait été inspirée par la constitution de Dioclétien, citée plus haut. Du moins est-il certain que, si elle est d'origine romaine, ce n'est pas des lois, *Per diversas* et *Ab Anastasio* qu'elle dérive. Maynard marque bien la différence entre ces deux lois et la « loi de France ». Que, dit-il, n'est pas tant expresse ni générale, ne s'appliquant qu'à quelques personnes comme plus puissantes en faveurs, richesses, état... »

Quant aux lois anastasiennes, la question de savoir si elles s'appliquaient à toute créance où seulement à une créance litigieuse divisa les jurisconsultes. Quand ils discutent sur le point de savoir si elles sont reconnues ou abrogées en France, c'est cette question qu'ils entendent débattre; car leur existence n'est pas douteuse; seulement on leur prête une étendue variable.

D'après Maynard elles étaient pratiquées sans restriction dans le ressort des parlements de Toulouse et de Grenoble (3).

Le parlement de Paris en refusa l'application pendant quelque temps, sauf *en matière de droits successifs ;* ce

(1) Cette ordonnance est rapportée par Charondas le Caron en son *Grand Coutumier*, p. 44.

(2) Pandectes, II, ch. XXIX. Jean Papon, instrument du premier notaire, éd. 1578, présente les ordonnances de Charles V comme rendues d'après les lois dioclétiennes et ne fait aucun doute sur l'existence et la portée de la loi Anastasienne, « qui est, dit-il, sainte et digne d'un prince aimant ses sujets. »

(3) V. Rebuffe, *Commentaire sur les ordonn. royaux ; ibid.*; Imbert, *Manuel*. Ces auteurs soutiennent que les lois *Per div.* et *Ab An.* ne sont plus reçues en France, contrairement à ce que Cujas écrit dans ses *Ob.*, 10, ch. III.

qui ne laisse pas d'être singulier. Mais cette doctrine disparut, l'autorité du droit romain croissant ; et c'est ainsi, que, sans hésitation, Dumoulin dans son Commentaire sur la Coutume de Paris (1) fait application de nos deux lois. Charondas dans ses réponses (2), et Le Prestre (3) ne sont peut-être pas étrangers à ce changement de jurisprudence.

Les deux lois se généralisent, restreintes ici, là reconnues dans toute leur étendue : Dumoulin est d'avis qu'elles ne s'appliquent qu'aux droits infectés du vice de litige. Charondas et Maynard leur donnent leur portée vraie. C'était la première de ces doctrines qui devait triompher : un arrêt du parlement de Paris la consacre en 1566 (4), la pratique résistait à la doctrine exacte, mais gênante, de Charondas. Il est certain que la loi d'Anastase appliquée dans toute son étendue, apportait aux rapports d'affaires de véritables entraves. Restreinte au cas de litige, elle devenait parfaitement acceptable.

En 1605 un arrêt rendu en la chambre de l'édit consacra définitivement les règles admises par la pratique.

La doctrine des pays de coutume se rangea à ce système : Brodeau *sur Louet* explique clairement que le transport d'une créance non litigieuse, même fait *minori pretio*, ne constitue pas un contrat illicite. C'est un commerce de dettes licites et non prohibé par les ordonnances (5). »

(1) Tit. I, *Des Fiefs*, § 2.

(2) Liv. VI, ch. XCI.

(3) N° 46.

(4) V. un arrêt cité par Le Prestre (*Quest. not.*, éd. 1618). 1re centurie, chap. XCIII, nos 27 et suiv.

(5) Pourtant, quelques coutumes de Flandre appliquaient encore la doctrine large, aux témoignages des mêmes (Brodeau).

Cette doctrine se fit place même dans les pays de droit écrit : sur les quatre parlements du Midi deux appliquèrent le système nouveau, Rouen (1) et Bordeaux (2). Mais les parlements de Grenoble et de Toulouse (V. Maynard, *loc. cit.*, conseiller à ce dernier parlement) conservèrent dans sa vérité primitive les lois romaines.

Enfin pour Pothier le doute n'existe plus, et c'est sans allusion aux anciennes controverses qu'il expose, comme nous l'avons vu, la doctrine de son temps.

Et Pothier, non moins explicite que Brodeau, consacre un long paragraphe à démontrer la parfaite validité, en droit et en morale, du transport d'une créance non litigieuse, fait pour un prix moindre que la somme due (3).

En même temps qu'on restreignait la loi romaine au cas où un litige s'est élevé, on lui donnait, à d'autres égards, une étendue plus grande. La loi *Per diversas* laissait de côté les droits réels ; on commença par l'étendre aux droits mixtes ; aux rentes par exemple, puis aux droits réels (4) eux-mêmes. Désormais tout droit litigieux put être vendu, sous la réserve du retrait.

Mais, à un autre point de vue, une modification profonde fut apportée à la législation romaine. La

(1) Brod. *sur Louet.*

(2) Henrys, éd. 1771, liv. IV, ch. II, 95.

(3) « Il n'y a rien de contraire à la justice que je fasse payer, à celui qui me vend la créance qu'il a contre un débiteur dont la solvabilité est douteuse, le risque dont je me charge à sa place » (*Vente*, ch. IV, art. 6, § 1). L'ancien droit considère donc comme licite le commerce des actions en général, si flétri par les empereurs romains.

(4) L'ordonn. de 1560 est générale.

loi *Per diversas* n'avait pu songer à établir un droit de retrait, car elle ne s'appliquait qu'aux créances. Il suffisait de les réduire. Mais l'ancienne jurisprudence étend ces dispositions au cas où la cession porte sur un droit réel : ici une rédaction du droit ne se conçoit plus. Lorsque le débiteur d'un droit réel, en désintéressant le cessionnaire de ce droit, use de la faculté que lui accorde la loi, que fait-il, sinon se substituer à celui-ci? N'est-ce pas une sorte de subrogation qui s'opère? Telle fut l'idée qui se présenta à l'esprit des anciens jurisconsultes ; et c'est là effectivement le terme dont ils usent (1). Terme évidemment impropre, suivant la remarque de M. Desjardins, car, si c'était une subrogation, elle s'opérerait contre le débiteur. Or on ne voit guère comment il pourrait s'être subrogé contre lui-même.

Déjà Charondas, dans un passage cité, avait donné au débiteur le droit *de retirer et de racheter* (2). C'est un droit de retrait. *Retractus a retrahendo dictus*, dit Tiraqueau. Mais Charondas ne doute pas que ce droit de retrait soit contenu dans la loi Anastasienne elle-même, inexactitude manifeste. Il obéit à l'influence de la léglisation générale, et, trouvant un droit qui pouvait offrir quelques traits de ressemblance avec ces retraits si nombreux et si variés dans la législation de son temps, il voit un véritable retrait

(1) Voy. Despeisses, revu par Rousseau de la Combe, t. I, p. 14. « Les lois *P. div.* et *Ab An.* n'ont lieu en France que pour les choses douteuses. » Si le créancier vend et transporte une dette claire et non contestée, quoique à moindre prix, le débiteur n'est pas reçu à en demander la subrogation. *Id.*, Bretonnier sur Henrys.

(2) L'arrêt de 1578 disait : « Sera tenu ledit cessionnaire de retrocéder et transporter les actions. »

dans les dispositions de la loi *Per diversas* (1).

Que si nous arrivons à Pothier, nous constatons l'accomplissement de l'évolution juridique.

« Le droit qui est accordé *par ces lois* au débiteur de la dette litigieuse, est une espèce de droit de retrait de la dette litigieuse qui lui est accordé sur le cessionnaire. Le débiteur, en remboursant le cessionnaire, est admis à prendre son marché... Le débiteur est censé avoir pour lui-même racheté sa dette du créancier (1). »

A la vérité Pothier ne parle pas du retrait litigieux dans son *Traité des Retraits;* mais cet ouvrage ne traite que des retraits généraux, et de pur droit français : quoi qu'il en soit, la définition donnée par lui est bien explicite : la loi *Per diversas*, par les causes historiques que nous avons essayé d'exposer, s'était transformée en un retrait, dans les derniers temps de l'ancien droit.

Avant de clore cet exposé, signalons un fait curieux. Nous avons vu des jurisconsultes du XVIe siècle, Imbert, Brillon, etc., contester que les lois *Per diversas* et *Ab Anastasio* fussent reçues en France : voici que les derniers jurisconsultes de l'ancien droit renouvellent cette affirmation.

Ferrière (2) assure que ces deux lois ne sont plus en vigueur que dans les parlements de Bordeaux et de Toulouse.

Boucher d'Argis : « Selon certains jurisconsultes, ces deux lois ne sont pas admises au parlement de Paris, sauf quand un étranger achète des droits suc-

(1) *Pandectes*, II, 29.

(2) *Vente*, n° 588. Pothier semble croire que les lois *Per diversas* avaient établi un retrait.

cessifs. » Bretonnier : « la disposition de ces lois était *autrefois* suivie par le parlement de Paris (1). »

Que faut-il penser de ces affirmations contraires? Peut-être Bretonnier, Boucher d'Argis, Ferrière, fidèles au droit romain, en présence des modifications si nombreuses et si profondes de la jurisprudence, se refusaient-ils à placer la nouvelle législation du retrait successoral, sous le nom des lois *Per diversas* et *Ab Anastasio*.

Ce qui est certain, c'est que l'achat de droits litigieux était déjà moins sévèrement traité. Les anciennes exceptions d'Anastase avaient été étendues : une juste cause quelconque suffisait pour valider l'opération.

L'application des lois *Per diversas*, si nous devons reconnaître avec Pothier et Rousseau de la Combe qu'elles existaient encore, devenait de plus en plus relâchée à l'égard des droits litigieux. Par contre elle frappait avec rigueur les acheteurs de droits successifs (2).

Cette dernière extension des lois romaines, adressée si difficilement, comme nous le verrons au chapitre suivant, finit par rester la seule partie vivante d'un droit tombé dans l'oubli (3).

(1) Nous avons vu ceci dans Charondas : le parlement de Paris serait-il revenu à la doctrine des vieux juristes?

(2) Le parlement de Paris avait d'abord rejeté les exceptions des lois Anastasiennes. Mais cette exagération de sévérité avait été critiquée par les praticiens. Pothier condamne la constitution de Justinien, qui supprimait les exceptions, et il adresse, avec Rousseau de la Combe, une exception générale fondée sur la juste cause.

(3) Il y avait encore un cas où l'on appliquait nos deux lois, c'était celui où un tuteur acquiert des droits contre son pupille. V. Boucher d'Argis.

Tout confirme cette idée que les anciennes rigueurs qui atteignaient les acheteurs de procès s'étaient adoucies, et c'est ce qui explique les contradictions que nous avons relevées plus haut.

Petit déclarait en 1782 au conseil d'État que les abus auxquels se livraient les acheteurs de procès avaient suscité une émeute dans le Vivarais. La loi protégeait donc bien peu les débiteurs. A vrai dire, les lois *Per diversas* et *Ab Anastasio* étaient tombées en désuétude, et l'exception générale de juste cause admise par le parlement de Paris n'était assurément pas étrangère à cet abandon.

CHAPITRE III

DU RETRAIT SUCCESSORAL

Le retrait successoral ne fut d'abord qu'une sorte de retrait litigieux en matière de droits successifs.

C'est ainsi que Brillon ne s'occupe du retrait successoral qu'au mot *Droits litigieux*. Cependant il fait un article sur la vente de succession, mais il n'y parle pas du retrait.

Le plus ancien arrêt qui ait soumis à retrait une vente de droits successifs est du mois de juillet 1521 ; il fut rendu par le parlement de Paris. Le cousin d'une défunte fut reçu à rembourser un particulier qui avait pris cession et transport des droits de l'héritier, quoique la succession ne fût point litigieuse, et que le cessionnaire ne fut avocat, procureur ni solliciteur. Le motif fût qu'il avait *recherché* le transport.

Maynard (*loc. cit.*) rapporte deux arrêts, un du 6 mai

1536, l'autre de 1566. Mais Bergeron et Charondas soutenaient que ces arrêts étaient inspirés par une autre pensée.

L'arrêt de 1521 n'avait donc pas fixé le droit. Mais en 1595 un arrêt cité par Charondas, chap. XXIX, Pandectes, admit de nouveau le retrait quand il y avait eu vente de droits successifs, de même qu'il le repoussait en cas de litige, s'il s'agissait d'une « dette particulière ».

Cet arrêt fait bien nettement dériver le retrait successoral de la loi *Per diversas :* il n'avait donc pas introduit quelque chose de neuf: la vente d'un droit successif, rentrait dans la vente d'un droit litigieux : il fallait qu'il y eût litige sur la succession ou qu'il parût, d'après les circonstances de la cause qu'un litige se serait élevé (1).

Aussi en 1613 y eut-il de nouvelles difficultés sur ce point. Servin, avocat général près le parlement de Paris, prit la parole. Cet arrêt est important; c'est lui qui en notre matière fixa, ou à peu près, la jurisprudence.

Les arguments développés par Servin sont curieux à connaître: il ne fait pas dépendre comme l'arrêt de Bretagne la cause, des circonstances, du point de savoir si le cessionnaire a ou non recherché le cédant: ce qui implique, quoique vaguement, l'intention de nuire à quelqu'un.

Il ne place pas, comme Charondas, la vente d'un droit successif, au nombre des cas réglés et prévus par les lois romaines.

Il reconnaît, au contraire, que les lois romaines ne s'appliquent pas en cette hypothèse. Mais il fait appel

(1) De même, en 1779, un argument de l'arrêt est que les droits succ. peuvent devenir litigieux.

au pouvoir réglementaire dont le parlement est investi ; il le compare aux pouvoirs du préteur. Comme celui-ci le parlement peut, non modifier la loi, mais combler les lacunes, il ne s'agit pas d'étendre les lois romaines à une espèce non prévue par elles, mais régler pararrêt, une situation qu'aucune loi n'a prévue.

En un mot, Servin demande au parlement de créer une action *in factum*, comme faisait autrefois le magistrat romain.

Et, pour entraîner les suffrages de la cour, il fait valoir les considérations de toute espèce : il envisage les faits, car le cessionnaire a prouvé qu'il était mal disposé envers le débiteur : il a des parents dans le haut clergé ; il a voulu user de leur influence pour faire jeter en prison son adversaire. Il invoque les textes saints (1).

Mais l'argument le plus remarquable, parce que c'est lui qu'on adresse aujourd'hui encore aux ennemis du retrait successoral, est qu'il faut défendre les secrets de famille. Ceux qui achètent des parts de succesions sont gens malveillants qui veulent « entrer ès secrets de famille. » C'est là le double motif qui entraîna le parlement à donner gain de cause à l'avocat général Servin. Les lois *Per diversas* et *Ab Anastasio* avaient été étendues hors de leur cadre primitif : d'abord par analogie de motifs, parce qu'un droit successif pouvait être considéré comme litigieux, et en second lieu, par une raison nouvelle : il fallait écarter les étrangers des affaires de famille.

Lebrun reconnaît tout ce que cette doctrine a de force quand il dit : « Nous avons étendu jusque-là les

(1) *Eccli.*, XXXIX.

lois *Per diversas* et *Ab Anastasio*, « *quoiqu'elles ne parlent pas de ces cas.* »

Mais, ajoute-t-il, il y a vexation de la part de l'étranger envieux d'apprendre les affaires d'autrui, « curiosus quin sit malevolus (1) ».

On le voit, c'est toujours l'assimilation d'un droit successif à un droit litigieux qui le préoccupe (2). Comme Servin, il parle des intérêts de la famille à sauvegarder, mais ce n'est que pour justifier l'extension qu'il donne aux règles romaines. En tout cas, il ne dit plus, comme Charondas, que les lois *Per diversas* et *Ab Anastasio* ont prévu et interdit la vente d'un droit successif, il avoue qu'elles n'ont jamais visé cette hypothèse. Mais, par identité de cause, on les a « *étendues jusque-là.* »

Si nous jetons les yeux sur les auteurs plus modernes, nous voyons combien la doctrine a varié (3). On ne parle plus du danger des procès ou, du moins, ce n'est plus qu'un motif accessoire. La raison vraie que l'on donne dans tous les parlements et qui suffit désormais, est la nécessité d'assurer les secrets de la famille.

On n'essaye plus de mettre l'institution sous la protection du Code de Justinien. Denizart écrit (4) : « C'est une espèce de retrait qui a lieu en faveur de l'héritier, dans ces sortes de ventes. La jurisprudence l'établit irrévocablement. » Et il somme les auteurs qui appuient de leur autorité cette création nou-

(1) Plaute, *Stich* I, III.

(2) Lebrun, *Traité des successions*, IV, ch. III, Sect. III, n° 66.

(3) Denizart, v° *Droits successifs*. — Flaust, *Coutume et jurisprud. de Normandie*, 1781.

(4) Édit. de 1771 au mot *Droits successifs*.

velle : « Bretonnier sur Henrys — les plaidoyers de M. Servin — Chenu, Magnard, Louet et Brodeau. »

Voici un arrêt cité par le même Denizart, où nous voyons quels sont les motifs allégués : « Le sieur Dédale prétendait que la jurisprudence avait toujours autorisé les cohéritiers à demander la subrogation au transport des droits successifs non liquidés afin que le cohéritier ne soit point obligé de communiquer les *secrets de la famille à cet étranger*... Ces raisons prévalurent, et par l'arrêt rendu le 26 août 1738, au rapport de M. Maupeou, la subrogation fut adjugée... (1). »

C'est ainsi que le retrait successoral, qui d'abord s'était présenté comme une variété de retrait litigieux, apparaissait comme une institution distincte, comme une espèce particulière de retrait. On l'appelait tantôt retrait de droits successifs, tantôt action en subrogation. L'expression de retrait successoral se trouve dans le nouveau Denizart (2).

Cette jurisprudence ne se développa point sans susciter de vives réclamations (3).

Les auteurs protestèrent et l'on peut lire dans les critiques adressées par Bannelier au parlement de Paris, toutes les objections qui de nos jours sont élevée contre le retrait successoral (4). Nous reviendrons sur ce point.

Nous avons recherché les origines du retrait successoral : nous l'avons vu, se rattachant par toute une série

(1) *Add.* à l'arrêt du 13 août 1750.

(2) T. IV, *Cessions de droits successifs*.

(3) *Traité sur la Coutume de Bourgogne*. — Il est certain que quelques jurisconsultes proposèrent d'étendre le retrait successoral à tous les cas d'indivision (Merlin, *Rép.*, *Droits successifs*, XII).

(4) Bannelier traitait notre retrait d'abus et de passe-droit. — Voyez l'arrêt de 1768. Ancien Denizart, v° *Per diversas*, qui rejeta une demande en retrait.

de ramifications, au droit romain et en même temps à la législation coutumière des retraits. Mais cette évolution, dont nous avons suivi les phases historiques, n'est pas reconnue ni admise par tout le monde (1). M. Rodière (2) fait du retrait successoral une conséquence de la saisine qui appartient à l'héritier. C'était une sorte de complément du retrait lignager : « celui-ci ne s'appliquant qu'aux immeubles, tandis que le retrait successoral s'appliquait à tous les droits mobiliers ou immobiliers dépendant de l'hérédité. » Le retrait successoral ne serait autre chose qu'un droit de famille qui appartient aux héritiers en vertu même de leur droit de saisine.

Cette opinion a pour elle le mérite de la nouveauté. Mais elle est en contradiction certaine avec les faits tels que nous les avons constatés, d'après le témoignage des auteurs anciens.

Toutefois, il subsista toujours une différence de forme, entre les retraits d'origine coutumière, et ceux qui dérivaient des lois *Per diversas* et *Ab Anastasio*. La procédure n'était pas la même (3) : les retraits litigieux et successoral s'exerçaient sous la forme d'une action en subrogation, et, pour agir, le débiteur, comme l'héritier, devait obtenir des lettres de chancellerie, dites *lettres de subrogation* (4).

(1) Déjà, dans l'ancien droit, Bannelier avait semblé rattacher le retrait successoral au retrait de communion ou de bienséance : Nous avons plus haut écarté cette manière de voir, qui s'appuyait sur la loi du Code. *De cont. Empt.*

(2) *Journal du Palais*, année 1862, p. 363. — Cf. Demolombe, *Successions*, t. IV, n°s 23 et 45. — A. Denizart, *Cessions de droits successifs*, § 4, n° 5. — Merlin, t. XVI, *Droits successifs*.

(3) V. Pothier, *Retraits*.

(4) Servin. Charondas, *ll. citt.* — V. Denizart.

Tel était l'état de la législation arrivée à la dernière étape de ses transformations successives, quand la Révolution vint brusquement la renverser. Les retraits étaient trop contraires aux idées des législateurs de 1789, pour qu'on pût les épargner, dans ce grand travail de révision sociale.

Ils rappelaient des abus odieux, ils étaient nés d'un régime détesté, ils étaient une création féodale : on les jeta par terre, le 14 juillet 1790.

L'Assemblée législative par deux décrets en date l'un du 13 juin 1790, l'autre du 19 juillet, supprima les retraits lignagers, de mi-denier, féodal et censuel.

Puis, des difficultés s'étant élevées sur le point de savoir si les autres retraits non nommément désignés dans les décrets précités, étaient ou n'étaient pas abrogés, l'Assemblée par un décret d'ordre du jour du 13 mai 1792 déclara qu'elle avait entendu *abolir toutes les autres espèces de retraits*.

Un décret du 2 septembre 1793, à propos de l'art. 332 (1) de la Coutume de la *ci-devant province de Normandie*, confirme l'abolition des retraits.

Le 30 septembre 1793, nouveau décret abrogeant l'art. 296 de la même coutume, lequel accordait un droit de retrait aux aînés à l'encontre des puînés.

Enfin un décret du 19 floréal an II déclare compris, dans la suppression générale des retraits, le retrait de convenance ou successoral (2).

(1) Cet article donnait au mari et à ses héritiers une sorte de retrait de mi-denier.

(2) Voici le texte : « Considérant que, d'après les décrets rendus jusqu'ici sur cette matière, il ne peut plus exister aucune des espèces de retraits introduits par les anciennes lois, coutumes, et

On voit en quels termes absolus, et à combien de reprises différentes le législateur de l'époque intermédiaire s'est exprimé. Il semble bien, à la lecture de ces différents textes, que les retraits litigieux et successoral aient été englobés dans l'œuvre d'abrogation. Pourtant la jurisprudence résista et continua de les tenir pour existants. D'abord, disait-on, le retrait litigieux n'était point expressément désigné dans les décrets précités. L'Assemblée législative avait voulu abolir les retraits : mais la faculté accordée au débiteur, était-elle bien un retrait? Elle n'avait pas une origine féodale, ce n'avait jamais été un privilège aristocratique. Ce n'était qu'une action en subrogation, forme moderne de l'action que la loi d'Anastase avait créée; et on ne devait pas croire que le législateur eût songé à elle.

Ce raisonnement était excessif : la lecture des décrets montre bien que l'Assemblée législative et la Convention avaient voulu frapper tout ce qui de près ou de loin ressemblerait à un retrait, sans faire des distinctions fondées sur le nom ou la procédure.

Pourtant les jurisconsultes qui soutenaient l'existence du retrait litigieux avaient pour eux l'appui de la jurisprudence (1). Le tribunal de Cassation motivait ainsi un jugement du 8 frimaire an XII : « l'action résultante des lois *Per diversas* et *Ab Anastasio*, *n'a rien de commun avec celle en retrait* (2). »

usages locaux, que la Convention *s'est suffisamment exprimée* à cet égard par ses décrets, les 2 et 30 septembre dernier, déclare qu'il n'y a pas lieu à délibérer.

(1) Voyez la suite remarquable d'articles publiés par M. Alb. Desjardins dans la *Revue pratique*, t. XXV, XXIX et XXX.

(2) V. arrêt du 23 germinal an IX. — Cass., 28 janv. 1828.

Quant au retrait successoral, il était plus difficile de nier qu'il eût été abrogé. Le décret de l'an II avait nominativement statué sur son sort. Mais ceux qui décidaient que le retrait litigieux était encore en vigueur, devaient prétendre de même sur le retrait successoral, intimement lié au premier : et ils écartaient cavalièrement le décret de l'an II, lequel avait été rendu, disaient-ils (1), sur une simple lecture, à peine entendue, et d'ailleurs n'avait jamais été inséré au *Bulletin de correspondance*, formalité nécessaire pour qu'une loi fût exécutoire. La plupart des tribunaux du pays faisaient l'application de cette doctrine. Nos deux retraits n'avaient donc jamais cessé d'être dans l'usage : une sorte de coutume presque générale les maintenait malgré la loi.

Cependant les premiers projets du Code civil n'en parlent point : peut-être le mot de *retrait*, comme celui de *servitude*, avait-il effarouché les rédacteurs.

Mais un troisième projet de Cambacérès (2) contient une disposition sur les créances litigieuses : ce n'est point toutefois un droit de retrait, c'est tout simplement la reproduction de la loi Anastasienne (3). Enfin le projet définitif rétablit à la fois le retrait litigieux, et le retrait successoral (4).

Ce dernier fait l'objet de l'art. 841 du Code civil.

Nous terminons ici cette rapide esquisse historique.

(1) Voy. Merlin, *Questions*, — *Droits successifs*.

(2) On sait que la loi *Per diversas* ne s'appliquait qu'aux créances. Voir dans Fenet, I, p. 284, comment Cambacérès étendait cette loi aux droits réels.

(3) Art. 856.

(4) Celui-ci avait déjà trouvé place dans le projet de Jacqueminot (Fenet, I, p. 422); on constate même, en lisant ce dernier, que Cambacérès lui a emprunté jusqu'à la rédaction de l'article.

Il était nécessaire que nous étudiions avec quelques détails le passé d'une institution qui n'est réglée dans nos codes que par un seul article. Le législateur moderne n'a fait qu'énoncer le retrait successoral : il n'en expose ni les caractères ni les effets : il le nomme, et il passe. Il faut donc pénétrer à travers son laconisme jusqu'à sa pensée; et où trouvera-t-on le mot de l'énigme si ce n'est dans les dispositions du droit antérieur? Notre conduite est toute tracée; dans l'interprétation de l'art. 841 nous ferons appel à l'histoire dont nous enregistrerons scrupuleusement les réponses. En présence d'une loi compendieuse jusqu'à être incomplète, il y a pour l'interprète deux façons d'accomplir sa tâche : ou se livrer à la fantaisie et créer des systèmes d'imagination, ou bien admettre que le législateur, quand il ne s'explique pas sur une matière, renvoie implicitement à des règles déjà existantes dans la pratique et dans la doctrine. Cette seconde manière de voir sera la nôtre.

Nous invoquerons aussi par analogie l'art. 1699 consacré par le Code au retrait litigieux. La communauté d'origine qui rapproche ces deux retraits, les différences qui les séparent l'un et l'autre des retraits coutumiers, l'espèce de parenté qui les unit, nous autoriseront à faire au retrait litigieux qui a été favorisé de trois articles les emprunts que rendront nécessaires les besoins de l'interprétation.

CHAPITRE IV

DE LA NATURE ET DES MOTIFS DU RETRAIT SUCCESSORAL.

En étudiant les origines du retrait successoral, nous avons vu qu'elles sont romaines et coutumières à la fois. Mais l'influence coutumière n'avait pas été jusqu'à en faire un retrait aussi complet dans ses effets que la plupart des retraits purement coutumiers. Beaucoup même évitaient le nom de retrait, et l'action donnée à l'héritier portait assez communément le nom d'action en subrogation. La procédure était celle des demandes ordinaires, et non celle des retraits. Nous sommes donc porté à admettre, avec M. Desjardins (1), une profonde différence entre le retrait successoral et les autres retraits de l'ancien droit, par exemple le lignager. Nous ne pouvons reconnaître une assimilation que l'ancienne jurisprudence avait repoussée. Il nous paraît contraire à la vérité historique de dire que les retraits successoral, litigieux, lignager, étaient des droits de « même nature et produisant les mêmes conséquences » (2). Les anciens auteurs ne l'ont jamais

(1) *Du retrait successoral* (*Revue pratique*, t. XXX, année 1870). Conf., Kœnigswarter, *Revue de législation*, de M. Wolowski, 1844, t. III, p. 517. — Vazeille refuse au droit créé par l'art. 841 le nom de retrait successoral : c'est un droit de subrogation, dit-il, t. I, *Successions*, art. 841, § 2.

(2) *Étude sur les retraits*, n° 1 (*Revue critique*, 1855, VI). Labbé, l'éminent professeur, résout les principales difficultés de notre matière, en se servant des principes qui, dans notre ancien droit, régissaient le retrait lignager. M. Demolombe, tout en reconnaissant que la faculté conférée par la loi n'avait pas été considérée comme un retrait par les anciens jurisconsultes, admet qu'on

pensé. Jamais ils n'ont songé à appliquer les mêmes règles à des droits dissemblables dans la forme et le fond. Les retraits litigieux et successoral étaient pour eux des *espèces* de retraits. On voulait marquer par là les modifications que l'on avait fait subir au principe de la loi Anastasienne; mais on ne les a jamais placés sur le même rang que les trois grands retraits de droit commun.

Et c'est pourquoi Pothier n'en parle pas dans le livre écrit par lui sur cette matière spéciale. Sans doute, si la loi Anastasienne est devenue, dans l'ancien droit, ce qu'elle était à la Révolution, c'est par l'influence des idées coutumières : elle a été coulée dans le moule des retraits : il y a même eu plus qu'un travail de spécification ; le principe qu'elle avait fondé a été altéré, transformé, étendu ; mais non pas au point de croire qu'il n'en est plus rien resté, et qu'il ne faille voir dans le retrait successoral qu'un duplicata du retrait lignager.

Aussi, quand, pour suppléer aux lacunes de la loi, nous recourrons à ce dernier, ne le ferons-nous qu'avec discernement. Nous admettons que la faculté accordée par l'art. 841 est *une sorte* de retrait, mais nous repoussons le système qui va chercher la solution de toute difficulté, dans les principes qui gouvernaient les retraits dans notre ancienne jurisprudence. Il ne faut pas oublier que le retrait successoral ne repose pas sur la même idée que le retrait lignager.

Celui-ci a pour objet d'assurer à la famille la conservation du patrimoine : l'autre est une conséquence directe et pure de l'état social au moyen âge, — le

doit lui attribuer aujourd'hui, par des raisons non historiques, mais scientifiques, le caractère absolu d'un retrait.

second est une transformation de la loi Anastasienne : c'est un retrait *a posteriori*. De là la nécessité de choisir entre les règles que Pothier et avant lui Tiraqueau avaient posées en matière de retrait. Nous devrons écarter toutes celles qui seraient en dehors du but poursuivi par la loi dans l'art. 841.

Quels sont les motifs allégués pour justifier cet article? Dans l'ancien droit, nous l'avons dit, c'était la crainte des procès qu'on avait d'abord invoquée. Un droit successif offrait les plus grandes ressemblances avec un droit litigieux. Ce motif n'était pas le principal, mais c'était celui qu'on mettait en avant ; et cela était tout naturel puisque le retrait entre cohéritiers n'était qu'un dérivé du retrait litigieux.

Plus tard une autre raison, qui d'abord ne s'était présentée que sous forme de considération d'équité, prend la première place dans les plaidoyers et dans les livres. C'est la nécessité de sauvegarder les secrets de famille (1) qui désormais motive le plus fortement les décisions des parlements (2).

Nous retrouvons ces deux motifs dans le rapport au Tribunat du tribun Chabot (3) : « les étrangers qui achètent des droits successifs apportent presque toujours la dissension dans les familles et le trouble dans les partages... Cette disposition infiniment sage est conforme aux lois *Per diversas* et *Ab Anastaasio* (4) qui avaient été généralement admises dans notre jurispru-

(1) Lebrun, IV, ch. II, sect. III, n° 66.

(2) Servin, plaidoyer 104. Merlin, *Rép.* — *Droits successifs*. Beaucoup de ces décisions les plus récentes ne sont fondées que sur ce seul motif.

(3) Fenet, t. XII, p. 211.

(4) Erreur manifeste ; car jamais les Romains n'ont connu le retrait successoral.

dence. Il est de l'intérêt des familles, qu'on n'admette point à pénétrer dans leurs secrets, et qu'on n'associe point à leurs affaires des étrangers que la cupidité ou l'envie de nuire ont pu seules déterminer à devenir cessionnaires, et que les lois romaines dépeignaient si énergiquement par ces mots, *alienis fortunis inhiantes*.»

Le tribun ne dit pas auquel de ces deux motifs il attribue le plus de poids : il ne précise pas nettement sa pensée. Est-ce la crainte des procès, que la loi a surtout en vue, ou bien n'est-ce point plutôt la curiosité étrangère qu'elle a voulu écarter? Il importe, pour l'explication de nombre de difficultés, d'avoir sur ce point une notion exacte. Lorsqu'il s'agira d'appliquer l'art. 841 à de certaines personnes, nous aurons besoin de connaître quel a été l'esprit de la loi.

Quelques auteurs présentent comme étant le plus péremptoire le motif qui se tire de la crainte des procès.

« C'est contre les spéculateurs que ce retrait est dirigé, dit M. Demolombe, — il y a un certain genre d'industrie qui consiste à acheter des droits incertains et non liquidés, des droits litigieux, des droits successifs... Le législateur a voulu empêcher ces spéculateurs « de vexer et molester par procès les vrais héritiers (1). »

(1) Code civil, t. XVI, p. 12. MM. Aubry et Rau semblent également insister de préférence sur ce motif.

M. Demolombe, tout en donnant la priorité à ce motif, ne va pas jusqu'à nier que l'art. 841 n'établisse un retrait successoral. Vaseille, uniquement frappé du caractère processif de la question, n'y voit qu'une action en subrogation et, poursuivant les conséquences de son principe, il étend la règle de l'art. 841 au partage des sociétés, communautés, en un mot à tous les cas d'indivision autres qu'une succession. *Success.*, I, art. 841, n° 26.

Nous verrons quel intérêt il y a, nous ne disons pas à prendre un des motifs et à rejeter l'autre, mais à se décider sur leur valeur respective. Si on pense que la loi a visé les spéculateurs, surtout a principalement voulu faciliter les partages, on la trouvera incomplète, inconséquente. Car pourquoi n'avoir admis le retrait qu'au seul cas où il s'agit de partager une succession? On voudra l'étendre au partage d'une communauté, d'une société, bien plus, d'une copropriété.

En un mot, au lieu d'un retrait successoral, on fera un retrait de copropriété.

L'application même de l'art. 841 au partage de succession sera différente dans l'une et l'autre opinion.

Nous verrons que la loi déclare le retrait inapplicable contre le successible. A la place du mot *successible*, M. Demolombe écrit *copartageant*. Nous verrons, dans la suite de ce travail, les divergences de ces deux doctrines, qui souvent s'éloignent considérablement l'une de l'autre.

La jurisprudence exprime les deux motifs, sans insister sur l'un plutôt que sur l'autre. V. Cass., 17 avr. 1843. — Orléans, 18 mai 1839 (1).

Cependant les derniers arrêts qui ont limité l'art. 841 au seul cas de succession, font ressortir le motif spécial à ce même cas ; et qu'on ne retrouve plus quand

(1) La Cour de cassation a notamment motivé ainsi un arrêt du 26 juin 1836 : il importe à la morale et à l'ordre public que des spéculateurs étrangers à la succession ne soient point associés aux affaires des cosuccessibles et *admis à pénétrer dans des secrets de famille.* — M. Laurent blâme avec raison la Cour de faire reposer le retrait successoral sur la morale et l'ordre public ou du moins de se servir de termes trop absolus : si on devait les prendre au pied de la lettre, le retrait successoral serait une institution de droit commun et non de droit direct. T. X, p. 370.

il s'agit d'un partage de communauté ou de société.

« L'art. 841, dit la cour de Paris, 7 juillet 1836 (Dalloz, n. 1870, *Succession*), contient une disposition spéciale et toute exceptionnelle créée dans le but d'empêcher les étrangers de pénétrer dans les secrets de famille. » (Voy. aussi les arrêts de Caen, 11 juillet 1830 (D. 1830, I, p. 214) et de Cassation (21 avr. 1830), cités en note, *infra*.)

Pour nous, nous pensons que les motifs auxquels a obéi le législateur sont aujourd'hui ce qu'ils étaient autrefois. Le retrait successoral n'a point varié dans ses caractères. Et comment pourrait-on le supposer? Les travaux préparatoires ne nous révèlent rien qui puisse faire soupçonner un amendement à l'ancien droit. Dans la séance du conseil d'État du 23 nivôse an XI, l'art. 844 est adopté, sans susciter une observation (1). Si la loi et les procès-verbaux sont muets, c'est que le législateur a jugé inutile de s'expliquer, c'est qu'il s'est reporté au droit existant. Il a voulu le consacrer par une mention, mais il n'a pas entendu introduire des idées nouvelles. Il a pris les motifs qui avaient cours dans la jurisprudence tels qu'ils étaient, et avec la valeur qu'ils avaient. Or, la crainte des spéculateurs, le désir d'éviter les procès n'avait jamais été le motif prépondérant (2). Sans doute, c'est celui qui, dans l'origine, était le plus fréquemment allégué. Mais on ne s'en servait que pour mettre ce retrait nouveau-né sous le couvert des lois romaines : il fal-

(1) L'exposé des motifs porté à la tribune le 19 germinal an XI par Treilhard, ne contient aucune allusion à notre article.

(2) Pourquoi, d'ailleurs, un acheteur de droits successifs serait-il si porté à chicane? Son intérêt n'est-il pas d'éviter des procès qui diminueront son bénéfice?

lait lui trouver un prétexte; et on en faisait un autre retrait litigieux. Au contraire, quand la jurisprudence se fut affermie, cette analogie entre les droits litigieux et les droits successifs fut laissée de côté : et le véritable caractère du retrait successoral fut de servir à protéger les secrets de la famille ; ce motif devint suffisant désormais ; l'autre ne fut plus qu'accessoire : nombre d'arrêts même n'en parlent plus.

Nous croyons que le Code n'a fait que reproduire cette jurisprudence. Assurément la raison que M. Demolombe considère, à tort selon nous, comme principale, a sa valeur, aujourd'hui comme jadis; et nous sommes loin de la négliger. Oui, la loi a voulu faciliter les opérations du partage qu'un étranger malveillant, qui poursuit un gain, qui spécule, rendra plus épineuses. Il se refusera aux concessions, il froissera par son sans-gêne brutal les sentiments des cohéritiers, la discorde s'allumera, les procès s'élèveront. Ces considérations ont leur poids, mais nous persistons à les tenir pour secondaires. Remarquons d'ailleurs que le retrait successoral est aux mains de l'héritier précisément un moyen de spéculation. Il l'exercera s'il y trouve avantage, sinon il s'abstiendra. Ainsi, pour atteindre les spéculateurs, la loi favorise une spéculation (1) ! on conviendra que, si son but principal avait été d'écarter du partage l'esprit de lucre et la chicane, elle aurait, pour l'atteindre, bien mal pris son chemin (2).

(1) En voulant couper court à la spéculation des cessionnaires (dit M. Batbie), on favorise le calcul odieux du retrayant (*Revue critique*, t. XXVIII).

(2) Un arrêt de la Cour de Caen du 11 juill. 1827 (Dalloz, 1830, I, p. 214) dit fort bien « que ce droit (le retrait successoral) a été institué pour empêcher un étranger de pénétrer dans le secret des familles, au détriment possible de l'honneur de ses membres.

On insiste et on dit : la loi qui permet à l'héritier d'écarter un cessionnaire-acheteur lui défend au contraire de porter atteinte au droit d'un cessionnaire-donateur. C'est que celui-ci, qui n'a rien déboursé, n'a pas cherché une affaire de commerce. On n'a pas à redouter sa malveillance, son esprit de chicane. Et on fait observer qu'en ce cas, la loi admet un étranger à pénétrer dans les affaires de la famille. — Sans doute : mais la loi sur ce point s'en est rapportée au donateur : à qui aura-t-il fait don de sa part? à un ami, à une personne qu'il estime évidemment et qu'il aime. Quels dangers courront donc les secrets de famille? Et si le retrait avait été autorisé ici, ne voit-on pas à combien de manœuvres honteuses, de la part du retrayant, il eût ouvert la porte (1)? Nous ne pensons donc pas qu'il y ait là rien de contraire à notre thèse.

En définitive, le législateur a obéi à deux considérations : il a eu pour objet d'abord de mettre les débats de famille à l'abri des curiosités étrangères ; et subsidiairement (2) il a voulu éviter les vexations et les

Et l'arrêt de cassation du 21 avr. 1830, qui confirme le précédent, n'est pas moins explicite : la loi, y est-il dit, a eu uniquement pour objet d'empêcher un étranger de pénétrer dans le secret d'une famille malgré elle.

(1) Il y a d'ailleurs une raison historique : le retrait litigieux comporte une exception en ce cas : le retrait successoral devait la subir également. C'est une trace de leur commune origine. Mais juridiquement elle ne préjuge rien.

(2) On objecte encore le droit que l'art. 882 donne aux créanciers d'intervenir au partage. Si la loi, dit-on, avait été si soucieuse de protéger les secrets de familles, eût-elle permis que de simples créanciers vinssent s'immiscer ainsi dans les affaires de la succession? — On confond deux situations bien distinctes : le cessionnaire de droits successifs sera un copartageant : le créancier au contraire n'a en vertu de l'art. 882 qu'un droit de surveillance. Il a le droit d'exiger que les opérations du partage se fassent en sa

chicanes qui pourraient être suscitées par un cessionnaire d'autant moins bien disposé, qu'il serait plus mal vu des cohéritiers. Ces deux raisons sont-elles suffisantes pour justifier le retrait successoral des griefs qui ont été et sont encore élevés contre lui? Nous ne le croyons pas; et c'est ce que nous allons examiner.

Un point incontestable, c'est que le retrait successoral est dans notre législation comme nous l'avons vu que l'étaient autrefois les retraits en général, un droit exceptionnel. L'art. 841 est évidemment contraire au droit commun, « car il prive l'acquéreur de l'avantage d'un traité autorisé par la loi pour en faire profiter, à son préjudice, un tiers qui n'y a jamais été partie; » car il constitue une véritable expropriation (1). Un tel droit ne saurait donc recevoir d'extension arbitraire; il est, comme le disait déjà Tiraqueau, *stricti juris* (2); et notre devoir sera de le maintenir étroitement dans le cercle où la loi l'a renfermé.

Le retrait successoral est une atteinte à la propriété et à la liberté des conventions. Aussi dans l'ancien droit a-t-il soulevé les plus vives protestations, et de nos jours est-on généralement d'accord pour souhaiter sa disparition.

Il constitue une véritable expropriation au préjudice du cessionnaire et il viole, en la personne du cédant, ce

présence; mais il ne met pas la main sur les objets de la succession, ni par conséquent sur les papiers de famille.

(1) Cf. *ibid.*, arrêt du 21 av. 1830.

(2) Pothier reconnaît que c'est un droit rigoureux, en ce qu'il gêne la liberté naturelle de vendre et d'acheter. — Guyot, dans son *Répertoire*, au mot *Retrait*, rapporte la réponse faite par Louis XI aux bourgeois de Forcalquier qui réclamaient l'introduction, dans leur Coutume, du retrait lignager : « *Le droit commun semble répugner à la requête.* »

grand principe de la libre disposition des biens (1). Mais, dit-on, il a pour objet de protéger la famille, il est inspiré par une raison supérieure; les droits qu'il fait respecter sont plus élevés que ceux qu'il atteint. S'il viole la liberté civile, c'est au nom de la morale.

Ce motif nous semble bien vague. On veut, par le retrait successoral, protéger la famille; mais le remède est-il efficace? Un héritier n'a-t-il pas mille moyens de les vendre s'il ne lui répugne pas d'en faire argent? Et d'ailleurs combien sont nombreuses les fraudes dont il peut user! Qu'on passe en revue les arrêts qui ont statué sur la matière, et l'on verra la variété des moyens qui s'offrent au cohéritier pour éluder la loi.

Le dol sera impossible à reconnaître et à prouver, si l'on a su prendre quelques précautions.

Enfin, si l'héritier n'a pas eu souci de l'honneur de son nom, pourquoi la loi aurait-elle plus de pudeur que lui? Il nous semble que c'est le cas d'appliquer ces paroles du discours préliminaire :

« On gouverne mal, quand on gouverne trop. L'office de la loi est de nous protéger contre la fraude d'autrui, mais non de nous dispenser de faire usage de notre propre raison.

« S'il en était ainsi, la vie des hommes, sous la surveillance des lois, ne serait qu'une longue et honteuse minorité, et cette surveillance dégénérerait elle-même en inquisition (2). »

Le second motif est qu'il faut faciliter les partages. Le cessionnaire sera un spéculateur qui cherchera

(1) Bufnoir, Cours, art. 841. — *Contrà*, M. Duverger, Cours. — Voy. Batbie, XXVIII (*Revue critique*, p. 125).

(2) Fenet, I, p. 510 et suiv.

chicanes et procès. Entre parents, au contraire, les affaires s'arrangeront à l'amiable. *Inter parentes, res non amare tractandæ.* Nous ne croyons pas que cette raison soit suffisante pour expliquer ce qu'il y a d'exorbitant dans le retrait. Et puis quel étrange moyen que celui qui, pour éviter des procès, va précisément soulever des procès! Le cessionnaire résistera au retrait, ou ira en justice, et l'on se trouvera justement engagé dans ces débats que la loi a voulu prévenir. Le retrait, dit Montesquieu, fait naître une infinité de procès nécessaires (1). Les recueils de jurisprudence en font foi.

Ajoutons, enfin, qu'il a le grave inconvénient de retarder la liquidation de la succession. Les héritiers peuvent être pressés de réaliser leur part, le vendeur certainement a besoin d'argent puisqu'il a aliéné ses droits, les créanciers attendent et s'impatientent, des intérêts nombreux restent en suspens. Et la pratique témoigne que, loin d'obéir à une raison morale, c'est presque toujours dans un esprit de spéculation que l'action en retrait est intentée : les cohéritiers y voient une bonne affaire, et c'est dans un but purement intéressé qu'ils exproprient le cessionnaire.

Ces raisons nous font considérer le retrait successoral comme une institution fâcheuse. Elle n'est pas conciliable avec le principe de la liberté des conventions et repose sur des motifs dont la valeur est simplement théorique.

« Il est presque sans exemple, dit M. Batbie, que des sacrifices aient été faits pour sauvegarder le secret de la liquidation. » Le retrait n'a jamais servi, dans la

(1) *Esp. des lois*, l. V, ch. IX.

pratique, qu'à favoriser le calcul odieux du retrayant.

Disons, en terminant, qu'il a été supprimé dans le Code italien (1).

CHAPITRE V

CONTRE QUI LE RETRAIT PEUT-IL ÊTRE EXERCÉ?

Art. 841. — « Toute personne même parente du défunt, qui n'est pas son successible, et à laquelle un cohéritier aurait cédé son droit à la succession, peut être écartée du partage, soit par tous les cohéritiers, soit par un seul, en lui remboursant le prix de la cession. »

La première partie de cet article nous fournit la réponse cherchée.

Le retrait peut être exercé contre toute personne non successible. Ceux qui peuvent être retrayés, sont ceux qui ne sont pas héritiers. Il y a synonymie parfaite entre ces deux (2) termes : successible et héritier, le rapprochement des diverses propositions le prouve jusqu'à l'évidence. Celui-là donc qui est héritier ne subira pas le retrait, et le mot héritier ne doit pas être restrictivement entendu comme nous le verrons plus loin. Ensuite la loi nous dit que le retrait est exercé par les cohéritiers (3).

(1) V. Batbie, *Revue critique*, XXVIII, p. 146. — V. la réponse de M. Duverger *Mélanges*, 1867, p. 62.

(2) Cf. Demolombe, XVI, p. 18 ; Laurent, X, p. 381.

(3) Zachariæ, dans l'édition de M. Massé et Vergé se refuse à admettre cette équivalence des termes de *cohéritier* et de *successible*. Voir au chap. suivant, la Discussion de la doctrine. — V. aussi Ducaurroy, Bonnier et Roustain, II, nos 682 et suiv.

Il en résulte à la simple lecture du texte qu'il y a connexité intime entre ces deux questions : Qui peut exercer le retrait? et Contre qui le retrait peut-il être exercé?

Le retrait s'exerce contre un non-héritier.

Le retrait s'exerce par un héritier.

Telle est la double formule sous laquelle notre principe peut être énoncé.

L'esprit de la loi est facile à pénétrer.

On a voulu écarter des affaires de la famille un étranger : quand il s'agit d'un successible qui, en vertu de cette qualité même, a droit de se présenter au partage, à quoi servirait-il de le soumettre à retrait? On lui enlèverait le bénéfice d'un marché, mais non le droit de concourir au partage : la loi, qui lui confère, en tant que successeur, le droit de venir au partage, se serait contredite si elle l'avait écarté en tant que cessionnaire. C'eût été un non-sens. D'ailleurs pourquoi se défier de lui (1)?

L'héritier qui renonce est censé n'avoir jamais été héritier, art. 785. La renonciation est comme une condition résolutoire qui, s'accomplissant, fait évanouir tous les droits que l'héritier, par suite de la saisine, avait en sa possession.

Il n'a jamais été continuateur de la personne du défunt, son patrimoine ne s'est jamais confondu avec

(1) La cession des droits successifs consentie à un héritier par son cohéritier n'offrait aucun des inconvénients que la loi a voulu prévenir. Le cohéritier cessionnaire n'est point un étranger ; il n'acquiert pas un droit nouveau, il ne fait qu'accroître un droit qu'il avait déjà. C'est cette considération qui a fait dans l'art. 1701 admettre une exception au retrait litigieux ; dans le cas où la cession du droit litigieux a été faite à un cohéritier ou copropriétaire du droit cédé. Cf. Loi 22, *Mandati*, Code.

le patrimoine successoral; en un mot, la renonciation a un plein effet rétroactif, et l'héritier n'a jamais été qu'un étranger.

Il en résulte que si, après sa renonciation, il se rend acquéreur des droits d'un de ses cohéritiers, on pourra contre lui exercer le retrait successoral. A la vérité, l'action de l'art. 841 sera peu motivée contre lui : malgré sa renonciation, il reste membre de la famille, initié à ses mystères, et il n'y a pas grand inconvénient à l'admettre au partage. Mais l'art. 785 est décisif. L'héritier renonçant n'est pas un successible, donc il peut être écarté par le retrait (1).

Mais que décider lorsque le successible n'a renoncé que pour conserver une donation ou un legs? Si cette donation ou ce legs sont à titre universel, assurément le retrait ne sera pas possible. Car, en renonçant, le successible n'a perdu que sa qualité d'héritier, et il lui reste celle de successible à titre universel. Il est donc encore successible au sens de l'art. 841. *Hi qui in universum succedunt loco heredis habentur* (2).

Et d'ailleurs à quoi servirait-il d'exercer le retrait? On pourrait l'écarter en tant qu'héritier renonçant, mais il faudrait bien l'admettre au partage en tant que successeur d'une quote-part.

Mais si le legs ou la donation étaient à titre particulier, il y aurait lieu à retrait, car les légataires ou donataires à titre particulier ne sont point des successibles, et ne trouvent dans leur titre aucune qualité pour concourir au partage.

(1) Laurent, IX, p. 500; X, n° 355. Dutruc, 504. Vazeille, n° 7.

(2) Voyez *infra*, la question de savoir si les légataires et donataires à titre universel, doivent être compris sous la désignation de successible. Cf. Chabot, n° 7; Laurent, *loc. cit.*

On devra considérer, comme étrangère, même la personne parente du défunt qui ne serait point appelée à la succession. Elle n'a en effet aucun droit à se mêler des affaires du défunt (1).

On a soutenu que, dans le cas où la cession est faite à un parent qui deviendrait héritier si le cédant renonçait, le retrait ne devrait pas être admis.

La cession équivaut à renonciation, disait-on ; celui qui cède ses droits, cesse d'être héritier : la succession est dévolue au degré subséquent, c'est-à-dire au cessionnaire : celui-ci, se trouvant investi de la qualité de successible, ne peut plus être retrayé.

Cette opinion a été rejetée par la Cour de cassation sur des motifs suivant nous péremptoires. On ne saurait assimiler la cession à une renonciation. « Ces deux actes, disait la cour de Pau, diffèrent essentiellement et par leur nature et par leurs effets. L'héritier qui renonce est censé n'avoir jamais été héritier, et, dans ce cas, le parent du degré subséquent succède de son chef et par la seule force de la loi ; » tandis que celui qui cède ses droits à une succession, fait, par cela même, *acte d'héritier*. Le cédant reste donc successible ; et le cessionnaire ne cesse pas d'être étranger à la succession (2).

Le mot successible doit être entendu dans son acception la plus large. Il désigne tous ceux qui, soit par

(1) Ceci nous paraît un argument de plus en faveur de la thèse que nous avons soutenue au précédent chapitre. Un parent du défunt aurait-il été écarté si la loi avait si particulièrement visé les spéculateurs et acheteurs de procès ?

(2) Arrêt du rejet du 2 juill. 1862, confirmant l'arrêt de la Cour de Pau, du 24 février 1860 (Dalloz, 1860, II, 115 et 1862, 1, 431). — Voyez Belost-Jolimont *sur Chabot*, t. II, p. 333, note 1.

la volonté de la loi, soit par celle du testateur ou donateur, sont appelés à la succession à titre universel.

Nous ne distinguerons donc pas entre les héritiers légitimes et les successeurs irréguliers. Ces derniers en effet ont un droit *dans* les biens : cela est universellement reconnu aujourd'hui, même pour l'enfant naturel, à qui certains auteurs, dont la doctrine est aujourd'hui abandonnée, n'avaient voulu reconnaître qu'un simple droit de créance *sur* les biens de la succession (1).

Une singulière opinion fut soutenue à ce propos devant la Cour de cassation en 1861 (2).

Un enfant naturel avait cédé ses droits dans une succession : ses cohéritiers voulant excercer le retrait successoral contre le cessionnaire, celui-ci échappa à leur action en se fondant sur ce qu'il ne tenait pas ses droits d'un héritier. L'art. 841, disait-on, vise une cession faite par un héritier : or, l'enfant naturel n'est point héritier; par suite, celui auquel il a cédé ses droits dans la succession ne saurait être écarté par voie de retrait. Ce raisonnement étrange, si contraire à l'esprit de la loi et au bon sens, fondé sur un double paradoxe, puisqu'il supposait à la fois que l'enfant naturel n'est pas héritier (3), et que le cessionnaire de l'en-

(1) Chabot (*Commentaire sur les successions*, édition Maserat, p. 269) qui avait été rapporteur, devant le Tribunat, de la *loi des Successions*, déclare formellement que les enfants naturels sont des successeurs, quoiqu'ils n'aient pas le titre d'héritier : donc pas de retrait contre eux.

(2) Dalloz, 1861, I, p. 473.

(3) V. Duranton, t. VII, n° 190 ; Malpel, *Successs.*, n° 247 ; Benoît, *Retr. successoral*, n° 7 ; Taulier, *Th. du Code civil*, t. III, p. 297. — Marcadé, sur l'art. 841, n° 3 ; Demante, *Cours analyt.*, t. III,

fant naturel n'est pas un de ceux que l'art. 841 a désignés, fut condamné par la cour régulatrice, comme il l'avait été devant les juges de première instance et d'appel.

Toullier (1) et Delvincourt enseignent que le retrait ne peut être exercé contre un héritier, un frère, par exemple, que par testament le *de cujus* aurait exclu de sa succession. Cette exclusion, disent-ils, ne fait pas qu'il ne soit pas successible. Pour nous, on interprète mal dans ce système le mot *successible :* il ne désigne pas l'aptitude à succéder, mais le fait de succéder ; contrairement à la thèse admise par la cour de Lyon, dans un arrêt du 17 juin 1825 (2). Il y a d'autant plus intérêt à l'écarter des affaires de la famille et du partage, que le défunt l'a exhérédé, ce qui suppose qu'il existait entre eux des causes de haine ; et, tout en admettant que le mot *successible* doit être largement entendu en cette matière, nous ne saurions aller jusqu'à considérer comme tel celui qui ne succède point. D'ailleurs un frère exclu par testament n'a jamais eu même d'aptitude à succéder, puisqu'au moment même

n° 171 ; Dutruc, *Part. de succ.*, n° 503 ; Aub. et Rau, t. III, § 359 ; Massé et Vergé sur Zachariæ, t. II, § 407 ; Demolombe, *Success.*, t. IV ; Dalloz, *Jurisprud. générale — Successions*, n° 1879. — Dalloz, 1861, 1, 473 ; Saint-Méran.

(1) Delv., II, p. 137. — Toullier, t. V, p. 441.

(2) L'arrêt précité formule le principe suivant que nous considérons comme erroné : « On doit réputer successible, dans le sens de l'art. 841, non pas seulement l'héritier qui vient à partager, mais encore tout parent *appelé par la loi* à la succession et qui n'en est exclu que *par les dispositions du défunt.* » C'était se méprendre sur le but de l'art. 841. Cet arrêt fut cassé, le 4 mai 1829, mais pour des motifs indépendants de notre question. Dalloz, 1825, II, 224. — V. en notre sens, Vazeille, *Success.*, I, p. 322 ; Demol., XVI, p. 24 ; Duvergier sur Toullier, IV, p. 441 ; Dutruc, n° 482 ; Benoît, *loc. cit.*, n° 53. — Arrêt de la Cour de Nîmes, 3 mai 1827.

où la succession s'ouvrait, il était frappé de déchéance.

Nous déciderons de même à l'égard de l'héritier exclu comme indigne : le retrait successoral l'atteindra, et jamais peut-être il n'aura trouvé une plus juste application.

Le légataire ou le donataire universels ou à titre universel doivent être mis au nombre des successibles dont parle notre art. 841. La loi en effet ne distingue pas entre les successions *ab intestat :* et c'est justement pour prévenir le doute à ce sujet, qu'elle a employé l'expression générale de *successible*, au lieu du terme plus spécial d'*héritier*. Or, on succède par cela seul qu'on recueille une part de succession (1), V. art. 874 et suiv. Cod. civil. Mais un donataire ou légataire particulier se devrait évidemment soumettre à l'application de l'art. 841.

C'est l'application de la maxime : *Hi qui in universum jus succedunt loco heredis habentur*. Nous ne pouvons traiter comme successibles que ceux qui sont successeurs à titre universel.

Le légataire ou donataire universel ou à titre universel d'usufruit, est-il un successible aux termes de l'art. 841 ?

Avant de débattre cette question, il en est une autre qu'il faut résoudre. Le légataire ou donataire universel ou à titre universel d'usufruit est-il véritablement un donataire ou légataire d'universalité ? Il y a sur ce point, on le sait, divergence d'opinion entre les au-

(1) Merlin, *Rép.* — *Droits successifs*, n° 9 ; Chabot, art. 841, n° 6 ; Dutruc, *du Partage de succession*, n° 475. Lyon, 17 juin 1825, Bordeaux, 19 juillet 1826. Vazeille, art. 841, n° 5 ; Demolombe, *loc. cit.*, n° 19 ; Demante, III, n° 171 ; Aub. et Rau, Cass., 21 avr., 1830. Dalloz, 1830, I, 214. — Douai, 6 fév. 1840. D. 1840, II, 191.

teurs. Pour beaucoup, un legs d'usufruit ne saurait être autre chose qu'un legs particulier. Or, un légataire particulier n'est pas un successible, il ne représente pas le défunt, il n'est pas continuateur de la personne ; il est donc soumis au retrait (1).

Tel est le principe que M. Demolombe défend avec vigueur, que beaucoup d'auteurs ont également adopté, et vers lequel semble incliner la jurisprudence de la Cour de cassation (2).

Voici les considérations principales que l'on invoque en faveur de ce système.

Pourquoi la loi a-t-elle excepté du retrait le successible ? C'est, dit-on, que le retrait à son égard serait sans but. Le successible aux yeux du législateur est nécessairement un copartageant. Il a le droit de demander le partage, il a le droit d'y assister : il eût donc été déraisonnable de le soumettre au retrait, dont l'unique effet est d'écarter du partage la personne contre qui on l'exerce.

La loi ne pouvait permettre le retrait que contre ceux qui viennent au partage simplement en qualité de cessionnaires. En leur enlevant cette qualité, on leur enlève leur qualité de copartageants. Tel est l'esprit de la loi. L'usufruitier est-il, en vertu de son legs, investi de la qualité de copartageant? Non. L'usufruit

(1) Demol., *Traité de la Distinction des biens*, etc. ; t. II, n° 521; Merlin, *Rép.* — *Dr. succ.*, n° 13. — Riom, 13 avr. 1818; Sirey, 1818, II, 198 ; Cass., 17 juill. 1843 ; Dev., 1843, I, 697; Cass., 1847; Dev., 1848, I, 21 ; Proudhon, *de l'Usufruit*, IX, n° 2077; Duranton, VII, n° 192; Demante, III, n° 171; Duvergier *sur Toullier*, II, n° 441. V. la note de Devilleneuve sur l'arrêt précité du 17 juillet 1843, ainsi que le renvoi qu'il fait aux nombreuses décisions judiciaires qui ont différemment statué sur la question.

(2) Demol., XVI, p. 35.

n'établit aucune indivision (1) entre l'usufruitier et les nus propriétaires. Aucun partage ne saurait avoir lieu entre un légataire d'usufruit et les successibles : il n'est donc pas successible ; et si, dans notre espèce, il demande à venir au partage, ce ne peut être comme légataire, mais comme cessionnaire.

C'est donc se conformer au but poursuivi par le législateur dans l'art. 841, que d'admettre en pareil cas le retrait successoral. On objecte qu'il est inexact de prétendre qu'un légataire universel d'usufruit n'a de ce chef aucun droit de venir à partage. Il doit en effet contribuer aux dettes, et, par suite, il interviendra dans la liquidation du passif. Merlin répondait : « Qu'importe ? la liquidation du passif est bien une opération qui doit précéder le partage, mais elle n'est pas le partage même, et ce n'est pas pour écarter un cessionnaire étranger de la liquidation du passif, c'est uniquement pour l'écarter du partage que l'art. 841 a été établi (2). »

(1) Quelques auteurs considèrent que le nu propriétaire et l'usufruitier sont communistes, et c'est ainsi qu'ils expliquent les rapports qui existent entre eux. Nous ne croyons pas que cette théorie soit exacte ; car, de ce que deux personnes ont un droit réel sur la même chose, il ne s'ensuit pas nécessairement qu'il y ait indivision entre eux. Elle est de plus inutile, car les rapports entre usufruitier et nu propriétaire sont la conséquence naturelle des principes que tout le monde admet en matière de servitude. Il n'est donc pas besoin de feindre l'existence d'une communauté. Voyez Genty, *de l'Usufruit*, p. 134 ; Laurent, VII, n° 45 ; Proudhon, I, p. 7.

(2) M. Laurent, t. X, n° 349, défend cette doctrine ; et pourtant dans son t. VII, n° 23, il accorde formellement à l'usufruitier universel la qualité de successeur universel « que la loi lui reconnaît en le soumettant aux dettes quant aux intérêts. » Il y a là une contradiction manifeste. Le légataire universel d'usufruit serait donc

Nous ne croyons pas que l'art. 841 soit fondé surtout sur le motif qu'il y a une indivision entre plusieurs personnes, dans laquelle on ne veut pas qu'un étranger s'introduise. Si ce motif était véritablement le principal, il y aurait lieu de s'étonner que la loi n'ait admis le retrait qu'au cas unique où l'indivision existe entre des cohéritiers. L'ouverture d'une succession n'est pas le seul événement qui donne lieu à un partage.

Le partage peut résulter de bien d'autres situations indivises. Toutes les fois qu'une indivision vient à cesser, que ce soit une société dissoute, une communauté qui prend fin, une succession qui s'ouvre (1); il y aura pour les copropriétaires intérêt à repousser l'étranger qui, par le moyen d'une cession, vient se présenter au partage. Si le retrait n'avait d'autre but, s'il n'était pas fondé sur une autre raison plus déterminante et spéciale à la matière des successions, la loi, en le restreignant ainsi qu'elle l'a fait, eût été incomplète, inconséquente, illogique.

La loi a voulu, par l'art. 841, nous le répétons, mettre les secrets de famille à l'abri des regards indiscrets, des curiosités malveillantes. C'est là le motif prépondérant. Qu'elle ait songé, en établissant la faculté de retrait, à faciliter les opérations du partage, cela n'est pas douteux, c'était une raison de plus pour justifier notre article ; mais c'était une raison subsidiaire. Voilà pourquoi, au lieu d'un retrait général d'indivi-

passivement un successeur universel, et activement un successeur particulier? Voyez encore le § 25 *in fine*, du même auteur.

(1) Aussi comprenons-nous que M. Troplong, envisageant le retrait successoral à ce point de vue, ait pu dire que c'était une anomalie inexplicable qu'il n'ait pas été introduit dans la communauté (*Cont. de mar.*, III, n° 1682).

sion, la loi n'a créé qu'un retrait purement successoral.

En prenant ce point de départ, nous sommes conduits vers une solution opposée à celle que nous venons d'exposer.

Et d'abord le fondement de la doctrine adverse nous semble erroné. Nous contestons que le légataire universel d'usufruit soit simplement un légataire particulier. Que son droit soit aussi complet, aussi universel qu'un légataire universel de la pleine propriété ; cela serait difficile : puisqu'il n'a qu'un démembrement de propriété. Mais il est incontestable que ce droit porte sur un ensemble de biens ; il est manifeste qu'il a une quote-part du patrimoine ; et enfin il est tenu de contribuer aux dettes, art. 611 et 612. Or jamais un légataire particulier n'est tenu des dettes (1).

(1) *Contrà*, Aubry et Rau, t. VII, p. 468, note 19 ; Colmet de Santerre, IV, 157 *bis;* Demolombe, XXI, 586. L'obligation qui pèse sur l'usufruitier aux termes de l'art. 612, disent nos adversaires, n'est pas une obligation personnelle de même nature que celle imposée au légataire universel ou à titre universel, par les art. 1009 et 1012. Ceux-ci sont tenus directement vis-à-vis des créanciers. Le légataire universel d'usufruit, au contraire, n'est pas poursuivable par les créanciers ; la contribution aux dettes est affaire entre lui et le nu propriétaire. — Mais l'art. 612, suivant nous, a son explication historique. Le calcul de la contribution aux dettes à laquelle est soumis l'usufruitier était l'objet de vives controverses dans l'ancien droit, suivant le témoignage de Picard. L'art. 612 a simplifié la difficulté ; il indique trois moyens au choix de l'usufruitier d'acquitter sa contribution. Mais il n'exclut pas les poursuites des créanciers. Il nous semble au contraire plus simple d'admettre : — Que, puisque la loi a mis des dettes à sa charge, elle a par cela même donné aux créanciers action contre lui. Pourquoi soumettre à cette action le nu propriétaire seul : n'y a-t-il pas division des dettes entre lui et l'usufruitier? Et nos adversaires consentent à permettre au nu propriétaire poursuivi d'appeler en cause le légataire usufruitier, afin de le mettre vis-à-vis des créan-

L'usufruitier universel a une partie aliquote du patrimoine : il est donc successeur, non pas universel, mais à titre universel.

Mais nous allons plus loin. Nous dirons que, fût-il vrai que le légataire universel ou à titre universel d'usufruit n'eût qu'un simple droit à titre particulier, il ne s'ensuivrait pas qu'il fallût l'exclure du nombre de ceux que l'art. 841 a désignés sous le nom de *successibles*. Il faut entendre les mots suivant la matière, et surtout il ne faut pas perdre de vue les motifs qui ont dicté notre article. Le légataire universel d'usufruit peut-il ou non, en vertu de son titre, indépendamment de toute cession qui lui aurait été consentie, s'immiscer dans les affaires de la famille (1)?

ciers (Cass., 8 décembre 1862; Demolombe, XXI, § 586). S'il en est ainsi, je ne comprends pas pourquoi on refuserait aux créanciers la poursuite directe contre le légataire. A quoi bon les obliger à un artifice de procédure ? — En notre sens : Delvincourt, II, p. 95; Vazeille, art. 1003, n° 3; Troplong, *loc. cit.*; Duranton, IV, § 522. Voyez surtout l'arrêt du 8 déc. 1862; Sirey, 1863, I, 34, qui nettement déclare que le légataire universel de tous les biens est un légataire à titre universel, et comme tel soumis à l'obligation *personnelle* de contribuer aux dettes. Enfin comparez l'art. 612 avec l'art. 871 qui soumet aux dettes le légataire à titre universel.

(1) On a soutenu que l'usufruitier universel serait un légataire universel. Cette doctrine nous semble inadmissible. Quelle que soit l'étendue du droit d'usufruit légué, qu'il porte sur une quote-part des biens ou sur la totalité, ce ne peut être qu'un droit à titre universel. L'usufruitier universel a un droit limité par celui du nu propriétaire : il n'est donc légataire qu'à titre universel. — Le legs de la nue propriété de tous les biens est au contraire un legs universel (Cass., 7 août 1827). Pour comprendre que dans le cas où un testateur a légué à l'un la nue propriété, à l'autre l'usufruit de tous ses biens, il y ait à la fois un legs universel et un legs à titre universel, il faut tenir compte de ce que l'usufruit est un droit temporaire. Le legs de nue propriété, en tant qu'universel, est grevé d'un terme *a quo*, le legs d'usufruit d'un terme *ad*

Si oui, et on ne peut le contester, c'est un successible au sens de l'art. 841 (1).

Mais, dit-on, il n'a aucun droit de figurer au partage ! Or la loi montre bien que c'est à ce signe qu'elle reconnaît le non-successible.

C'est entendre judaïquement les mots *peut être écarté du partage*. D'ailleurs, comme nous l'avons dit, notre légataire a le droit, puisqu'il contribue (2) aux dettes, d'assister à la liquidation du passif qui est bien une opération du partage. Merlin répondait que cette liquidation n'est pas le partage, mais une opération préliminaire. Réponse subtile! N'est-ce pas la liquidation du passif qui plus que toute autre opération révélera les secrets de famille? Le légataire ayant droit à la jouissance des biens qui composent l'actif, et, d'autre part, étant admis à la vérification du passif, à l'examen des créances, de la correspondance, n'aura-t-il pas pénétré dans l'intimité des affaires du défunt?

L'exercice du retrait successoral serait sans objet contre lui.

Mais, dit M. Demolombe (3), le but principal du législateur, c'est d'écarter du partage le spéculateur qui n'a, pour y venir, d'autre titre que la cession ; or telle est la position du légataire universel ou à titre universel d'usufruit. Nous ne partageons pas à cet égard la manière de voir de l'éminent professeur : et, de plus, le but du législateur fût-il tel qu'il le montre, nous ne

quem : l'échéance de ce double terme est l'extinction de l'usufruit.

(1) Voy. l'article de M. Alb. Desjardins, *loc. cit.*

(2) Voy. Laurent, VII, nos 24 et 25.

(3) *Ibid.*, § 32.

voyons pas comment on pourrait accuser de spéculation le légataire universel d'usufruit qui se sera fait céder la nue propriété corrélative à son droit de jouissance. Ce sera, en pratique, presque toujours ce qui se passera. Peut-on sérieusement dire que celui qui a voulu réunir la nue propriété à son usufruit, a fait un acte odieux de spéculation?

Les différentes raisons que nous avons invoquées à l'appui de notre système, sont exposées dans un arrêt de la cour de Nîmes du 30 mars 1830 (1).

« Considérant, dit la Cour, ... que la succession étant la manière dont les titres, les droits, les dettes et charges des personnes qui meurent passent à d'autres qui entrent à leur place; il est évident que ces biens, ces dettes et charges, passent à l'usufruitier universel comme au légataire en la nue propriété; puisque tous les deux sont obligés d'acquitter ces dettes et charges et succèdent ainsi aux obligations du défunt; qu'il n'y a que le légataire à titre particulier, par opposition au légataire universel ou à titre universel, soit en la propriété, soit en usufruit seulement, qui est dispensé du support des charges et du paiement des dettes, et qui ne peut par conséquent être réputé successible .... qu'au texte précis de la loi se joint aussi son esprit manifesté par la doctrine de tous les auteurs; que le but du législateur a été d'empêcher les étrangers, c'est-à-dire les non-successibles de s'immiscer dans le secret des familles et d'y porter le trouble et les dissensions; que dans l'espèce rien n'était à craindre de semblable de la veuve Chevalier (légataire universelle d'usufruit dans l'espèce) qui, en

(1) Sirey, 1830, 2, 185.

sa qualité d'héritière universelle de l'usufruit, devait forcément être appelée à connaître tout l'actif de la succession pour le posséder et en supporter les charges annuelles, comme aussi à apprécier le passif, afin qu'on n'en grossît pas l'état, qu'on ne simulât pas de dettes à l'acquittement desquelles elle devrait concourir, d'après l'art. 612 du Code civil ; qu'ainsi, ayant incontestablement qualité, par son titre et par la volonté expresse du défunt, de s'immiscer dans toutes les affaires de la succession, il serait dérisoire et arbitraire d'admettre contre elle le retrait successoral, qui serait sans but plausible, sans motif raisonnable... »

Il y a là un résumé plein de force des arguments que nous avons fait valoir et qui nous semblent déterminants.

Nous ne citons que pour mémoire une opinion qui distingue entre l'usufruitier universel et l'usufruitier à titre universel. Ce dernier seul serait un successible, aux termes de l'art. 841 ; car, pour faire déterminer les biens soumis à son usufruit, il a droit d'assister au partage (1). L'usufruitier universel n'a aucun intérêt au partage et n'a par conséquent pas le droit d'y intervenir.

Cette doctrine est trop bizarre pour qu'elle puisse être celle de la loi. Aussi jugeons-nous inutile de nous y arrêter.

D'après l'art. 533 toute succession échue à des ascendants ou collatéraux se divise en deux parts égales : l'une pour la ligne paternelle, l'autre pour la ligne maternelle. Dans ce cas, si un des héritiers d'une ligne

(1) Merlin, *Rép.* — *Droits successifs*, n° 13 ; Delvincourt, II, p. 137. Dijon, 8 juill. 1826 ; Riom, 23 avr. 1818.

acquiert des droits successifs dans l'autre ligne, sera-t-il passible du retrait?

Toullier (1) proposait une distinction admise par Vazeille, et des auteurs considérables la défendent aujourd'hui. La cession est-elle postérieure au partage outre les deux lignes? On peut dire que depuis le partage consommé les héritiers de chaque ligne respective sont devenus étrangers l'un à l'autre. Ils étaient cosuccessibles quand il s'est agi de partager entre les lignes. Ce premier partage fait, ils ont cessé de l'être. L'héritier de la ligne maternelle n'a, de soi, aucun titre pour se présenter au partage dans la ligne; s'il y vient, ce n'est qu'en vertu de la cession qu'il s'est fait consentir : il y a donc lieu d'admettre contre lui le retrait successoral.

Si la cession est antérieure au partage, il faut refuser le retrait. Car, aucune division n'ayant été faite entre les deux lignes (on sait en effet que la loi ne divise plus elle-même, *ipso jure*, les biens d'une succession, d'après leur nature et leur origine), tous les héritiers du *de cujus*, à quelque ligne qu'ils appartiennent, sont cosuccessibles, et le seront jusqu'au partage. La fente ne fait pas qu'il n'y ait une seule et même succession. Lors donc que le cessionnaire viendra au partage général, ce sera non comme tel, mais comme successible.

Le retrait par conséquent ne doit pas lui être opposable.

Cette distinction ne nous paraît pas fondée, et nous n'hésitons pas à repousser le retrait dans l'un et l'autre cas. Il importe peu que la cession soit antérieure au

(1) Toullier, t. II, n° 444; Vazeille, art. 841, n° 24; Chabot, art. 841, n° 18; Demante, III, n° 171 *bis*, II; voy. § 2.

partage ou postérieure, le retrait en pareille hypothèse est sans intérêt. Qu'importe que l'héritier cessionnaire soit devenu étranger à la ligne du cédant, par le partage antérieur à la cession? Lors de ce partage, n'a-t-il pas pu connaître les secrets de famille? Et peut-on l'accuser de spéculation? Spéculer sur des droits successifs, c'est acheter ces droits alors que leur valeur est encore incertaine. Mais lors du premier partage la valeur des droits a été déterminée, il n'y a plus d'incertitude, il n'y a plus d'aléa; partant il n'y a plus lieu de craindre une spéculation. D'ailleurs l'acquisition faite des droits dans une ligne, par un héritier de l'autre ligne, peut être et sera souvent inspirée par les motifs les plus honorables (1).

Lors du premier partage il n'est tenu aucun compte de l'origine des biens. Il aura pu arriver qu'un bien de la ligne maternelle par exemple soit passé dans la ligne paternelle, par suite du tirage au sort. Un héritier de la ligne maternelle est désireux de reprendre ce bien, auquel des raisons d'affection l'attachent; et c'est pourquoi il s'est rendu acquéreur des droits de l'un des copartageants de l'autre ligne. Peut-on taxer un tel acte de spéculation et le rendre passible du retrait?

Enfin, comme le disait déjà Lebrun, « si les héritiers de diverses lignes ne sont pas tous cohéritiers dans les biens, ils le sont dans la succession. » Sans doute les héritiers de la ligne maternelle et ceux de la ligne paternelle ont chacun dans leur branche des droits séparés, mais du moins sont-ils tous des succes-

(1) M. Alb. Desjardins, n° 26, *loc. cit.*; Dutruc, n° 476; Duranton, VII, n° 188. — Cf. M. Demolombe, XVI, n° 34; Laurent, n° 345. Rejet, 2 juillet 1862 (Dalloz, 1862, I, 431); Aubry et Rau, 4e édit., p. 524.

sibles du défunt. Il y a donc lieu et sans aucune distinction, puisque la loi n'en fait pas, de les soustraire à l'exercice du retrait (1).

Par les mêmes motifs nous refusons toute distinction de ce genre entre les parents des différentes souches, venant à la même succession.

Si la cession est postérieure au partage, dit encore l'opinion que nous avons rejetée, le cessionnaire qui est héritier dans une souche est étranger à l'autre souche; donc le retrait est admissible contre lui. Mais en vérité est-il possible de dire que les héritiers des diverses souches sont étrangers les uns aux autres? N'ont-ils pas concouru au même partage, ne sont-ils pas tous successibles du défunt? Et en vue de quel partage le retrait successoral a-t-il été fait? En vue du partage de la *succession;* c'est-à-dire du premier partage. Il n'a pas été fait pour le partage par souche, qui n'est même pas à proprement parler un partage successoral. Nous ne sommes là ni dans l'esprit ni même dans la lettre de l'art. 841. Écartons donc le retrait (2).

Appliquerons-nous les mêmes règles au cas où il s'agit d'un époux commun en biens qui s'est fait céder les droits de l'un des cohéritiers dans la succession de son époux?

La Cour de cassation a jugé la négative, dans son arrêt du 24 novembre 1847, et nous croyons qu'elle a bien jugé. Mais les raisons que donne M. Demolombe ne nous semblent pas être les véritables. L'époux cessionnaire, dit-il, est un étranger au partage de la succession de son conjoint, il est donc présumé être

(1) V. Chabot *sur l'art.* 841, n° 19.
(2) V. Demolombe, n° 35.

un spéculateur. Nous ne voyons pas pourquoi il serait soupçonné de mauvaises intentions. Sa situation n'est-elle pas la même que celle de l'héritier qui se présente au partage, dans une ligne qui n'est pas la sienne? Quelle nécessité y a-t-il de croire que la malveillance inspire sa conduite? D'autre part, le partage de la communauté, qui précède le partage entre héritiers, a permis à l'époux cessionnaire de pénétrer les affaires de la succession.

Le retrait successoral ne semble donc guère justifié contre lui, et l'opinion qui prétend l'y soustraire est fondée sur de sérieuses considérations (1).

Mais le texte de l'art. 841 est formel. Pour échapper au retrait successoral, il faut être *successible;* la loi l'exige expressément. Or l'époux commun en biens ne peut être considéré comme le successible de son conjoint; il n'est pas possible d'étendre jusque-là la lettre de l'art. 841.

L'ascendant donateur est-il passible du retrait? Oui, dit M. Demolombe, car il n'est pas cohéritier du retrayant, il n'est successible du *de cujus* que pour les choses par lui données, il n'est pas successible quant aux autres biens.

Cette décision nous semble rigoureuse et médiocrement motivée. Il importe peu que l'ascendant soit successible dans tel ou tel bien. La loi ne distingue pas entre les différents successibles. Pour échapper au retrait, l'art. 841 exige d'une façon générale la qualité de successible. Or cette qualité, l'ascendant donateur ne l'a-t-il point? Il est tenu des dettes

(1) Dutruc, n° 479. En notre sens : Desjardins, *loc. cit.*, n° 27 ; Demolombe, *loc. cit.*, n° 33. — Voyez Bordeaux, 23 juin 1846 (Dalloz, 45, II, 123) ; Cass., 24 nov. 1847 ; Dalloz, 47, IV, 427.

(art. 351) et on admet même généralement qu'il en est tenu *ultra vires* (1). Et comment craindre des vexations de sa part? C'est un membre de la famille, il en connaît les mystères, et on ne doit pas suspecter ses intentions.

Deux époux sont mariés sous le régime de la communauté. Une succession échoit à l'un d'eux; l'autre se rend dans cette succession acquéreur de droits successifs. On se demande s'il peut être écarté par le retrait. La réponse ne fait aucun doute. Il est étranger à la succession, donc on peut l'écarter.

Dans le cas où l'époux cessionnaire est le mari, on fait l'objection suivante : le mari est administrateur des biens de sa femme; il est maître et seigneur des biens communs. A ce titre il a droit de surveiller le partage et par suite le retrait est contre lui sans objet. Si même la succession est mobilière, elle tombera dans l'acte de la communauté, et c'est au mari qu'il appartient d'accepter; il peut accepter même malgré sa femme. Il est donc, en ce cas, successible, aux termes de l'art. 841.

Nous répondrons à ces deux objections, que c'est se tromper que de considérer le mari comme successible. On peut, sans être successible, avoir le droit de figurer à un partage : les créanciers notamment le peuvent, en vertu de l'art. 882 (2).

(1) Voyez Laurent, IX, n° 201; Aubry et Rau, IV, p. 550, note 18; Dalloz, au mot *Succession*, n° 216. — Tout en admettant que l'ascendant donateur reprend le bien qu'il a donné à titre de successeur, nous ne voyons pas qu'il soit tenu des dettes *ultra vires*. L'art. 351 dit qu'il devra *contribuer* aux dettes, ce qui implique qu'il n'en aura charge que dans les limites de son émolument.

Demolombe, XVI, n° 32.

Et spécialement au cas où la succession est mobilière, il ne faut pas conclure que le mari est successible, de ce qu'il peut l'accepter sans le concours de la femme. Il est plutôt cessionnaire de la femme, qui, en se mariant sous le régime de communauté, est censée avoir fait transport à son mari de tous les droits mobiliers actuels et à venir. Le mari, en acceptant la succession, agit comme ayant-cause de la femme, mais il est impossible de dire qu'il est successible. La femme demeure successible, bien qu'elle se soit mariée sous le régime de communauté. Or si elle l'est, il est clair que le mari ne peut pas l'être.

Nous admettrons donc qu'il est passible de retrait (1).

Un héritier a aliéné sa part héréditaire, puis il s'est fait rétrocéder cette part : le retrait lui est-il opposable? On pourrait le traiter comme cessionnaire, car, en effet, c'est en vertu de la rétrocession qu'il se présente au partage.

Mais il n'en est pas moins successible, car la cession ne lui a pas fait perdre sa qualité d'héritier. Or le retrait n'est pas admissible contre un héritier. D'ailleurs cette rétrocession n'a-t-elle pas eu le même effet qu'un retrait? L'héritier, en rachetant ses droits, n'a-t-il pas écarté du partage un étranger? Il serait bien étrange qu'il fût lui-même passible à retrait.

Si, au lieu de racheter ses droits, l'héritier achetait ceux d'un de ses cohéritiers, il faudrait décider de même. C'est un successible; le retrait ne lui est

(1) Laurent, X, n° 350; Cass., 25 juillet 1844; de Montviol Sirey (1844, I, 614). — V. Dutruc, 480 et la discussion des arrêts. Dalloz, *Ret. successoral*, n° 96. La jurisprudence ne nous semble pas fixée sur ce point.

donc pas applicable. Le texte et l'esprit de la loi sont d'accord pour commander cette solution (1).

CHAPITRE VI

A QUI EST ACCORDÉ L'EXERCICE DU RETRAIT.

L'exercice du retrait successoral est accordé à l'héritier. Mais que faut-il comprendre sous cette désignation? L'art. 841 prend le mot héritier au sens large : il veut indiquer par là toute personne qui, par la volonté de la loi ou du *de cujus*, vient à la succession.

D'ailleurs il y a synonymie évidente entre le terme d'héritier, et celui de successible, qui se trouve dans la seconde partie de l'article.

On a contesté cependant que les successeurs irréguliers pussent exercer la faculté de l'art. 841. M. Rodière leur dénie ce droit, en partant de ce principe évidemment inexact que le retrait successoral est une conséquence de la saisine. Nous avons combattu ces données dans le précédent chapitre (2).

En accordant le retrait successoral aux seuls héritiers du sang, on exclut : 1° les successeurs irréguliers ; 2° les successeurs testamentaires.

Voyons succinctement les raisons invoquées dans ce système.

(1) Laurent, X, n° 351 ; Demolombe, XVI, n° 28 ; Dutruc, n° 481 ; Dalloz, *Successions*, n° 1957.

(2) En notre sens : Lyon, 17 juin 1825 ; Bordeaux, 19 juillet 1826 ; Bastia, 28 mars 1835 ; Bourges, 4 mai 1843 ; Cassation, 8 juin 1826, 15 mars 1831, 8 déc. 1833, 16 juillet 1861 (Sirey, 26, I, 399 ; — 27, 2, 12 ; — 31, 1, 183 ; — 35, 2, 349 ; — 43, 2, 96). Voyez le *J. du Palais*, 44, 1, 156 ; 62, 363.

Le retrait successoral est un droit de famille, c'est un privilège spécial accordé à la famille civile, dont ne font partie ni les légataires, ni surtout les enfants naturels. Ceux-ci, en particulier, sont mis en dehors de la famille par des textes exprès. L'art. 756 déclare que l'enfant naturel n'est pas héritier ; il n'a pas la saisine, ni ce droit éventuel à toute la succession qui appartient à l'héritier légitime. Le retrait successoral a pour but de faire rentrer le bien dans la famille, dans le patrimoine, sur lequel chacun des cohéritiers a un droit absolu. Si la cession n'était pas soumise à retrait, elle ferait échec à ce droit d'accroissement qui appartient à l'héritier légitime, lequel a droit non pas à sa portion, mais éventuellement à toute la succession.

Cette opinion a le tort de dénaturer le retrait, qui, nous le répétons, n'a point pour objet de conserver le bien dans la famille. Quant à l'enfant naturel, s'il n'est pas héritier, du moins est-il successible au sens de l'art. 841. Il est certain que le chapitre IV du titre *des Successions*, combiné avec les autres dispositions du même titre, assure à l'enfant naturel des *droits successifs*.

Et pour l'exercice de ses droits les dispositions du chapitre VI au même titre lui sont communes avec les héritiers légitimes. Il a notamment le droit de se présenter au partage, d'y prendre part ; cela ne fait aucun doute. Le retrait successoral lui appartient donc. Nous savons d'ailleurs qu'on ne pourrait l'exercer contre lui, et que ceux-là contre lesquels il n'y a point lieu à retrait sont précisément ceux qui peuvent l'exercer (1).

Zachariæ a tort, suivant nous, de contester ce principe. Il tire argument de ce que la loi dans la première partie de l'article se sert du mot *héritier* et em-

(1) Laurent, X, n° 352 ; Cass., 8 juin 1826 ; Dalloz, 1826, I, 305.

ploie dans la seconde l'expression de *successible*. Le retrait, d'après lui, ne peut être exercé que *par les héritiers;* mais il peut l'être *contre* toute personne *non successible*. Il nous paraît difficile de nier la connexité qui relie ces deux questions : par qui et contre qui le retrait peut-il être exercé ? Pour nous, tout copartageant a évidemment intérêt à exercer le retrait, à repousser un intrus. Et au surplus on est aujourd'hui généralement d'accord pour reconnaître à l'enfant naturel la qualité d'héritier, puisqu'il est réservataire (1).

Et s'il était vrai que la loi ait pris le mot cohéritier dans son acception étroite, il faudrait exclure les enfants naturels d'un grand nombre de dispositions légales, qu'on leur applique cependant sans contestation. Les art. 887, 888, 889, 892 ne parlent que des *cohéritiers*. Faut-il en conclure que les enfants naturels n'ont pas le droit d'assister au partage, qu'ils ne peuvent l'attaquer pour cause de lésion, qu'ils n'ont pas droit à la garantie des lots (2) ?

Les légataires et donataires ont-ils le droit de retrait ? Les auteurs qui le refusent à l'enfant naturel le leur refusent également par *à fortiori*.

Quant au légataire universel, il nous semble impossible de méconnaître que la loi l'ait assimilé à l'héritier légitime; elle va même jusqu'à lui donner la saisine. Pourquoi n'aurait-il pas le retrait successoral, puisqu'il a les mêmes droits et les mêmes intérêts que

(1) Zachariæ (Massé et Vergé), IV, p. 337, note 33. La jurisprudence s'est prononcée en notre sens. Voir cependant l'arrêt de la cour de Bourges du 27 mai 1812.

(2) Voyez l'art. de M. Héan, *Revue pratique*, 1864, t. XVIII. L'opinion que nous combattons, enseignée par MM. Rodière, Massé et Vergé, Loiseau (*Enf. nat.*, p. 713), Richefort (*État de fam.*, III, n° 425), est repoussée par tous les commentateurs.

l'héritier légitime ? Mais, dit-on, le retrait successoral est accordé aux membres de la famille, et l'esprit de la loi exclut les légataires et donataires. D'ailleurs l'art. 841, contenant une disposition exorbitante du droit commun, doit être strictement interprété. L'art. 841 parle des héritiers, et non des copartageants. Il ne suffit pas d'avoir droit de figurer au partage pour pouvoir prétendre à l'exercice du retrait (1). Enfin l'art. 841 s'applique aux successions *ab intestat*, on ne saurait l'étendre aux successions testamentaires.

L'opinion contraire prévaut dans la pratique, et est enseignée par la majorité des auteurs.

Le légataire à titre universel est aussi un successible dans le sens de l'art. 841 ; il est tenu des dettes, il intervient au partage ; il y a, pour lui accorder le retrait, même motif qu'à l'égard du légataire universel.

Ainsi, dans notre art. 841, cohéritier et successible sont termes équivalents. Lorsque la loi veut désigner les héritiers *ab intestat*, elle s'en explique, elle les qualifie d'héritiers *légitimes*, par exemple. Elle ne l'a pas fait, c'est donc qu'elle n'a pas fait de distinctions entre les copartageants. Et ne serait-il pas singulier que dans un partage, où concourent un héritier légitime, un enfant naturel, un légataire universel, tous trois ayant même intérêt d'écarter un cessionnaire, le premier seul eût le droit de retrait ?

On a contesté (2) que l'héritier bénéficiaire puisse exercer le retrait, par cette raison qu'il n'est pas héritier. Cette doctrine est inadmissible, l'héritier bénéficiaire est tenu envers ses cohéritiers du rapport des

(1) Zachariæ (Massé et Vergé), IV, p. 326 ; Ducaurroy, II, n° 682.

(2) Benoît, *Traité du Retrait successoral*, n° 9.

donations qu'il a reçues du défunt (art. 843); il ne peut plus renoncer à la succession ; il transmet cette succession à ses héritiers ; en un mot, les règles qui concernent l'héritier pur et simple lui sont applicables, à moins qu'elles ne soient pas incompatibles avec celles qui le concernent spécialement. Or, qu'a de particulier le bénéfice d'inventaire sous la protection duquel il s'est mis ? C'est d'empêcher la confusion de son patrimoine avec la succession. Cela est-il donc incompatible avec la qualité d'héritier ?

Même dans le cas où il aurait abandonné les biens de la succession aux créanciers et légataires, il ne cesserait point d'être héritier, art. 802. Cet abandon porte sur les biens, et non sur le titre d'héritier. Car si, même après cet abandon, il commettait un des actes qui entraînent déchéance du bénéfice d'inventaire, il deviendrait encore héritier pur et simple.

Il n'y a donc vraiment pas de raisons pour lui refuser le retrait successoral (1).

Nous accorderons encore le retrait :

A l'ascendant donateur ;

Au légataire universel ou à titre universel d'usufruit ;

A l'héritier d'une ligne cessionnaire de droits successifs dans l'autre ligne, après le premier partage.

Nous renvoyons aux développements qui ont été, sur tous ces points, donnés au chapitre précédent.

Mais nous le refuserons :

A l'héritier qui a renoncé à la succession ou qui a été exclu par testament ou frappé de déchéance comme indigne : car, au moment où la succession s'ouvrait, il avait cessé d'être héritier. — Mais assurément on ne

(1) Laurent, X, n° 353 ; Dalloz, *Success.*, nos 950 et 1872. En notre sens a jugé la Cour de cassation.

doit pas considérer comme exclu un héritier dont la part est entièrement absorbée par des legs particuliers. La circonstance qu'il ne recueille rien n'empêche pas qu'il soit héritier. C'est, en effet, en sa présence que s'effectue le partage ; et son droit à l'hérédité est certain. C'est lui qui recueillerait les legs caducs, s'il y en avait, c'est lui qui continue la personne du défunt.

Si l'héritier n'a renoncé à la succession que pour éviter le rapport d'une donation ou d'un legs, il n'en faudra pas moins lui refuser l'action, à moins, bien entendu, qu'il ne s'agisse d'une donation ou d'un legs universel qui lui donnerait le droit d'assister aux opérations du partage. Car alors, malgré sa renonciation, il ne cesserait pas d'être successible (1).

Un héritier a aliéné ses droits, peut-il exercer l'action en retrait ?

1° Contre son propre cessionnaire. M. Dutruc (2) enseigne l'affirmative; car, dit-il, le retrait successoral repose sur des motifs d'ordre public, et aucune stipulation entre le cédant et le cessionnaire ne peut avoir pour effet de soustraire celui-ci à son application. Cette doctrine prend une erreur comme point de départ : elle suppose que l'art. 841 est une disposition d'ordre public, à laquelle on ne peut point déroger. Cependant les auteurs et la jurisprudence reconnaissent que ces parties peuvent renoncer au retrait. Ensuite, M. Dutruc invoque à tort l'arrêt de cassation du 15 mai 1844 (3).

Dans cet arrêt il est dit que nonobstant toute convention contraire insérée dans l'acte de cession, les héritiers du cédant peuvent exercer le retrait. Cela va

(1) Ch. civile, 2 déc. 1829 ; Dalloz, n° 1882, *Successions*.
(2) N° 507.
(3) Dalloz, 44, I, 273.

de soi; le cédant et le cessionnaire ne peuvent, de leur seule autorité, priver de ce droit d'autres héritiers. Mais autoriser le cédant lui-même à user du retrait contre son propre cessionnaire, c'est, ce nous semble, dépasser la portée de l'arrêt.

On dit que le cédant n'est pas tenu à garantie ; que, par suite, il peut évincer le cessionnaire. Cela est impossible. Le cessionnaire n'est pas tenu de garantir contre le retrait exercé par d'autres, parce que le retrait n'est pas à proprement parler une éviction. Mais se peut-il que celui-là même qui vient de contracter ait le droit de déchirer le contrat à sa fantaisie? La vente de droits successifs est une opération parfaitement légitime et que la loi ne prohibe point. Or qu'est-ce qu'une vente dans laquelle le vendeur pourrait, de par la loi, malgré l'acheteur, reprendre la chose vendue, ne remboursant le prix? D'ailleurs, comme le disait Pothier (1), «il répugne que le vendeur exerce le droit de retrait, le retrait n'étant autre chose que le droit de prendre le marché de l'acheteur étranger et de se rendre acquéreur à sa place ; il est évident qu'il répugne qu'une même personne soit tout à la fois, à l'égard du même marché, vendeur et acheteur.»

Aussi la cour de Bastia, dans son arrêt du 23 mars 1835, a-t-elle jugé que l'acheteur des droits successifs ne peut se « prévaloir du bénéfice de l'art. 841 à l'égard des aliénations par lui faites, attendu qu'il ne saurait être admis à éluder les conventions qu'il a volontairement consenties. »

Il y a en effet de la part du vendeur renonciation implicite au droit d'exercer le retrait (2).

(1) Demol., n° 49 ; Dalloz, n° 1882.

(2) *Retraits,* n° 149.

2° Mais l'héritier qui a aliéné sa part de succession peut-il user du retrait contre le cessionnaire d'un de ses cohéritiers?

Nous ne croyons pas que rien s'y oppose : on ne peut prétendre, comme dans l'hypothèse précédente, qu'il a renoncé au retrait. On ne peut davantage voir, dans le fait qu'il a cédé lui-même ses droits, une renonciation à la qualité d'héritier, ni soutenir, par conséquent, qu'il n'est plus successible. Loin de là, en disposant de sa part héréditaire, il a fait acte d'héritier. On objecte que le retrait successoral est attaché à la qualité de copartageant, non à celle d'héritier. Mais nous avons rejeté cette manière de voir ; d'ailleurs l'art. 841 n'exige pas chez celui qui veut se prévaloir du retrait la qualité de copartageant, elle veut simplement qu'il soit successible. S'il en est ainsi, nous n'avons aucune raison pour juger l'action non recevable, en notre espèce (1).

A plus forte raison admettrons-nous l'action de la part de l'héritier qui n'aurait aliéné qu'une partie de ses droits successifs (2).

Les successeurs à titre particulier n'ont évidemment pas qualité pour exercer le retrait, ils ne sont pas héritiers, ils demeurent étrangers au partage. Mais que faut-il décider à l'égard des légataires ou donataires d'usufruit universels ou à titre universel ? Nous avons admis que le retrait était sans objet contre eux, puisque leur titre leur conférait le droit d'assister aux opérations du partage.

L'opinion qui les considère comme des légataires par-

(1) *Contrà*, Demol., XVI, n° 49. — Toulouse, 22 fév. 1840; Sirey, 1840, II, 318. En notre sens : Dalloz, n° 1884.

(2) *Sic* Demol., *ibid.* — *Contrà*, Bastia, 23 mars 1835.

ticuliers les rend passibles du retrait et leur en refuse l'exercice, par voie de conséquence (1). Pour nous, nous pensons que, fussent-ils même des légataires particuliers, ils n'en sont pas moins des successibles, en ce sens qu'ils interviennent au partage notamment dans la liquidation du passif. L'esprit de la loi répugne à ce qu'on les soumette au retrait; il nous paraît donc nécessaire d'admettre à l'inverse qu'ils pourront l'exercer.

Enfin, par les motifs qui nous ont guidé au précédent chapitre, nous admettrons le retrait :

1° De la part de l'héritier dans une ligne contre un cessionnaire venant à partage dans l'autre ligne;

2° De la part de l'héritier appartenant à une souche contre un cessionnaire venant au partage des biens d'une autre souche. Mais nous le refuserons :

1° A l'époux commun en biens contre le cessionnaire des droits d'un des cohéritiers de son conjoint;

2° Au mari contre le cessionnaire des droits d'un des cohéritiers de sa femme, quand même la succession serait purement mobilière.

CHAPITRE VII

DE L'ACTION EN RETRAIT.

Il convient d'examiner quelle est la nature de l'action en retrait; si on doit la considérer comme personnelle, ou bien, au contraire, si on doit décider qu'elle peut, sous certaines conditions, être exercée

(1) Laurent, X, n° 360 et VII, p. 50. — Demolombe, n° 51. — En notre sens : Bourges, 4 mars 1843; Dalloz, *Successions*, 1948. — *Contrà*, Cassation; Dalloz, 47, 4, 427.

par d'autres que les personnes à qui la loi l'a spécialement conférée. Ces personnes, ce sont les héritiers ; ce sont les membres de la famille pour qui s'ouvre la succession, ou ceux qui ont été appelés à cette succession par la volonté du défunt. A ces personnes, la loi accorde une faculté, qui est de pouvoir écarter du partage un étranger qui n'y viendrait que dans un esprit de curiosité dangereuse.

Il semble donc bien qu'il ne s'agit pas là d'un droit susceptible d'une évaluation pécuniaire, et que le retrait successoral ne peut être considéré comme un bien. C'est une faculté légale dont la famille peut user ou ne pas user : mais, tant que le retrait n'a pas été exercé, on ne peut pas dire qu'il y a dans le patrimoine un bien qu'on peut vendre ou donner (1).

Faire de ce droit un droit purement personnel, ce serait aller plus loin que le législateur. Le droit de retrait ne s'éteint pas avec le successible à qui il appartenait : il sera transmis avec le patrimoine de ce dernier à ses propres héritiers. Ceux-ci d'ailleurs ont le même intérêt que leur auteur à défendre les secrets de la famille. La faculté légale accordée par l'art. 841 l'est à la famille indéterminément, et non pas à tel ou tel individu (2) ; du moins tant qu'elle n'est pas encore exercée. Or les héritiers du successible sont bien des membres de la famille. Dans le cas où ceux qui viennent

(1) Cass., 1859. Dall., 1859 ; I, 663. Nous ne voulons pas dire par là que l'exercice de l'action en retrait ne puisse présenter un avantage pécuniaire souvent considérable, nous prétendons seulement que, d'après *le motif et le but* de la loi, cette action ne compte pas comme *un bien* dans le patrimoine.

(2) Nous verrons plus loin que l'héritier qui exerce le retrait se l'approprie en quelque sorte, de façon qu'il n'est pas tenu d'en communiquer le bénéfice à ses cohéritiers.

à la succession du successible sont non pas des héritiers du sang, mais des légataires à titre universel, nous maintiendrons notre décision. Car, en vertu même de leur titre, ils ont droit de venir à partage ; ils ont donc même intérêt que les cohéritiers à exercer le retrait. D'ailleurs ils continuent la personne du défunt : et dès lors on doit les admettre à exercer toute action qui compétait à ce dernier (1).

La question est délicate lorsqu'il s'agit d'une personne à qui l'héritier a donné entre vifs sa part successorale. Aura-t-elle l'action ? Pour l'affirmative on fait remarquer qu'elle a intérêt à l'exercer ; qu'elle a la qualité de copartageant. Et pourquoi refuser cette action au donataire quand on l'accorde au légataire ? Enfin le retrait ne peut pas être exercé contre lui, donc il peut l'exercer. Il y a corrélation entre le rôle actif et le rôle passif.

Ces arguments ne nous convainquent pas. Oui, le donataire est un copartageant, et il échappe au retrait. Mais pourquoi ? Est-ce parce qu'il est copartageant ? Non ; ce serait une raison pour l'écarter. C'est parce qu'il est donataire, et que la loi dirige exclusivement le retrait contre les acquéreurs à titre onéreux. En cette matière arbitraire, la loi peut créer les exceptions qu'elle veut : elle a excepté le donataire du retrait. La corrélation en réalité n'existe pas.

Ce n'est pas comme copartageant qu'il échappe au

(1) On a exprimé cette idée en disant que le retrait, à proprement parler, ne se transmettait pas de personne en personne, mais suivant la part héréditaire en quelque main qu'elle passe. Ceci, à notre sens, est beaucoup trop absolu : il faudrait admettre dans ce système que le cessionnaire de droits successifs est investi du droit de retrait, quand c'est justement contre lui que ce droit est dirigé.

retrait ; et c'est comme copartageant qu'on veut le lui donner. Nous ne voyons pas cette connexité entre l'actif et le passif. Est-il successible ? Non. Le légataire du moins est un héritier, il continue la personne. Mais il manque au donataire cette qualité d'héritier, sans laquelle il ne peut exercer le retrait. Le retrait n'est pas l'accessoire d'un patrimoine, ce n'est pas une chose que l'on peut vendre ; c'est une faculté conférée aux héritiers. Et enfin le texte de la loi est net : pour jouir du bénéfice de retrait, il faut être un *cohéritier*. Or le donataire n'est qu'un ayant-cause, comme l'acheteur de droits successifs contre lequel est porté l'art. 841 (1).

Mais voici une question fort grave, qui touche à la théorie des droits personnels en ce qui concerne l'art. 1166 : Les créanciers de l'un des cohéritiers peuvent-ils, en se prévalant de l'art. 1166, exercer le retrait successoral au nom de leur débiteur ?

On pourrait être tenté de décider en faveur de l'affirmative. L'art. 1166 donne aux créanciers, d'une façon générale, l'exercice des actions qui appartiennent à leur débiteur et n'en excepte que les *droits exclusivement attachés à la personne*.

Que faut-il entendre par là ? L'art. 841 confère-t-il à l'héritier un de ces droits *attachés à la personne* dont parle l'art. 1166 ? C'est ce que nous allons examiner.

Nous avons évité de qualifier de *personnel* le droit de retrait. Cette expression de *droit personnel* est une de celles dont le sens est le moins défini et sur laquelle il est le plus difficile de s'entendre.

(1) Dalloz, *Rép.*, n° 1906 ; Dutruc, n° 500 ; Demol., n° 61. En notre sens., voyez l'arrêt de Bordeaux du 16 mars 1832. Dalloz, 1832, II, 168.

M. Demolombe (1), dans son *Traité des obligations*, a même écrit que la définition en était impossible. Merlin (2) appelait droit personnel tout droit qui présente le double caractère d'être incessible et de ne point passer aux héritiers.

Ce système est généralement repoussé, il est trop étroit, et se trouve, en mainte occasion, en contradiction avec la loi. C'est ainsi que l'action d'ingratitude passe en certains cas aux héritiers (art. 957), et tout le monde est d'accord pour admettre que les créanciers ne peuvent l'exercer.

Certains auteurs ont prétendu que ces droits que l'art. 1166 excepte du principe posé par lui étaient des droits exclusivement moraux, c'est-à-dire, dont il ne résultera aucun avantage pécuniaire.

Mais il est bien évident que ce n'est pas dans un intérêt moral qu'un créancier agit; l'exception de l'art. 1166 porte donc non pas sur des droits moraux, qu'un créancier ne prétendra jamais exercer parce qu'ils ne lui rapporteront rien, mais sur des droits pécuniaires.

Nous croyons que l'art. 1166 a désigné sous le nom de *droits exclusivement attachés à la personne*, ces droits qui, tout en pouvant se résoudre en un avantage pécuniaire, ont un caractère moral tel qu'on ne peut en laisser l'exercice aux créanciers (3). Sous l'art. 1166, comme commentaires il faut placer l'art. 957 et l'art. 1446 qui en sont les applications. Or l'art. 841 donne-t-il aux héritiers un droit d'un caractère analo-

(1) T. XXV, p. 55.

(2) *Quest.*, au mot *Hypothèques*, § 4, n° 4.

(3) Laurent, XVI, p. 474; Aub. et Rau, IV, p. 123; M. Duverger, à son cours, sur l'art. 1166.

gue à ceux que les art. 957 et 1446 établissent? Pour nous, le but et l'esprit de la loi justifient pleinement le rapprochement que nous faisons de ces trois articles. Oui, l'art. 841 crée un droit d'un caractère moral; il veut protéger la famille, mettre l'honneur du nom à l'abri des investigations méchantes, empêcher qu'on ne divulgue les secrets du foyer. C'est dans ce but que le retrait successoral a été institué; et c'est pourquoi nous le refusons aux créanciers.

Une difficulté a été soulevée sur cette question à propos du droit d'option accordé à la femme mariée par l'art. 1408 et qu'on appelle retrait d'indivision. On a voulu faire une assimilation entre la faculté que l'art. 1408 confère à la femme, et celle que l'art. 841 accorde aux héritiers. La Cour de cassation s'est prononcée en ce sens, pour déclarer que les créanciers ne pourraient user de l'art. 1408.

Nous jugeons cette assimilation inexacte et dangereuse. L'art. 1408 sauvegarde les intérêts de la femme, l'art. 841, au contraire, n'a pas pour objet de veiller aux intérêts des héritiers ; ce n'est pas un droit pécuniaire. Quelle analogie la Cour de cassation a-t-elle donc pu trouver entre ces deux retraits (1) ?

La cour de Montpellier a jugé que le retrait successoral pouvait être exercé par le curateur à la succession vacante, en assimilant le curateur à l'héritier bénéficiaire. L'un et l'autre sont administrateurs de la succession, dit la cour; or l'héritier bénéficiaire a le droit de retrait, tout le monde l'admet : il faut donc le reconnaître au curateur. Le raisonnement est mal fondé ; car si l'héritier bénéficiaire a le droit de retrait,

(1) Cass., 14 juill. 1834 ; Riom, 4 fév. 1826 ; Rejet, 8 mars 1837 (Dalloz, *Cout. de Mar.*, n° 847).

ce n'est pas parce qu'il est administrateur, mais parce qu'il est héritier. Le curateur ne représente l'héritier qu'au point de vue des intérêts pécuniaires, il répond aux poursuites des créanciers; mais peut-il être juge de l'intérêt moral qu'il y a à exercer le retrait? La cour de Montpellier se condamne elle-même lorsqu'elle dit : « Dans l'espèce, le curateur a fait acte d'excellente administration, il a *rédimé* la succession d'une action en partage, dont les *frais* auraient été considérables... » Est-ce donc pour éviter des frais que l'art. 841 est fait? A-t-il pour but de procurer un gain aux héritiers (1)?

Est-il permis de renoncer au droit de retrait? Cette question a divisé les interprètes; Toullier (2), notamment, enseigne la négative en se fondant sur ce que le retrait est d'ordre public. Nous avons déjà critiqué cette manière de voir, en citant l'arrêt de Cassation du 15 mai 1844. Le retrait étant de droit strict, il est impossible d'y voir une mesure d'ordre public : c'est une faveur de la loi, et rien de plus. C'est déjà ce que disait Tiraqueau (3) qui ne voyait nul inconvénient à ce qu'on laissât l'héritier libre de faire abandon d'un droit odieux en soi, à certains points de vue, et qui n'est établi qu'à son bénéfice. Pothier (4) s'exprime ainsi : « La convention qu'un lignager a eue avec l'acheteur le rend non recevable à exercer le retrait. Car il est permis à chacun de renoncer à un droit établi en sa faveur. »

(1) Dutruc, n° 510; Demol., n° 64; Montpellier, 8 juin 1848; Sirey, 1849, II, 279; Dalloz, *Rép.*, n° 1890.

(2) T. III, § 392.

(3) Tiraq., § 1, n°s 111 et 112.

(4) *Retraits*, n° 162.

Quelques auteurs modernes distinguent entre la renonciation à l'avance et la renonciation postérieure à la cession. Dans le premier cas, la renonciation serait nulle; sinon, elle deviendrait de style : il passerait dans l'usage d'acheter au cohéritier du cédant l'abandon du droit de retrait, et c'est ainsi que l'art. 841 pour déjouer une spéculation, en favoriserait une autre, bien plus détestable, de la part des cohéritiers.

Dans ce système, sans prétendre que l'art. 841 soit précisément une mesure d'ordre public, on nie qu'il repose exclusivement sur des intérêts privés, et on assimile le retrait successoral à la prescription, dont on peut ne pas se prévaloir, lorsqu'elle est acquise, mais à laquelle on ne peut renoncer à l'avance (1).

Pour nous, nous rejetons cette distinction. L'art. 841 est une disposition de faveur à laquelle l'ordre public est si peu interessé, que c'est dans l'intérêt même de l'ordre public que les adversaires du retrait successoral en demandent l'abrogation. Il est une atteinte au droit de propriété. Comment donc peut-on le comparer à la prescription, mesure de protection créée en faveur de ce même droit de propriété?

La vérité est que le retrait successoral pourrait être supprimé sans que ni l'ordre public ni la morale en eussent à souffrir (2). C'est donc une pure faveur accordée aux héritiers, dont l'usage, comme l'a très

(1) Dutruc, n° 519, note 5; Toulier, III, p. 392.

(2) Et, d'ailleurs, comme le remarque M. Demolombe, si l'intérêt général est un des fondements du retrait considéré comme institution, c'est au cohéritier que la loi a remis, en définitive, le soin de statuer s'il y a lieu ou non d'exercer son action. XVI, p. 66; Laurent, X, p. 398.

bien dit la cour d'Orléans (1), est subordonné à la convenance et à la mesure de leurs intérêts.

On redoute une spéculation du côté des héritiers? Mais un tel danger n'est-il pas à craindre, soit qu'il s'agisse d'une renonciation postérieure à la cession, soit qu'il s'agisse d'une renonciation à l'avance? Il faut ou enlever à l'héritier le droit de renoncer ou le lui reconnaître, sans aucune de ces distinctions arbitraires et inutiles.

La renonciation peut être expresse ou tacite. Mais quand y aura-t-il renonciation tacite? Ce sera une question de fait; et, en tout cas, nul n'étant présumé renoncer à un droit, on ne devra s'en rapporter qu'à des circonstances impliquant dûment la volonté de renoncer (2).

Mais des difficultés s'élèvent sur les diverses hypothèses qui peuvent se présenter dans la pratique. Nous allons en passer en revue quelques-unes.

1° L'admission du cessionnaire aux opérations préliminaires du partage (par ex., apposition des scellés, expertise, inventaire) devrait-elle être considérée comme impliquant renonciation? La jurisprudence se prononce pour la négative (3), et nous nous rangeons à cette opinion. L'art. 841, en effet, donne aux cohéritiers le droit d'écarter le cessionnaire *avant le partage;* donc, jusque-là, ce droit subsiste. En outre, pour que les cohéritiers puissent s'éclairer sur le caractère du cessionnaire, sur l'esprit qui l'anime, il faut bien qu'ils aient pu le voir, que des rapports se soient

(1) Orléans, 18 mai 1839 ; Dalloz, 39, II, 260.

(2) Laurent, X, *ibid.;* Dutruc, § 519 ; Chabot, n° 19 ; Vazeille, *ibid.*

(3) V., notamment, Agen, 8 av. 1825 ; Dall., 1845, II, 123.

établis entre eux et lui. Or c'est précisément dans ces opérations destinées à préparer le partage qu'ils apprendront à le connaître : il serait donc contraire à la raison de la loi, de forcer les héritiers à exclure le cessionnaire avant de savoir s'il y a quelque intérêt à le faire (1).

2° Lors, au contraire, que les héritiers auront laissé le cessionnaire prendre part à une opération constitutive du partage, il pourra résulter des circonstances de fait qu'ils ont renoncé à leur droit (2).

3° Si l'un des héritiers a ratifié la cession en l'exécutant, par exemple en réglant par une convention avec le cessionnaire la part de celui-ci dans les dettes qui grèvent un bien indivis entre eux, il doit être réputé avoir renoncé au retrait. C'est ce que la cour de Toulouse a jugé par arrêt du 14 avr. 1812.

4° Faut-il voir une renonciation tacite au retrait, dans ce fait que le cessionnaire a été admis à un partage provisionnel ?

L'affirmative nous paraît résulter de cette considération, que les affaires de famille ont été pénétrées par le cessionnaire, dans ce partage provisionnel. Le retrait serait donc sans objet (3).

(1) Aub. et Rau, *loc. cit.;* Laurent, § 377, *ibid. Contra*, Chabot ; Toullier, *ibid.*

(2) Mais le seul fait de l'admission à une opération du partage ne ferait pas déchoir les héritiers du droit d'exercer le retrait. V. Aubry et Rau, p. 527, 4e édition.

(3) En droit, le partage provisionnel se distingue du partage définitif en ce qu'il n'est pas déclaratif de propriété et qu'il laisse l'indivision subsister ; mais, en fait, les copartageants ne se sont-ils pas pleinement immiscés dans les affaires de la succession ? Cela est évident lorsqu'il s'agit d'un partage que les parties ont cru être définitif, et que la loi déclare provisionnel parce que les règles qu'elle prescrit n'ont pas été observées. Cf. art. 466 et 840.

5° C'est par le même motif que nous repousserons le retrait successoral au cas où le partage a été rescindé, si le cessionnaire y avait concouru. Quel intérêt y aurait-il à l'écarter du nouveau partage? N'a-t-il pas pris connaissance des affaires de la succession ? Ce ne pourrait être que par un motif de spéculation que les cohéritiers voudraient exercer le retrait successoral. — On répond que la loi veut éviter les chicanes; que les héritiers peuvent désirer d'autant plus écarter le cessionnaire du nouveau partage, qu'ils ont eu lors du premier des rapports plus difficiles avec lui. Cette considération n'est pas sans valeur; mais elle ne peut suffire à faire oublier que les cohéritiers, en admettant le cessionnaire au premier partage, ont renoncé à leur droit (1).

Nous maintiendrons notre décision même au cas où le partage serait annulé sur la demande d'un héritier qui n'y a pas été partie. On ne peut, à la vérité, dire que celui-là a renoncé au retrait.

Mais lui permettre de l'exercer, alors que le cessionnaire connaît les secrets de famille, que par suite la principale raison sur laquelle est fondée la loi fait défaut, serait interpréter l'art. 841 d'une manière extensive; et nous ne pouvons nous y résoudre (2).

Si le cessionnaire n'avait pas concouru au partage rescindé, le retrait successoral serait possible contre lui, dans le cas où il prétend intervenir au partage

(1) *Contra*, Dutruc, 493.

(2) Mais, dit-on, il n'y a pas eu de partage ! — Sans doute, juridiquement le premier partage est inexistant; mais la loi par ces mots : *écarter du partage*, n'établit pas une *condition* mise à l'exercice de l'action. Ell veut marquer le *but* du retrait successoral, qui est d'empêcher le cessionnaire de s'immiscer dans les affaires de la succession. V. Duranton, n° 187 ; Dutruc, n° 192; Vazeille, n° 17.

nouveau ; sans distinguer, comme on l'a fait, si la cession a eu lieu avant ou après la rescision. Tant que le cessionnaire ne se présente pas au partage, on n'est pas forcé d'exercer l'action en retrait.

Aucun texte ne force les cohéritiers à prendre l'initiative. Le fait que la cession a eu lieu avant la rescision, avant le premier partage, ne peut influer en aucune façon sur le droit qu'ils ont d'exercer le retrait contre l'étranger qui prétend se mêler à leurs affaires.

Chabot et Toullier proposent la distinction que nous critiquons ci-dessus, en la justifiant de la manière suivante. Si la cession est postérieure à la rescision, l'art. 841 doit, sans difficultés, recevoir son application. Mais si elle est antérieure, alors les cohéritiers n'ont plus devant eux un cessionnaire de droits successifs, mais un acquéreur d'objets déterminés. L'acte qui constate le partage annulé a fait la détermination des objets compris dans la cession, donc on ne peut lui opposer le retrait successoral (1).

Pour nous, nous ne voyons pas comment la rescision du partage a pu changer le caractère de la cession. C'était et c'est encore un étranger qui veut s'ingérer dans les affaires de la succession : il y a donc lieu de l'écarter.

S'il avait concouru au premier partage, le retrait contre lui n'aurait aucune raison d'être ; mais nous supposons qu'il s'est tenu d'abord à l'écart, puis que, s'étant ravisé, il veut intervenir dans les affaires de la succession à l'occasion du second partage. Sur quoi donc peut-on se fonder pour repousser l'application de l'art. 841 (2)?

(1) Chabot, *loc. cit.*, n° 12 ; Toullier, IV, n° 449 ; voyez aussi Vazeille, n° 17 ; Dutruc, n° 492 ; Dalloz, *Jurisprud. succ.*, n° 1991.

(2) On a, suivant nous, à tort, invoqué l'art. 1699 dans cette

Le droit de retrait, aux termes de l'art. 841, peut être exercé soit par tous les cohéritiers, soit par un seul. Si la demande est collective, le retrait profitera à tous, et dans la proportion de leurs parts héréditaires : chacun est réputé exercer le droit dans la mesure de son intérêt, et cette mesure est fournie par la part qu'il recueille dans la succession (1).

Mais la demande peut n'avoir été formée que par un seul des cohéritiers, et alors deux questions peuvent se présenter que nous allons étudier successivement.

1° Les autres cohéritiers peuvent-ils intervenir? Et, s'ils le peuvent, jusqu'à quel moment leur demande en intervention est-elle recevable?

2° Aucune demande en intervention n'ayant été formée, et le retrait ayant été adjugé, les autres cohéritiers peuvent-ils exiger néanmoins que le bénéfice du retrait leur soit communiqué?

Tels sont les deux points qu'il importe de résoudre.

D'abord, en principe, le retrait appartient à tous les cohéritiers. Leur intervention dans le procès est donc possible.

Dans ces diverses hypothèses, et dans toutes celles d'où l'on pourra inférer qu'il y a de la part des héri-

espèce. La rescision du partage ne fait pas que les droits successifs qui font l'objet de la cession soient devenus des droits litigieux. V. Toullier, *loc. cit.*

(1) V. Vazeille, n° 19. L'art. 841 ne fournit aucune règle à cet égard ; mais, suivant la remarque de Toullier, c'est le cas de recourir à l'art. 872, qui applique au partage des successions les règles concernant le partage entre associés. Le partage de la portion retrayée est bien un partage d'une quote-part de la succession ; il se fera donc suivant la proportion des quotités héréditaires. Mais, bien entendu, une convention entre héritiers pourrait déterminer différemment le droit de chacun dans la portion retrayée. Vazeille, n° 19 ; Toullier, IV, n° 437.

tiers ratification de la cession, on devra considérer ceux-ci comme non recevables à exercer l'action en retrait.

Nous admettrons également que le cédant pourra par une clause spéciale garantir le cessionnaire contre l'exercice du retrait, contrairement à l'arrêt de Cassation du 15 mai 1844 (1), qui, partant de ce principe erroné que le retrait est une mesure d'ordre public, déclare « Qu'aucune stipulation entre le cédant et le cessionnaire ne peut soustraire celui-ci à son application. » Si l'on peut renoncer au retrait, à plus forte raison peut-on garantir le cessionnaire contre l'éviction qui en résultera pour lui. Pothier (2) le décidait ainsi en matière de retrait lignager, dont il était bien plus vrai de dire qu'il avait pour fondement l'ordre public.

Mais il est certain, d'autre part, que l'exercice du droit de retrait par l'un des cohéritiers constitue une appropriation de ce droit, qui de collectif qu'il était devient personnel.

Quel acte peut donc être considéré comme consommant cette appropriation?

Une première opinion enseigne que le retrait n'est approprié que par le jugement qui l'adjuge au cohéritier; jusque-là, les autres peuvent intervenir. Et même pour que l'intervention ne soit plus possible, faut-il que le jugement soit passé en force de chose jugée. Car c'est alors seulement que l'opération est terminée, que le retrait est exercé : et ce jugement, par cela seul qu'il prononce en faveur d'un des cohéritiers, exclut les autres. Mais, tant qu'il n'y a point

(1) Sirey, 1844, I, 605.
(2) *Retraits*, nos 13 et 156.

chose jugée à l'égard de ce cohéritier, on ne peut admettre que le droit de retrait lui soit devenu personnel : le cohéritier qui a le premier intenté l'action a-t-il avant le jugement un droit de plus que les autres? Il n'y a de plus que quelques actes de procédure.

Ce système, admis par la cour de Caen le 5 juin 1832, fut consacré par la Cour de cassation le 22 juin 1836, et possède encore les faveurs de la jurisprudence.

Une seconde opinion va plus loin encore en soutenant que les cohéritiers peuvent s'opposer au retrait tant que le remboursement du prix n'a pas été effectué par le cohéritier au cessionnaire. « Tant que la subrogation n'est pas consommée par le remboursement, dit Chabot (1), le droit qui appartient à tous les cohéritiers subsiste toujours. » Toullier (2) considère également cette doctrine comme certaine. A quel moment, dit-on, l'héritier qui a exercé le retrait a-t-il un droit privatif? Lorsque le prix de la cession a été payé.

L'art. 841 ne porte contre les héritiers aucune fin de non-recevoir : la seule donc qu'on puisse admettre est celle qui résulte de la consommation du retrait, c'est-à-dire de ce que la dernière opération est effectuée.

On ajoute, pour écarter le précédent système, que le cohéritier qui a obtenu jugement pourrait encore renoncer (3) à son droit, car on peut toujours renoncer à une faveur (4). Il n'est donc pas saisi des objets

(1) Chabot, *ibid.*, III, p. 192.

(2) Toullier, IV, n° 5437, 3e édit.

(3) Ceci a été contesté. V. *infra*.

(4) Sous l'ancien droit, en effet, le lignager pouvait renoncer au retrait, même après jugement passé en force de chose jugée (Bas-

faisant partie de la cession, il n'a pas, sur les biens soumis à retrait, de droit irrévocablement acquis.

Ces deux opinions nous paraissent l'une et l'autre contraires au principe du retrait.

A qui appartient le droit de retrait? L'art. 841 accorde le droit de retrait à tous les cohéritiers, ou *à un seul;* et dans ce dernier cas on ne voit point que la loi autorise la participation de tous les cohéritiers au retrait exercé par l'un d'eux. Qu'est-ce qu'exercer le retrait? Est-ce exercer un droit sur les biens compris dans la cession? Non, certes : c'est un droit moral qui permet d'exclure un étranger du partage. Une simple sommation (1) suffit pour que cette exclusion ait lieu; donc une simple sommation constitue l'*exercice* du retrait. A quoi dès lors servirait l'intervention des cohéritiers?

Il ne faut pas oublier que le retrait n'est pas un bénéfice pécuniaire accordé par la loi aux héritiers.

C'est ce même principe qui nous permettra de résoudre la seconde question, qui est subordonnée à la première, mais comme elle vivement controversée.

Ceux-là même des auteurs qui pensent que les cohéritiers peuvent s'associer au retrait tant que le remboursement n'est pas effectué, ne vont pas en général jusqu'à dire que, même après ce remboursement, ils puissent exiger que le bénéfice du retrait leur soit communiqué.

nage, sur l'art. 452, *Cout. Norm.* ; Tiraqueau, *loc. cit.*, n° 8). Mais est-il bien prudent d'aller, à propos du retrait successoral, invoquer des décisions qui ont trait au retrait lignager? D'ailleurs, l'opinion de Basnage et de Tiraqueau était combattue par Dumoulin (sur la *Coutume de Bordeaux*, art. 7).

(1) Duranton, VII, n° 197 ; Laurent, X, n° 373 ; Besançon, 12 janvier 1808 ; Montpellier, Sirey, 1825, II, 313.

On a poussé jusque-là les conséquences de cette doctrine erronée, qui voit dans le retrait successoral une disposition ayant pour but de procurer aux héritiers un avantage pécuniaire.

Merlin a soutenu ce système en partant de ce principe que les héritiers doivent être traités comme associés, en tout ce qui touche les rapports successoraux. C'est ainsi que le droit romain suppose un contrat de société entre ceux qu'une simple indivision de choses réunit (L. 19, *De noxalibus actionibus*) (1); or un pareil contrat veut que tous les bénéfices réalisés soient communs entre les associés. La loi romaine appliquait aux héritiers ce prince général : ils sont associés, et par suite tenus de se communiquer les avantages survenus à l'occasion de la chose commune.

On s'appuie en outre, dans ce système, sur le texte même de l'art. 841.

La loi dit que le cessionnaire pourra être écarté du partage par tous les héritiers ou par un seul, impliquant que, dans le cas où c'est un seul qui agit, c'est comme mandataire ou gérant d'affaire des autres qu'il exerce l'action. Si l'art. 841 avait entendu faire de l'action en retrait une action personnelle à celui qui l'intente, il ne se fût point exprimé ainsi; il aurait dit : le cessionnaire pourra être écarté par *chacun des cohéritiers*.

Enfin il ne semble pas convenable que le retrait successoral, disposition introduite dans l'intérêt de la

(1) « Si in re communi mea et tua damnum nobis dederit Titii servus... recte dicitur eum cui noxæ deditus sit, alteri teneri communi dividundo judicio, ut communicet servum noxæ tibi debitum, cum ob rem communem aliquid ad socium pervenerit. » S. de Paul.

morale, devienne le prix de la course. Car il ne serait pas conforme d'attribuer au plus diligent ou au plus habile le bénéfice d'une disposition que le législateur a faite pour la famille entière (1).

Ce système est repoussé par la majorité des auteurs et par la jurisprudence. Il suppose en effet, nous l'avons dit, que le but principal de la loi a été de procurer un avantage pécuniaire aux héritiers.

Si cela était vrai, le retrait successoral serait dans notre législation une tache honteuse qu'il faudrait se hâter d'effacer. C'est au détriment d'un cessionnaire, acquéreur de bonne foi, qu'un bénéfice va être attribué aux héritiers ! Cela est impossible, et telle certainement n'est point la pensée de la loi. Il s'agit simplement de protéger les secrets de famille. Dès que ce but est atteint, et il l'est lorsque le retrait a été exercé par tous ou par un seul, la loi est satisfaite. Les héritiers sont mal fondés à demander le partage des bénéfices, s'il y en a, parce qu'il ne s'agit point de bénéfices dans l'affaire, et que le retrait successoral n'a point été créé pour leur enrichissement.

L'assimilation est fausse entre celui qui a exercé le retrait et un gérant d'affaires qui aurait des comptes à rendre. Il n'a point géré les affaires de la succession, car l'art. 841 n'a point trait à l'administration du patrimoine successoral ; il a écarté un étranger du partage, en vertu d'un droit qu'il avait en sa qualité de successible (2).

Ajoutons que, suivant le principe énoncé dans l'arrêt du 1er décembre 1806, le retrayant est réputé

(1) Merlin, *Quest.*, *Retr. succ.*

(2) Vazeille, n° 20 ; Dutruc, n° 511 ; Demol., XVI, n° 71 ; Dalloz, *Rép.*, n° 1890. V. arrêt de Cassat. du 28 juin 1836.

avoir acquis directement du cédant. Or, s'il en est ainsi, c'est lui qui est le cessionnaire, la personne du cessionnaire primitif disparaissant par l'effet du retrait; par suite les cohéritiers ne peuvent le forcer à partager les bénéfices, puisqu'ils ne pourraient exercer le retrait contre lui.

Quant à cette raison que le retrait ne peut être le prix de la course, elle n'a vraiment que la valeur d'un brocard. Qu'importe que les bénéfices appartiennent à un seul ou soient partagés entre tous, puisque la loi n'a pas vu ou ne devait pas voir ces bénéfices !

D'ailleurs, les cohéritiers ne savent-ils pas quel est leur droit? S'ils n'en ont pas usé, c'est qu'ils ont craint de s'exposer aux hasards d'une longue procédure, au danger de payer des frais.

Pour nous, il nous paraît juste de laisser les bénéfices à celui qui a couru les risques : *Quem sequuntur incommoda, eumdem commoda.*

A partir de quel moment les cohéritiers peuvent-ils exercer le droit de retrait? Doivent-ils attendre que le cessionnaire se présente au partage, ou bien, au contraire, le seul fait de la cession leur permet-il d'agir, avant même toute action en partage? En d'autres termes, ont-ils une action pour attaquer le cessionnaire, ou n'ont-ils qu'une exception pour le repousser?

La doctrine et la jurisprudence reconnaissent que les héritiers ont une action. Les mots *écarter du partage* pourraient induire à penser que les héritiers ne peuvent atteindre le cessionnaire qu'autant qu'il se présente au partage. Mais ces mots, certainement, n'ont d'autre objet que d'indiquer le but de retrait, et non pas de décider sous quelles conditions le droit de retrait pourra être exercé.

D'ailleurs l'art. 841 ne limite point les droits des cohéritiers : les principes généraux exigent donc qu'on leur accorde une action (1).

Mais jusqu'à quel moment la faculté d'agir par voie d'action ou d'exception existe-t-elle pour eux?

Une opinion prétend que, dès que le partage est commencé, le droit d'exercer le retrait cesse pour les cohéritiers.

Suivant nous, l'admission du cessionnaire aux opérations du partage pourrait être interprétée dans le sens d'une renonciation. Mais, les renonciations ne se présumant pas, il faudrait que les circonstances de fait fussent claires. Si, au contraire, elles s'opposent à ce qu'on puisse admettre une renonciation, nous ne voyons pas comment les cohéritiers se trouveraient déchus de leurs droits, parce qu'ils ne les ont pas exercés dès que le cessionnaire s'est présenté au partage. Ils sont restés inactifs, parce qu'ils ne savaient pas peut-être s'il y aurait avantage ou intérêt à écarter le cessionnaire : ils connaissaient mal les affaires de la famille, et ils ne connaissaient pas l'étranger.

Mais l'opinion adverse nous présente une objection grave. Peut-on mettre, dit-on, la situation du cessionnaire à la discrétion absolue des héritiers?

Sa position serait précaire, sa situation serait gênée : il ne pourrait défendre ses droits sans se voirmenacé du retrait.

Nous répondrons que le cessionnaire savait bien qu'en achetant des droits successifs, il serait exposé à un retrait : l'objection qu'on nous oppose est une critique adressée au législateur : le droit de retrait a

(1) Demol., XVI, § 124 ; Aubry et Rau, 4e éd., p. 525 ; Cass., Rj. 9 août 1830; Bastia, 28 mars 1835 ; Sirey, 35, II, 351.

des conséquences fâcheuses, mais nous ne pouvons réformer la loi. Or la loi accorde l'action aux héritiers, sans cette limitation, sans ces déchéances qu'on veut introduire. Elle ne dit point que le retrait devra être exercé avant le partage : l'art. 841 s'applique donc, que le partage ne soit pas encore ou soit commencé ; car, dans l'un et l'autre cas, il peut y avoir intérêt à écarter le cessionnaire (1). Jusqu'au dernier acte du partage, cet intérêt peut exister ; il peut même ne se révéler qu'à ce dernier acte. La lettre et la pensée de la loi veulent donc que jusque-là on puisse exclure l'acheteur.

Mais évidemment le droit de retrait cesse lorsque le partage est consommé, car alors il n'a plus d'objets puisque justement il consiste à exclure un étranger du partage (2).

Quand le partage est-il consommé ? Lorsque l'indivision a cessé. Quand chacun des cohéritiers s'est approprié sa part, par voie de tirage au sort ou par voie d'attribution, quoique d'ailleurs l'exécution de fait n'ait pas eu lieu, le partage est fait.

La Cour de cassation ne l'a pas jugé ainsi ; aussi croyons-nous qu'elle s'est trompée lorsque, dans son arrêt du 14 juin 1820, elle déclare que le droit des cohéritiers subsistait jusqu'à l'exécution du partage (3). Non, il n'est pas nécessaire que les copartageants

(1) Toullier, 6e éd., II, p. 281 et la note de Duvergier ; Benoit, n° 68 ; Chabot, art. 841. En notre sens, Demol., XVI, n° 127 ; Dutruc, n° 519 ; Aubry et Rau, 4e éd., p. 527 ; Duranton, VII, n° 283 ; Vazeille, *loc. cit.*, n° 19.

(2) Lebrun admettait autrefois le retrait, même après le partage. Liv. IV, ch. II, sect. III.

(3) Dalloz, 1821, I, p. 38.

soient en possession de leur lot, il suffit qu'il n'y ait plus indivision (1).

Tout ce que nous venons de dire, quant à l'exercice de l'action en retrait, ne s'applique qu'au partage qui suit l'ouverture d'une succession. On sait que dans le cas de déclaration d'absence, les biens de l'absent sont soumis à l'envoi en possession provisoire. Les art. 120 à 123, rapprochés de l'art. 718 et des art. 756 et suiv. règlent cette situation. Le patrimoine se partage entre ceux qui seraient héritiers si le décès était prouvé : en conséquence les héritiers légitimes, les successeurs irréguliers entrent en possession de leurs parts héréditaires. « Tous ceux, dit l'art. 123, qui avaient sur les biens de l'absent des droits subordonnés à la condition de son décès, peuvent les exercer provisoirement. » C'est donc une ouverture prématurée de la succession. Y aura-t-il lieu d'exercer le retrait successoral? Non : car en réalité il n'y a pas de succession. La cour de Grenoble (2) l'a ainsi jugé, avec raison, dans son arrêt du 3 juin 1846 : en cas d'absence, la succession n'est vraiment ouverte que dans l'hypothèse spécifiée par l'art. 129 : c'est alors seulement qu'il y a partage définitif des biens de l'absent. Dans le cas de déclaration d'absence, les envoyés en possession provisoire sont, non pas des héritiers, mais des administrateurs. Et d'ailleurs si on leur accordait la faculté d'exercer le retrait, comme ils

(1) Et même un arrêt de la cour de Colmar a-t-il jugé inadmissible une demande en retrait faite après le tirage des lots, bien qu'il restât encore quelques pièces de terre à partager. Mais cette opération était étrangère au cessionnaire. Dalloz, 1822, II, 18 ; Dutruc, *loc. cit.*

(2) Dalloz, 1827, IV, 426.

peuvent n'être pas ceux pour qui la succession véritable s'ouvrira, il en résulterait des actions récursoires que l'art. 841 n'a certainement ni prévues ni autorisées (1).

Il nous reste, pour terminer cette étude de l'action en retrait, à nous demander si l'art. 1701 doit trouver application en notre matière.

Cet article dispose que l'action en retrait litigieux cesse dans trois cas :

1° Lorsque la cession du droit litigieux est faite à un cohéritier. Sur ce point, il y a analogie de résultat entre l'art. 841 et l'art. 1701.

Mais si le retrait successoral n'a pas lieu dans ce cas, c'est par des motifs étrangers à l'art. 1701.

2° Lorsque la cession a la caractère d'une action en paiement. Nous nous sommes expliqués sur ce point.

3° Lorsque la cession est faite au possesseur de l'héritage litigieux. Faut-il étendre cette disposition à notre matière? L'affirmative devrait être enseignée par ceux qui voient dans l'art. 841 une disposition dirigée contre les spéculateurs, une sorte de retrait litigieux en matière successorale. Car, lorsque la cession de droits successifs est faite au possesseur de l'hérédité, ou d'une quote-part héréditaire, n'a-t-elle pas une juste cause? Peut-on dire que le cessionnaire est un odieux spéculateur? Il a voulu assurer sa possession, se mettre à l'abri contre une éviction de la part des cohéritiers : quoi de plus légitime? Dès lors n'y a-t-il pas lieu d'appliquer le § 3 de l'art. 1701 ?

Nous repoussons ce système (2) qui fait une confu-

(1) Dutruc, n° 520.

(2) Rejet, 16 juillet 1861 ; Sirey, 1861, I, 817, et la note de l'arrêtiste, § 3. La Cour de cassation n'a pas résolu cette question, parce

sion manifeste entre le retrait successocal et le retrait litigieux. Le retrait litigieux frappe les acheteurs de procès, dont l'industrie est réputée dangereuse : il y a contre eux présomption qu'ils agissent dans un esprit de spéculation, et qu'ils n'épargneront aucune vexation au débiteur. Mais, s'il apparaît des circonstances mêmes dans lesquelles la cession s'est opérée, que l'acheteur n'a été guidé que par des raisons toutes naturelles et tout honnêtes, alors cesse cette fâcheuse présomption, et le retrait n'a plus de raison d'être. De là les fins de non-recevoir que l'art. 1701 permet d'opposer au retrayant.

En est-il de même en notre matière? L'art. 841 fait-il double emploi avec l'art. 1699 ? Nous avons démontré qu'il n'en est rien. L'art. 841 a pour but d'écarter les étrangers du partage : Que le cessionnaire soit ou non en possession de l'hérédité, il n'en est pas moins un étranger, donc il est passible du retrait. Et quand même il y aurait analogie entre ces deux situations, nous repousserions encore l'intervention de l'art. 1701 en notre sujet : l'art. 1701 contient des exceptions au retrait litigieux ; or les exceptions ne s'étendent point par voie d'analogie : on ne pourrait donc les introduire dans l'art. 841.

Un même individu s'est rendu acquéreur de deux ou de plusieurs héritiers. C'est donc comme ayant-cause de plusieurs personnes qu'il se présente au partage. On se demande comment le retrait devra être exercé et s'il suffira, pour l'écarter, de retrayer une des parts de succession qu'il a acquittées, ou si l'on devra les retrayer toutes.

qu'il avait été reconnu en fait que le cessionnaire ne possédait pas.

Nous croyons qu'il n'est pas douteux qu'on doive les retrayer toutes. Le cessionnaire se trouve en cette espèce avoir plusieurs titres pour se présenter à partager, il faut les lui enlever tous, pour l'exclure (1).

CHAPITRE VIII

DES CESSIONS SUJETTES A RETRAIT.

Nous allons examiner quelles sont les cessions qui peuvent donner lieu à l'exercice du retrait. L'art. 841 n'est-il applicable qu'en matière successorale et par voie de conséquence faut-il dire qu'il faut que la cession porte sur des droits successifs pour qu'il y ait retrait? Le texte de notre art. 841, son insertion dans le chapitre *des Successions*, semblent concluants. Cependant quelques auteurs n'admettent pas qu'il faille restreindre l'art. 841 au partage d'une succession. Comme ils voient dans le retrait successoral une disposition dont le but est de faciliter les partages, ils l'appliquent par identité de motifs au partage de communauté, et même au partage de société. Si en effet la loi a voulu, dans l'art. 841, écarter les spéculateurs, pourquoi ne le ferait-elle que dans un cas spécial? Ce serait une étrangeté injustifiable. M. Troplong, qui ne va pas jusqu'à étendre l'art. 841 au partage de société, regrette que le législateur n'ait pas introduit le retrait dans la communauté; mais il ne se prononce pas (2).

(1) Toulouse, 22 fév. 1840 ; Sirey, 1840, II, 318.

(2) *Cont. de Mar.*, t. III, n° 1682 ; V. l'article de M. Hean, 1864, (*Revue pratique*, XVIII).

Plus explicite, en matière de communauté, la cour de Riom, auprès de laquelle cette doctrine prévalut(1), motive ainsi son arrêt : « Les dispositions de l'art. 841, relatif au partage, sont générales et absolues; elles s'appliquent sans distinction à tous cas de liquidations et partages entre parties cohéritières *ou copartageantes*. Pour admettre le système contraire, il faudrait que l'article cité renfermât une *exclusion formelle* aux cessions de droits dans la communauté. Or non seulement cette exception ne s'y trouve point écrite, mais il résulte au contraire de l'ensemble des dispositions de la section V du titre V, concernant la communauté légale, qu'elle renvoie pour la forme les partages de communauté aux règles prescrites pour les successions. »

Cette dernière proposition de la citation que nous venons de faire renferme la condamnation de cette jurisprudence. L'art. 1476 renvoie en effet aux règles du partage de succession : mais ce n'est que pour *la forme ;* et ajoutons : pour ce qui concerne *les effets du partage*, *la garantie*, *les soultes*. Du retrait successoral, il n'en est pas question. Or en pareille matière de droit exceptionnel, il n'est point permis de suppléer au silence de la loi. L'art. 1476 ne renvoie pas d'une façon générale au chapitre du *Partage entre cohéritiers :* il précise au contraire la portée de ce renvoi : et par cela même qu'il omet l'art. 841 dans son énumération,

(1) Arrêt du 23 nov. 1848 ; Sirey, 1849, II, 85. Voyez la note. En ce sens, Delvincourt, III, p. 291 ; Battur, *de la Communauté*, II, 706. Voyez encore Sirey, 1822, II, 29. Vazeille ne se range pas à ce système sans quelques hésitations. Il reconnaît que l'art. 1476 n'est point aussi formel qu'on veut le faire croire ; mais il pense « que son esprit pourrait aider à sa lettre. »

il exclut le retrait successoral du partage de communauté.

Mais on va plus loin. Dans l'art. 1476 on a inscrit le retrait successoral; on prétend le retrouver dans l'art. 1872, on l'étend au partage d'une société. Les motifs ici font absolument défaut. Dans le partage de communauté, on invoquait la nécessité de mettre les secrets de famille à l'abri des indiscrétions : dans le partage d'une société, quels secrets y a-t-il à sauvegarder?

On essaie, il est vrai, de se servir du second motif par lequel ou justifie le retrait successoral, et prétendre que le législateur a dû vouloir écarter la spéculation quand il s'agit d'une société, aussi bien que lorsque c'est une succession qui s'ouvre.

Toutefois, suivant la remarque de M. Demolombe, on ne voit pas que la loi ait un grand souci d'empêcher l'intrusion d'un étranger dans les affaires sociales, puisqu'elle permet, dans l'art. 1861, à chaque associé de s'adjoindre une tierce personne.

Quelles sont donc les fondements de ce système? On s'appuie sur les termes de l'art. 1872, qu'on trouve assez expressifs, pour en induire qu'ils autorisent le retrait successoral.

« Le partage d'une société, dit M. Pardessus (1), est régi par les mêmes principes que celui qui intervient entre cohéritiers, art. 1872. »

Et comme conséquence de ce principe, évidemment trop absolu, il en conclut que le tiers auquel un associé aurait, depuis que la société est dissoute et avan partage, cédé tout ou partie de ses droits, moyennant une somme d'argent, pourrait être écarté du partage.

(1) Pardessus, *Cours de dr. comm.*, IV, n° 1085.

On lit en effet dans l'art. 1872 les mots : « les règles concernant le partage des successions. » Or, fait-on remarquer, l'art. 841 se trouve compris dans ces règles.

C'est là, suivant nous, une erreur. Nous le répétons, le retrait successoral n'est pas une règle de partage. Il ne modifie en aucune façon le partage en lui-même. Il n'a trait ni à la forme du partage ni à ses effets, ni à l'attribution des lots ni à la garantie. Il n'est donc pas un des éléments du partage, comme on le soutient, et même il n'a avec lui aucun rapport.

Ainsi que l'a dit la cour de Paris, il est bien plutôt « un des ennemis du partage », puisqu'il tend à l'éviter, à le rendre le plus souvent inutile pour celui qui l'exerce.

Enfin le retrait ne change rien au partage ; car, s'il est exercé ou réclamé par tous les héritiers, il s'opère en leur personne une confusion des droits cédés qu'ils acquièrent ; si au contraire un seul des héritiers profite du retrait, il représente son cohéritier cédé, et sera soumis envers les autres aux mêmes obligations que le cédant. Le retrait successoral ne change donc rien.

Ce n'est pas une règle du partage, et par conséquent il échappe à la disposition générale de l'art. 1872 (1).

A plus forte raison repousserons-nous la doctrine qui applique la disposition de l'art. 841 à tous les cas d'indivision. Cet article au contraire, nous l'avons dit et nous le répétons, renferme une règle de droit strict. Bien loin d'être de droit commun en matière de par-

(1) En notre sens, arrêt du 12 juillet 1831, Bourges ; Dalloz, 1832, II, 71. Cf. avec arrêt de Cass. du 12 mars 1839 ; Sirey, 1839, I, 281. Voyez, surtout, arrêt de Paris, 7 juillet 1836 ; Benoît, n° 88 ; Albert Desjardins, n° 38, *ll. citt.*

tage, il constitue une anomalie. Il est donc impossible de l'interpréter exclusivement. C'est en vain que l'on fait valoir des considérations historiques, que l'on invoque les retraits qui étaient dans l'ancien droit mis au service d'un copartageant. Nous le reconnaissons sans difficulté, il y avait autrefois les retraits de communion, de frareuseté, de bienséance. Mais ils n'avaient rien de commun avec le retrait successoral, dont, même alors, ils étaient soigneusement distingués. Ils n'existent plus, depuis le décret du 18 juin 1790 qui les a définitivement abolis. D'ailleurs, Merlin dit que sous l'ancienne jurisprudence l'application du retrait successoral aux communautés sociales, et indivisions, n'aurait pas été admis sans peine, ce qui montre bien que ce retrait ne se confondait pas avec ceux accordés aux communistes.

Ainsi donc, s'il n'y a pas de retrait de communauté, s'il n'y a pas de retrait social, encore moins y a-t-il un retrait de copropriété. Aucun texte n'autoriserait l'extension de l'art. 841 au cas où il s'agit d'un copriétaire qui voudrait retraire la portion indivise cédée de la chose qu'il a en commun avec d'autres. Reconnaître l'existence d'un pareil droit, serait ressusciter les anciens retraits de communion et de bienséance.

Nous considérons l'art. 841 comme une exception au droit commun, qu'il faut se garder d'étendre sous le prétexte d'analogies plus ou moins réelles.

Il est donc établi que le retrait successoral, ainsi que d'ailleurs l'indique le nom qu'il porte, ne peut avoir lieu qu'autant qu'il s'agit de droits successifs.

Nous complétons notre formule en ajoutant qu'il faut que les droits successifs cédés constituent une universalité juridique. Le texte de l'art. 841 semble bien significatif à cet égard ; il exige que la cession porte sur le droit à la succession.

Le droit à la succession, c'est le droit de recueillir tout ou partie de cette universalité qui constitue le patrimoine du défunt. Ce n'est pas un droit dans tels ou tels objets individuellement considérés, c'est un droit portant sur une masse. L'art. 1696 montre que telle est la manière de voir du législateur. Celui qui vend une hérédité ne vend pas une série de choses, cataloguées, distinctes, ajoutées l'une à l'autre : il vend un droit unique : son droit d'héritier ; il n'en garantit pas d'autre, et ce droit peut fort bien se liquider par une perte.

Mais l'art. 841 a-t-il voulu dire que la cession, pour être sujette à retrait, dût porter sur tout le droit de l'héritier ? ou bien suffit-il que l'héritier en ait cédé une quote-part (1) ?

Il nous semble que céder une partie de son droit, c'est céder son droit.

La loi ne fait aucune distinction entre le tout et la quote-part : nous ne pouvons y suppléer ; et en vérité une telle distinction serait bien malheureuse ! Il suffirait, pour que l'héritier pût garantir le cessionnaire contre l'exercice du retrait, qu'il se réservât par-devers lui une portion quelconque de son droit, un vingtième, un centième. Il aurait encore la faculté de céder son droit par fractions à plusieurs, et il ne pourrait en céder la totalité à un seul, sans exposer celui-ci à un retrait. Les cohéritiers pourraient écarter un cessionnaire, et n'en pourraient écarter plusieurs. Si telle était la disposition de la loi, elle serait véritablement

(1) M. Duranton, VII, n° 192.

incompréhensible et absurde. *Ubi eadem ratio, idem jus*. M. Duranton (1) admet l'exercice du retrait dans le cas où le cessionnaire se présente au partage. Si, au contraire, s'en remettant à la diligence du cédant, il reste à l'écart, il échapperait à toute action. Un tel système nous semble purement arbitraire.

Nulle part la loi ne subordonne l'exercice du retrait à la présence effective du cessionnaire au partage, il suffit qu'il ait droit d'y intervenir.

Mais que faut-il penser de la cession qui porterait, non pas sur tout ou partie du droit de l'héritier, mais sur son droit *indivis* dans un ou plusieurs objets spéciaux et déterminés?

Trois systèmes sont en présence sur ce terrain. Nous en écartons dès l'abord un qui nous paraît à tous égards inadmissible, et suivant lequel il y aurait ou non lieu à retrait, d'après les circonstances de la cause. Quand il s'agit d'un acte aussi contraire au droit commun que le retrait successoral, il faut en déterminer nettement la portée, et ne pas l'abandonner à l'appréciation du juge. Le cessionnaire des droits d'un héritier dans un objet déterminé n'a évidemment pas à s'ingérer dans les affaires de la famille, et les inconvénients que l'art. 841 a voulu prévenir, ne sont guère à redouter. Son droit ne porte que sur une chose : quelles si grandes difficultés y a-t-il donc à craindre? Il n'assistera au partage que pour surveiller le tirage au sort; mais toute autre opération lui est étrangère : et s'il veut s'immiscer dans des

(1) VII, n° 192. En notre sens, Dutruc, *l. c.*, n° 487; Demol., *l. c.*, n° 80; Aubry et Rau, VI, p. 517, 4e édition; Massé et Vergé, IV, n° 692; Riom, 13 nov. 1846; Agen, 2 avr. 1851; Laurent, X, § 363.

affaires qui ne le regardent point, on aura la ressource de l'éconduire, par voie amiable ou de justice, sans qu'il soit besoin de recourir à l'art. 841. Faire dépendre l'exercice du retrait des circonstances de la cause, c'est oublier que l'art. 841 se refuse à toute interprétation élastique. M. Dutruc va jusqu'à dire que dans *ces cas*, où les faits de la cause autorisent le retrait, si, se fondant sur l'assignation en retrait contre lui lancée, le cessionnaire déclare qu'il n'entend prendre part qu'à la division de l'objet sur lequel il a un droit, l'action en retrait tomberait devant cette déclaration (1). On ne saurait aller plus loin dans la voie de l'arbitraire. La volonté du cessionnaire ne peut empêcher ou autoriser l'application de l'art. 841.

La seconde opinion admet, d'une façon absolue, le retrait successoral dans notre espèce.

On s'appuie sur l'art. 841, qui, dit-on, rend passible du retrait tout cessionnaire d'*un droit à la succession*. Céder une portion indivise, c'est bien céder *un droit à la succession*. En second lieu le cessionnaire a le droit de concourir au partage en vertu de son titre, afin de faire déterminer sa portion, et enfin l'art. 882 lui confère formellement le droit d'intervenir au partage : car il est créancier (2).

Ces trois arguments ne nous semblent pas concluants. D'abord l'art. 841 ne parle pas d'*un droit* à la succession : ce n'est pas un droit quelconque qu'il

(1) Dutruc, *l. c.*, p. 515. En ce sens, Vazeille, Chabot, *l. c.* Marcadé se rallie à ce système, qu'il déclare propre à faire cesser les contradictions de la jurisprudence sur ce point, 7e édition, p. 222. Sans doute, puisqu'on s'en remet au bon plaisir du juge.

(2) Dijon, 20 therm. an XII ; D., II, 1341 ; Cass., 15 mai 1833, D., XXXIII, 1, 312 ; Delvincourt, II, p. 43, note 10 ; Toullier, III, p. 298 ; Demante, III, n° 171 *bis*.

suffit d'avoir pour être soumis au retrait successoral : il faut avoir droit d'héritier ; le successible doit avoir cédé *son* droit.

Le cessionnaire, dit-on, a droit de concourir au partage? Sans doute, mais son intervention est fort limitée. Il suscitera des difficultés ; il mettra obstacle aux combinaisons même les plus utiles? Nous savons que ce motif est secondaire aux yeux de la loi ; et d'ailleurs quels procès si redoutables pourront surgir d'un simple partage d'immeubles ?

L'opinion à la quelle nous nous rallions est celle qui soustrait le cessionnaire d'un droit indivis, dans un objet singulier, au retrait successoral. Comme le dit M. Duvergier (1), dans une consultation du 14 juin 1834, présentée à la cour de Paris, l'art. 841 contient une disposition exceptionnelle, il autorise un retrait, une subrogation qui comme toutes les subrogations ne peut s'opérer qu'autant que toutes les conditions qu'il exige sont réunies.

Or c'est seulement lorsqu'un cohéritier a cédé à un non-successible son droit à la succession, c'est seulement lorsque le cessionnaire est *mis au lieu et place* de l'héritier, que le retrait successoral est autorisé (2).

Mais lorsqu'il s'agit, non plus d'une universalité de droits actifs et passifs, mais du partage d'un objet particulier, alors il faut repousser le retrait successoral, si on veut être d'accord avec l'esprit et avec le texte de la loi.

(1) Dev., 1836, II, 115.

(2) Le rapport de Chabot suffit à lever tous les doutes : « Toute personne non successible à laquelle un cohéritier aurait cédé son droit à la succession, peut être écartée du partage.

Pothier s'exprimait ainsi : « Le cessionnaire de droits successifs est tenu des dettes et autres charges de la succession de la même manière que l'héritier qui lui a fait cession de ses droits. »

C'est contre ce cessionnaire, acquéreur d'une universalité, que l'ancien droit avait institué le retrait successoral, que le Code a dirigé l'art. 841 (1).

Quant à l'argument tiré des art. 882 et 2205, il nous touche peu. Autre chose est surveiller les opérations du partage en qualité de créancier, et y prendre part en qualité de copartageant. D'ailleurs si cette raison était suffisante pour faire admettre le retrait contre le cessionnaire dont il s'agit, elle devrait le faire admettre de même contre tout créancier usant du droit que lui confère l'art. 882. Or cela est clairement impossible (2).

La cession pourra en fait se présenter avec des caractères tels qu'il y aura lieu de se demander s'il s'agit d'une cession de droits successifs ou de la cession

(1) En notre sens, Merlin citant un arrêt de Cassation du 9 septembre 1809, *Rép.*, *Droits successifs*, p. 446 ; Pigeau, *Cours élément. de Code civil*, art. 841 ; Toullier, n° 429 ; Zachariæ, éd. Aub. et Rau, II, p. 566 ; Aub. et Rau, 4e édit., VI, p. 518 ; Demolombe, XVI, p. 86 ; Derome, *Revue critique*, p. 536 ; Laurent, X ; Benoît, n° 63.

(2) Sur cette question, la jurisprudence s'est également divisée. La Cour de cassation est restée fidèle à la doctrine à laquelle nous adhérons : arrêts du 9 sept. 1806 ; du 22 avr. 1808 ; du 14 août 1840 ; du 16 mai 1848. En sens inverse, voyez : cour de Pau, du 14 mai 1830 ; cour de Bourges, 16 déc. 1833 et 18 mai 1844. L'arrêt de Cass. du 29 mars 1870, Dev., 71, I, 78, expose très nettement les motifs que nous avons fait valoir, mais semble faire une distinction que nous repoussons. La cour paraît penser que chaque fois que, en fait, la cession conservera au cessionnaire le droit de s'immiscer dans les liquidations de la succession, il y aurait lieu à retrait. C'est étendre la disposition de l'art. 841, et nous ne pouvons que nous y refuser.

d'un objet déterminé. Cela se présentera dans le cas où la succession se réduit à ce seul objet. Un objet particulier constituant à lui seul toute la succession est-il une universalité? La réponse est aisée. Si l'héritier a cédé son droit successoral, avec toutes les charges qu'il comporte, la cession sera d'une universalité, bien qu'en fait elle ne porte que sur un seul objet. Si, au contraire, l'héritier n'a pas cédé son droit, mais seulement un objet; si la liquidation doit se faire en faveur ou au détriment du cédant, l'acquéreur y restant étranger, la cession sera faite à titre particulier et par suite devra échapper au retrait successoral.

Après le partage fait, il peut arriver que certains biens restent indivis, et qu'un des cohéritiers cède sa part dans ces biens. Y aura-t-il lieu à retrait ? Non, assurément, puisque le partage de la succession est accompli. Le retrait existe entre successeurs, non entre copropriétaires ; il n'y a point de retrait de copropriété (1).

Mais la fraude ne doit pas éluder la loi. On a pu vendre avant partage des droits successifs, et postdater l'acte de vente. On peut faire mieux encore : vendre avant partage des droits successifs; résilier la vente avant partage toujours; puis après le partage passer un nouvel acte de vente qui ne soit en réalité que la confirmation ou plutôt le rétablissement du premier. Telle était l'hypothèse sur laquelle statua la Cour de cassation dans son arrêt du 4 décembre 1820. Elle a reconnu que les deux actes se confondaient, que la résiliation avait été simulée et frauduleuse, qu'il y avait

(1) Ainsi jugé par la Cour de cassation le 26 novembre 1851 (Dalloz, 1861, I, 335). Voyez aussi Paris, 28 mars 1854 (Dalloz, 1855, V, 394).

lieu par conséquent d'admettre le retrait successoral, quoique l'acte attaqué portât une date postérieure au partage (1).

Jusqu'ici, on le voit, dans les diverses espèces que nous avons passées en revue, nous avons supposé que la cession des droits successifs était une vente. Mais si nous nous trouvons en face d'une donation, que devrons-nous résoudre?

Un principe immémorial en notre matière est que la cession doit avoir été faite à titre onéreux pour être passible de retrait. Le texte de la loi ne laisse aucune place au doute, bien que d'ailleurs, dans son laconisme, il ne s'en exprime pas formellement. Mais le terme de cession ne saurait s'appliquer à une donation, et ce qui prouve que la loi n'a pas visé une disposition à titre gratuit, c'est la dernière proposition de l'art. 841, qui suppose le remboursement du prix. Il y a un prix : c'est donc d'une vente qu'il s'agit.

C'est d'ailleurs ce que les lois *Per diversas* décidaient déjà, c'est ce que l'ancienne jurisprudence avait admis. « Il est évident, disait Pothier (2), que la donation n'est pas un acte équipollent à vente : rien ne pouvant y être plus opposé : ainsi elle ne donne pas lieu à retrait. »

Il justifie ensuite cette décision par les raisons sui-

(1) Dalloz, *Succession*, n° 1986.

(2) *Retraits*, § 104; *Vente*, n° 591 ; Cf. Justin. Code, *Mandati vel contr.*, loi 22.

Beaumanoir (ch. XII, n° 38) indiquait déjà, comme condition de l'exercice du retrait lignager, le remboursement du prix. Mais l'acte doit être en réalité une donation, et non une donation pour la forme seule : *colorata ac simulata donatio*. Dans ce cas, le tribunal, après avoir reconnu la fraude, déterminerait, d'après les circonstances et par expertise, quel a pu être le prix payé.

vantes : « La liberté naturelle que chacun doit avoir de disposer comme bon lui semble de sa chose, recevrait une très grande atteinte, si le retrait était accordé contre la donation, le donateur ayant voulu faire passer sa chose au donataire, par *une considération personnelle* pour lui; au lieu que dans le contrat de vente le vendeur est présumé n'avoir d'autre intention que le prix qu'il s'est proposé d'avoir : il n'y entre aucune considération pour la personne de l'acheteur... »

Ajoutons que le retrait serait sans intérêt. La donation est à l'égard du donataire un témoignage d'affection de la part du donataire, il y a là une garantie que les secrets de famille seront respectés, et qu'aucune difficulté ne sera soulevée par lui (1).

Enfin une dernière raison, qui est péremptoire, est qu'il serait impossible d'indemniser le donataire, puisqu'il n'y a pas de prix (2).

Or l'art. 841 est décisif à cet égard : on ne peut offrir d'autre indemnité que celle qui consiste dans le remboursement du prix de la cession.

Que décider dans le cas où la donation a été faite avec charges ? On devra s'assurer que ces charges ne font pas de l'acte qualifié donation un véritable contrat à titre onéreux.

Si, par exemple, les charges sont notablement inférieures à la valeur des droits dont il a été fait dona-

(1) On a voulu, mais à tort, induire de là que l'idée fondamentale du retrait était d'écarter les spéculateurs.

(2) Merlin, *Questions de succ.*, § 2; Demol., XVI, 93; Alb. Desjardins, *loc. cit.*; Aub. et Rau, 4e édition, p. 518; Vazeille, n°3; Dutruc, n° 499; Lyon, 17 juin 1825 (D. 25, II, 226); Cass., 24 novembre 1825 (D., 26, 1, 12); Cass., 4 juin 1834 (D., 1834, 1, 272), Chabot, II, p. 325.

tion l'acte devra être considéré comme libéralité (1).

Ce sera au tribunal à juger s'il s'agit d'une vente ou d'une donation (2). Si les charges égalaient la valeur des droits transmis, l'acte devrait être traité comme vente, car, dans le doute, on ne doit pas présumer qu'il y ait donation.

La cession peut être faite partie à titre onéreux, partie à titre gratuit. Sera-t-elle passible du retrait? devra-t-on, au contraire, l'en dispenser ? On ne peut songer à exercer le retrait pour la part transmise à titre onéreux, car cela ne servirait de rien, puisque pour l'autre part le cessionnaire aurait droit de se présenter au partage, sans qu'on puisse l'évincer.

Nous pensons que le cessionnaire échappera au retrait. En qualité de donataire on ne peut l'écarter ; et peu importe qu'il soit donataire pour le tout ou pour partie : il est donataire, donc l'art. 841 n'est pas fait pour lui.

On ne peut admettre l'exercice du retrait pour le tout, et d'autre part il n'y a aucun intérêt à l'accorder pour partie (3). Donc le retrait ne peut avoir lieu.

Dans le cas où il y a eu deux cessions successives, l'une à titre gratuit, l'autre à titre onéreux, que faut-il décider ?

Pour nous nous croyons que, pour qu'on puisse exercer le retrait, il suffit qu'il y ait un prix qu'on puisse rembourser. Car alors les conditions auxquelles l'art. 841

(1) Req., 4 juin 1834 (D., 1834, 1, 272); Angers, 17 déc. 1824.

(2) Ce serait une question de fait. La cour d'appel qui déciderait que, de l'examen des clauses, il résulte que le contrat est une vente, ne donnerait pas de ce chef ouverture à cassation. Req.; 24 nov. 1825; Dalloz, *Dispositions entre vifs*, n° 1292.

(3) Ainsi jugé par arrêt de Lyon, 17 juin 1825, *id.*; Cass., 4 mai 1829; Benoît, n° 58.

subordonne le retrait sont toutes remplies ; il n'y a aucune raison pour le repousser. La première cession était à titre gratuit : plus tard le donataire a vendu à un tiers les droits qui lui ont été transmis : la cession qu'il s'agit de soumettre à retrait est à titre onéreux ; en conséquence, nous appliquerons l'art. 841 (1).

A l'inverse, la première cession était à titre onéreux. L'acquéreur ensuite fait donation à un tiers des droits qu'il vient d'acheter. Le retrait pourra être exercé ; car un prix peut être remboursé, celui de la première cession, que le retrayant versera entre les mains du sous-cessionnaire à titre gratuit. Les deux hypothèses sont donc régies l'une et l'autre par l'art. 841.

Dans la première l'acquéreur a payé entre les mains d'un donataire qui était *ayants cause* de l'héritier ;

Dans la seconde le sous-cessionnaire est *ayant cause* d'une personne qui a payé entre les mains de l'héritier.

Il y a donc lieu de traiter l'un et l'autre de ces sous-cessionnaires comme s'ils avaient contracté à titre onéreux et directement avec l'héritier.

En matière de retrait litigieux, l'art. 1701 porte qu'on ne pourra évincer le cessionnaire, dans le cas où il a accepté la cession en payement d'une créance préexistante. Certes on ne peut accuser de malveillance ou de spéculation le créancier qui cherche à se faire payer. On se demande si cette exception apportée au retrait litigieux doit être transportée au retrait successoral. La cession faite par l'un des cohéritiers à

(1) Merlin, *Q. de droits*, *Droits successifs*, § 2 ; Demolombe, XVI, § 96 ; Aub. et Rau, VI, p. 518 ; Benoît, n° 59 ; Chabot, art. 841 ; Vazeille, art. 841 ; Demante, III, n° 171 *bis*, v ; Toullier, IV, § 446.

son créancier en payement de ce qu'il lui devait, sera-t-elle soumise au retrait successoral ?

Dès l'abord, et avant de prendre une décision, nous pouvons remarquer que cette hypothèse est décisive, en tant qu'il s'agit de prendre parti sur les motifs qui ont inspiré au législateur l'art. 841. Le créancier qui a accepté la cession n'est évidemment point un spéculateur, un chercheur de procès. Pourquoi donc rendre cette cession passible du retrait? Aussi un auteur considérable, mais dont l'opinion est restée isolée, M. Colmet de Santerre n'hésite-t-il point à déclarer que l'art. 841 n'est point applicable à cette espèce.

Le créancier, dit-il, a un motif légitime, qui écarte toute supposition fâcheuse (1).

D'ailleurs, indépendamment du droit qu'il tient de la cession, le créancier a, en vertu de l'art. 882, le droit d'intervenir au partage. Pourquoi lui opposer le retrait, puisqu'on ne peut lui enlever le bénéfice de l'art. 882 ?

Nous savons ce qu'il faut penser de ce dernier argument.

Nous y avons déjà répondu, dans une autre question. Mais nous accordons que le créancier qui s'est fait donner en payement des droits successifs, n'est point un spéculateur, que ses intentions ne sauraient être suspectées. Seulement nous savons que l'art. 841 a principalement en vue de protéger les secrets de famille : ce créancier est un étranger, il y a donc lieu, dans l'esprit de la loi, de l'écarter du partage.

D'ailleurs rien, dans l'art. 841, n'autorise une

(1) *Cours analytique*, III, 171 *bis*, VI.

telle extension par voie d'analogie. Sont exemptes du retrait les seules personnes qui sont successibles et non d'autres. Quelque légitime que soit le motif de la cession, cela ne suffit point pour qu'elle puisse échapper à l'application du retrait (1). C'est ainsi d'ailleurs que le décidait l'ancienne jurisprudence dont le Code n'a fait que suivre la tradition.

Dans le cas où la cession a lieu par voie d'échange, on peut douter qu'il y ait lieu d'appliquer l'art. 841 ; car il n'y a pas de prix à rembourser ; c'est donc une des conditions réclamées par notre article qui semble faire défaut.

Nous nous déciderons cependant pour l'affirmative avec la plupart des auteurs (2), et avec la jurisprudence (3).

Cette circonstance que des biens-fonds auraient été donnés en échange des droits successifs, au lieu d'un prix consistant en argent, ne doit porter aucune atteinte aux principes qui gouvernent le retrait successoral. Il s'agit, ne l'oublions pas, d'écarter du partage un cessionnaire à titre onéreux. L'échangiste n'est-il donc pas un cessionnaire à titre onéreux?

Il faut rembourser le prix de la cession? Mais l'art. 841 ne spécifie pas la nature du prix. Et d'ailleurs le

(1) Demol., XVI, n° 99 ; Laurent, X, n° 268 ; Alb. Desjardins, *loc. cit.*, n° 35. V. l'arrêt de Cass. du 12 août 1868, qui, sans se prononcer formellement sur notre question, semble pourtant favorable à notre doctrine. Sirey, 1868, I, 380.

(2) Duranton, VII, n° 197 ; Vazeille, n° 29 ; Marcadé, n° 2 ; Dutruc, n° 497 ; Dalloz, *Successions*, n° 1914.

(3) Voyez *Arrêt de rejet* du 19 oct. 1814, confirmant l'arrêt du 15 déc. 1812, Limoges. On peut dire qu'il y a nécessité à admettre le retrait en cas d'échange, sinon l'art. 841, constamment éludé par le procédé de l'échange, deviendrait lettre morte.

contrat d'échange est assimilé à la vente par la loi elle-même dans l'art. 1707.

Enfin dans l'ancien droit les lois *Per diversas* et *Ab Anastasio* s'appliquaient à l'étranger acquéreur à titre d'échange; la jurisprudence s'était refusée à faire une exception en sa faveur.

La même décision doit être rendue sous le Code qui n'a fait que reproduire l'ancien droit. Que la cession soit vente ou échange, il y a même intérêt pour les cohéritiers à repousser par voie de retrait un étranger qui vient s'immiscer dans les affaires de la famille.

Comment le cessionnaire sera-t-il indemnisé? On pourra lui restituer l'immeuble donné en échange; mais cette restitution n'a rien de nécessaire. Il suffira qu'on lui rembourse le prix de son immeuble pour qu'il n'ait rien à réclamer. Il devait en effet prévoir l'action des cohéritiers; et il devra s'imputer à lui-même de s'être volontairement exposé à l'éviction (1).

La Cour de cassation a jugé que le retrait s'appliquait à l'acquisition de droits successifs par voie d'adjudication publique (2). Il y a mêmes motifs, dit-on, que dans le cas d'une vente ordinaire; c'est même surtout dans les ventes par adjudication qu'on rencontre ces acheteurs qui sont toujours à la recherche d'une spéculation.

(1) Dans l'espèce de l'arrêt du 19 oct. 1814, le cessionnaire insistait sur ce que l'immeuble ne pouvait lui être rendu, et que, par suite, les choses ne pouvaient être remises en l'état.

(2) On peut se demander comment des droits successifs peuvent se trouver mis en adjudication, car il ne paraît pas que de tels droits puissent être l'objet d'une saisie et d'une vente forcée (art. 2205). Mais on peut supposer que des droits successifs fassent partie d'une succession qui est acceptée sous bénéfice d'inventaire. Ces droits seront vendus en justice d'après les art. 786 et suiv. du Code civil et 986 et suiv. du Code de procédure.

Nous ne méconnaissons pas la gravité de ces raisons, mais la vente par voie d'adjudication publique ne nous semble pas être entrée dans les prévisions de la loi. Remarquons d'abord que la loi suppose que c'est le cohéritier lui-même qui vend : et, dans notre espèce, c'est la justice. Et, d'autre part, l'admission du retrait serait la destruction formelle du principe de l'adjudication, c'est-à-dire de la liberté des enchères. Est-ce que les enchères seront libres en présence du danger d'un retrait? Trouvera-t-on même des acheteurs? Les cohéritiers seront seuls, et obtiendront à vil prix l'objet de la vente. Enfin l'ancienne jurisprudence admettait sur ce point une exception au retrait litigieux, et Pothier disait qu'on ne peut regarder un adjudicataire comme un odieux acheteur de droits litigieux, « puisque c'est la justice elle-même qui l'a invité, en quelque façon, à acquérir (1). » (*Vente*, n° 595). S'il s'agissait d'une adjudication volontaire, le retrait serait évidemment applicable. Autrement il serait trop facile de violer la loi du retrait; acheteur et cohéritier colluderaient aisément. Et il n'y a, entre la vente ordinaire et celle par adjudication volontaire, qu'une différence de forme.

Il est certain que les actes de cession seront fréquemment entachés de fraudes ayant pour but de les mettre à l'abri du retrait. Un des moyens les plus

(1) En notre sens: Demol., XVI, n° 100 ; *Contra*, Laurent, n° 379 ; Dutruc, n° 496. La jurisprudence est également divisée sur cette question : arrêt du 25 juill. 1844, Dall., 1844, 1, 430 ; arrêts de Toulouse du 6 déc. 1814, et de Bordeaux, du 6 août 1834, Dall., 35, II, 47 et 101.

L'ancien droit appliquait le retrait lignager même aux ventes forcées, aux ventes par décret. Mais c'est qu'il s'agissait de faire rentrer le bien dans la famille. Pour le retrait litigieux, d'où dérive le retrait successoral, il n'avait pas lieu en pareil cas.

fréquemment employés consistera à déguiser l'acte sous l'apparence d'une donation.

Nous avons vu qu'une cession faite partie à titre gratuit et partie à titre onéreux, ne serait pas passible du retrait. Dès lors voici ce que feront les parties dans le but de soustraire la cession à l'application de l'art. 841 : l'acte de vente ne portera pas sur la totalité des droits cédés; on en exceptera une part minime dont le cédant fera don au cessionnaire. C'est ce qu'on appelle la *clause de donation du surplus.*

Les lois romaines (1) présumaient frauduleuse toute clause de ce genre et même toute donation. La donation pure et simple est admise par notre Code. On accepte encore la cession, qui est à la fois vente et donation.

Mais que faut-il penser de la cession qui en réalité est une vente avec une clause additionnelle de donation du surplus? Pothier au § 592 de son *Traité de la vente* la frappait d'une présomption de fraude. « S'il n'en était pas ainsi, dit-il, on éluderait toujours la loi; la clause de donation du surplus serait de pur style. » Devons-nous nous rallier à cette doctrine et dire qu'une telle clause sera toujours, en soi, présumée frauduleuse; ou, au contraire, faut-il exiger, pour l'admission du retrait que la fraude ait été prouvée?

M. Troplong enseigne le premier de ces systèmes; sur l'art. 1701, il va même plus loin : la donation pure et simple, seule trouve grâce devant lui (2). Mais

(1) Loi 23, *Code mandati* ; « Occulte et astute machinationem invenientes. »

(2) C'est la reproduction du système de Justinien. V. loi 23, § 1 : « Si quis autem... pecunias *pro parte* accepit et vendit particulatim

toute donation mélangée, toute vente avec clause de donation du surplus est par lui irrévocablement condamnée. « Les achats de procès, dit-il, se font toujours à vil prix : il n'arrive jamais que la somme déboursée par l'acheteur soit l'équivalent du montant de la créance qui passe sur sa tête. Il suffirait donc de dire que le vendeur donne le surplus à l'acheteur, pour que ce dernier jouisse d'espérances fondées sur le procès qu'il a convoité ! » Et plus loin : « Là où il y a un prix, la loi du retrait doit recevoir son application (1). »

Cette doctrine, à notre avis, est excessive. Elle crée une présomption légale de fraude qui n'est écrite dans aucun texte. Or c'est un principe certain qu'il n'y a de présomption légale qu'autant qu'une loi spéciale l'a expressément attachée à un certain acte ou à un certain fait (2), art. 1350.

Sous l'ancien droit les présomptions légales étaient nombreuses : elles dérivaient à la fois des textes spéciaux, des décisions des arrêts, des dispositions de la loi romaine : or les lois *Per diversas* et *Ab Anastasio* attachaient à la cession, qui est à la fois vente et donation, une présomption légale de fraude. Mais ces présomptions n'ont été consacrées qu'en petit nombre par le Code. Celles qu'il a passées sous silence n'ont

actiones partem autem donare simulat, hujusmodi machinationem penitus amputamur. »

(1) Troplong, *de la Vente*, § 1009.

(2) Demol., XVI, § 95 ; Larombière, V, art. 1350.

C'est ainsi que l'art. 911 répute personnes interposées les père, mère, enfants, descendants, époux de la personne incapable. V. aussi, art. 446, C. comm., déclarant nuls certains actes passés par le failli dans le temps qui précède sa faillite. Cf. art. 1402, 1499, 2219, 2230.

plus que la valeur de présomptions ordinaires, ou de l'homme. Elles rendront l'acte suspect, elles éclaireront le juge, mais elles ne dispenseront point les demandeurs de la nécessité de prouver la fraude.

Un héritier cède ses droits successifs, en s'en réservant une part minime. Postérieurement à la demande en retrait et pour y échapper, il fait donation au cessionnaire de la portion qu'il avait gardée par-devers lui. Faut-il voir une fraude dans cette manœuvre? Nous croyons qu'on peut décider que oui, avec l'arrêt du 4 mai 1829, la preuve résultant suffisamment de ce fait que l'héritier, pour faire donation du surplus a attendu que l'action en retrait fût intentée (1).

L'héritier, pour éviter le retrait, peut avoir simulé un mandat. Le cessionnaire se présenterait à ce titre, assisterait au partage, au nom du prétendu mandant, mais en réalité pour son propre compte. Si la fraude peut être prouvée, ce qui souvent sera difficile, l'art. 841 sera appliqué.

La convention suivante s'est encore présentée dans la pratique. Un successible abandonne une quote-part des valeurs de la succession à une personne qui se charge de faire les démarches nécessaires. Souvent même il s'agissait de révéler cette succession dont l'héritier ignorait l'existence. Cette convention, parfaitement valable en elle-même, ne serait point sujette à retrait; car l'héritier n'a pas vendu ses droits, mais seulement abandonné une partie du bénéfice qu'il réalisera. C'est donc lui seul qui a qualité pour

(1) *Contra*, Vazeille, n° 10. La cour de Lyon, dans l'arrêt infirmé le 4 mai 1829, avait décidé que cette donation était valable et non simulée : elle devait donc nécessairement lui reconnaître l'effet d'arrêter l'action de l'art. 841.

se présenter au partage et surveiller la liquidation.

Comment se prouvera la fraude? De toute façon, car évidemment les demandeurs n'ont pu se procurer de preuve par écrit. Pour combattre les énonciations mensongères que l'acte peut contenir, on doit laisser toute latitude aux tiers, auxquels on ne peut opposer une rédaction qui leur est étrangère. La maxime : *contra scriptum testimonium non scriptum testimonium non fertur*, est inadmissible dans les cas où l'acte est attaqué par des lois qui le prétendent mensonger ou simulé. On admettra la preuve testimoniale, d'après l'art. 1353 combiné avec l'art. 1348 qui permet de faire la preuve par témoin des manœuvres dolosives.

Par voie de conséquence les présomptions de l'homme pourront être invoquées (1).

CHAPITRE IX

DU REMBOURSEMENT.

Le retrait étant une sorte d'action en subrogation, ne peut s'opérer qu'à la Condition de rembourser à l'acquéreur le prix de la cession et les frais par lui faits. Ce principe est aussi ancien que le retrait lui-même.

« Le dit retrayant, dit la coutume de Nivernais, doit offrir comptant audit acquéreur le prix et sors principal y contenu, avec quelque somme pour les

(1) Voir sur cette question : La fraude à la loi peut-elle être prouvée dans tous les cas par témoins ? Dalloz, au mot *Obligations*, n° 4969. V. Laurent, n° 595 et suiv. ; Bonnier, *Traité des preuves*, I, n° 171, éd. 1862.

loyaux frais, offrant parfaire (1). » Et Pothier : « Le retrayant doit rendre à l'acheteur le prix qu'il a payé pour son acquisition et le faire décharger de ce qui en reste dû (2). »

Cette obligation est comprise dans ces mots de l'art. 844 : « *en lui remboursant le prix de la cession.* »

Il ne s'agit pas de désintéresser le cessionnaire, car souvent le prix de la cession sera inférieur à la valeur des biens retrayés : il s'agit simplement de le rendre indemne en lui remboursant ce qu'il a payé. Pothier (3) fait l'application de cette idée au § 290 : lorsqu'une partie de l'immeuble retrayé a péri, le retrayant devra-t-il rendre tout le prix du marché, ou seulement une partie du prix, à proportion de ce qui reste ? Il décide, contrairement au sentiment de Tiraqueau, que le retrayant sera obligé de rendre tout le prix du marché, puisqu'en exerçant le retrait, il a pris le marché pour son compte.

Telle est la règle : et il faut bien remarquer que le retrayant, en usant de l'art. 841, ne fait pas un nouveau marché, il se substitue à un marché fait par le cessionnaire, et qui ne laisse pas de subsister. Nous tirerons plus loin les conséquences de cette notion que nous nous bornons à relever ici. Si l'ancien marché était rompu, c'est la valeur estimative des biens retrayés, qu'il faudrait payer.

La loi, au contraire, en obligeant l'acquéreur à rendre le prix de la cession, marque bien que la cession est considérée par elle comme toujours existante et qu'il

(1) Art. 3 *du Retrait lignager*, éd. Dupin, 1864.
(2) *Retraits*, § 281.
(3) *Retraits*, § 290. Tiraqueau, *ad finem*, tit. n° 76.

n'y a de nouveau que l'obligation dont le retrayant est tenu vis-à-vis du cessionnaire.

Mais l'art. 841 ne parle que du prix. Or le cessionnaire peut avoir à l'occasion de la cession fait d'autres frais, pour l'utilité ou l'embellissement des biens acquis. Et même il y a des frais accessoires auxquels il n'aura pu se soustraire : les frais de contrat, les loyaux coûts de l'acte. L'art. 841 ne s'exprime pas à cet égard.

Mais il est évident que les principes généraux exigent que le cessionnaire soit rendu indemne, et, comme le dit énergiquement Pothier, autant qu'il est possible de le rendre indemne. Donc il n'y a pas à hésiter relativement aux frais et loyaux coûts du contrat. L'ancien droit était unanime sur ce point : nous avons cité l'art. de la Coutume de Nivernais, nous venons de citer Pothier, sur le retrait lignager, nous renvoyons enfin à la gigantesque compilation de Pierre Guénois (1).

Les dépenses nécessaires doivent être comprises dans les loyaux coûts du contrat (2). Et nous entendons par dépenses nécessaires les grosses réparations, les travaux qui ont pour objet d'empêcher la ruine des bâtiments, et autres frais de ce genre. Cela ne souffrait aucune difficulté dans l'ancien droit (Pothier, n° 328). Il est manifeste que, si les bâtiments avaient été en bon état, le prix de cession porté dans l'acte serait plus élevé : les parties ont donc déduit du prix les ré-

(1) *Conférence des Coutumes*, 471 à 474 et suiv.

(2) « Loyaux coûts, dit l'art. 4 de la *Cout. du Nivernais*, sont entendus lettres, contrats, labourages, semences, réparations nécessaires et non autres. » On peut hésiter sur les frais de labourages et de semences.

parations à faire par le cessionnaire. Il faut de toute évidence les comprendre dans le remboursement : ce sont, disait Guy-Coquille, des augmentations loyales du prix. Et nous voyons que les règles qui gouvernaient le retrait lignager avaient été, en cette question, transportées au retrait de droits successifs. Nous croyons, en outre, que le retrayant devra rembourser les intérêts du prix, à compter du jour où il a été payé par le cessionnaire. L'ancien droit le décidait ainsi, appliquant simplement la loi Anastasienne : *Usque ad ipsam tantummodo solutarum pecuniarum quantitatem, et usurarum.*

C'est ce que dit aussi l'art. 1699 (1) que nous pouvons sans difficulté appliquer à notre matière. Les articles consacrés par la loi au retrait litigieux doivent être rapprochés de l'art. 841, toutes les fois que leurs dispositions n'ont rien de contraire à l'esprit du retrait successoral. Or, c'est ici le cas assurément de les invoquer par raison d'analogie et d'origine (2).

Que faut-il penser des autres frais que le cessionnaire peut avoir faits, par exemple, pour l'entretien, la conservation de la chose ?

En ce qui concerne les dépenses nécessaires, avons-nous dit, elles font partie des loyaux coûts.

Pour les dépenses simplement utiles, telles que constructions et plantations, nous appliquerons l'art. 555, 3°. Le retrayé est un possesseur de bonne foi

(1) Demolombe, XVI, n° 107 ; Vazeille, n° 29 ; Aubry et Rau, p. 528, note 51 ; Dutruc, n° 514.

(2) On objecte le principe de l'art. 1153, qui veut que les intérêts ne soient dus qu'à partir de la demande. Mais le principe auquel on doit faire appel en notre espèce, est celui qui veut que l'exproprié soit complètement indemnisé. Le retrait est une véritable expropriation.

qui a construit ou planté sur le sol d'autrui avec ses matériaux ; la loi lui accorde indemnité pour ses dépenses ; elle donne au retrayant le choix ou de payer la plus-value, ou de rembourser les frais (1).

Pour les dépenses qui sont une conséquence de la possession de la chose, frais de labour, etc., aucune indemnité n'est due. Le cessionnaire n'a-t-il pas perçu les fruits ?

A plus forte raison le cessionnaire ne serait-il pas recevable à demander des honoraires pour les soins par lui donnés à l'affaire, tels que des frais de voyage (2). En vain soutiendrait-on qu'il doit être rémunéré, par cette raison que la loi veut qu'il soit *indemnisé*, et que, si l'on fait profiter un tiers des services qu'il a fournis et de la peine qu'il a prise, on consacre une injustice. Nous répondons que ces services et cette peine ne se rapportent pas à la cession, et que par suite il n'en est point dû d'honoraires. Nous avons dit que le cessionnaire doit être remboursé des intérêts du prix par lui payé. Mais il peut avoir perçu des fruits (3), dans le cas par exemple où les héritiers ont fait un partage provisionnel. L'indivision subsistant quant à la masse héréditaire a cessé quant à la jouissance ; le cessionnaire a acheté la part de succession en cet état de cause ; il

(1) Demol., XVI, § 109 ; Aubry et Rau, p. 528 ; Dutruc, §§ 514 et 323 ; arrêt de rejet du 1er juillet 1835, Sirey, 35, 843.

(2) Pothier donne une décision que nous ne pouvons lui emprunter : il exige le remboursement même des frais de voyage faits pour la passation du contrat (n° 315). Si même le cessionnaire, dit-il, faisait un autre voyage et que l'affaire de son acquisition ait seulement prolongé le temps du voyage, il ne peut prétendre le remboursement que de la dépense que lui a occasionnée cette prolongation. — C'est ouvrir la porte à la fantaisie.

(3) Sirey, 40, 1, 429.

a donc perçu des fruits qui représentent les intérêts de son argent. Pourra-t-il néanmoins réclamer ces intérêts ? ou le retrayant pourra-t-il lui opposer qu'il y a compensation entre les fruits et les intérêts?

La loi, dans l'art. 1682, établit un pareil système de compensation ; et un arrêt de Cassation du 15 janvier 1840 a consacré cette opinion (Sirey, n° 1, 429). Nous ne pouvons souscrire à cette décision, car elle n'est basée que sur un argument d'analogie trop faible pour qu'il puisse justifier une telle exception à l'art. 1699. L'art. 1682 établit dans une hypothèse spéciale un cas de compensation entre l'acheteur et le vendeur. Mais est-on fondé à étendre cet article au retrait successoral? Il nous semble, au contraire, que c'est l'art. 1696 auquel on doit recourir; que le cessionnaire doit être rendu indemne; qu'il ne le serait pas si l'on comparait les fruits et les intérêts, car la valeur des fruits sera presque toujours inférieure aux intérêts; qu'il faut donc repousser l'application de l'art. 1682 (1). Cet article est d'ailleurs une dérogation aux règles qui dans notre droit régissent la compensation; gardons-nous donc de l'étendre en dehors des cas qu'il prévoit.

Une des fraudes les plus fréquemment employées par les parties désireuses de se soustraire au retrait, consiste à exagérer le prix de cession. Or, bien entendu, c'est du prix réel que l'art. 841 parle, et non point du prix fictif. Le retrayant sera donc admis à prouver la simulation du prix, et il le fera par tous les moyens possibles. En effet, les cohéritiers n'ont pas été à même de se procurer une preuve écrite de la fausseté du

(1) Bordeaux, 25 mars 1857; Dalloz, 1857, II, 116; Laurent, n° 378; Benoît, n° 118.

prix; il y a donc lieu d'appliquer l'art. 1348, qui en pareille hypothèse admet la preuve par témoins. Si d'ailleurs on ne le décidait pas ainsi, l'exercice du retrait deviendrait illusoire, car certainement il deviendrait de style d'enfler outre mesure (1) les prix de cession afin de décourager les héritiers. La preuve par témoins entraîne celle qu'on peut tirer de présomptions (2) et de tout fait propre à déterminer la conviction du juge : c'est donc le droit commun en matière de preuve que nous appliquons au retrait successoral. Les cohéritiers pourront déférer au cessionnaire le serment décisoire, qui peut être déféré en quelque contestation que ce soit. Mais ce serment pourrait-il être déféré au cédant ? Non, car les cohéritiers, quand ils intentent l'action en retrait, n'agissent pas contre le cédant, et il ne peut être question de déférer le serment à une personne qui n'est pas en cause dans le procès (3).

Quant à la détermination du prix, ce sera souvent chose délicate ; mais il appartiendra au tribunal de la faire d'après les procédés qu'il jugera les plus propres à l'établir.

Dans l'arrêt du 1er juillet 1835, la cour a reconnu le prix véritable d'après *des circonstances graves, précises et concordantes;* et a motivé sa décision en disant *que tout démontrait* au procès quelle était la somme réelle.

Le plus souvent il faudra recourir à une expertise.

(1) Dans l'espèce de l'arrêt du 1er juillet 1835, le prix de cession que l'acte fixait à 60,000, fut réduit par la Cour à 1930.

(2) Paris, Cass., 14 février 1834.

(3) Aix, 5 déc. 1809 ; Grenoble, 11 juillet 1806 ; Dalloz, *Jurisp. gén.*, nos 1967 et 1968.

D'ailleurs, pour qu'une expertise soit nécessaire, il n'est pas besoin de supposer qu'il y a simulation de prix et refus des parties à faire connaître le prix réel : il peut arriver que le prix soit ignoré pour une cause indépendante de la volonté des parties.

Les experts établiront la valeur des droits successifs, et le tribunal d'après cette estimation déterminera le prix probable de la cession, en considérant que la vente de droits successifs est une sorte de contrat aléatoire (1) ; et que, par conséquent, il n'est guère vraisemblable que le prix soit l'équivalent de la valeur de la chose.

Ajoutons, enfin, que la preuve par témoins serait admissible, même au cas où la cession est constatée par acte authentique. La procédure de l'inscription en faux ne sera pas nécessaire, car, en attaquant le prix de cession, on ne prétend pas que l'acte est faux ; on prétend qu'il contient une fraude, ce qui est tout différent ; on n'attaque pas la constatation, faite par l'officier ministériel, des déclarations des parties, on attaque ces déclarations elles-mêmes (2).

Dans le cas où plusieurs cessions successives ont eu lieu, par exemple, si le premier cessionnaire cède les droits qu'il a acquis pour un prix supérieur ou moindre; contre lequel des deux le retrait devra-t-il être exercé? quel est le prix que le retrayant devra rembourser? cette question est vivement controversée, et il y a divergence entre les auteurs et la jurisprudence.

(1) Pothier, § 283 ; Laurent, X, n° 384.

(2) Pothier, § 282 ; Dumoulin, sur *la Cout. de Nevers*, ch. XXXI, art. 3 : « Aliud merum falsum, aliud fraus, aliud simulatio ». Grenoble, 11 juill. 1800.

MM. Demolombe et Labbé soutiennent qu'il faut rembourser le prix de la première cession.

C'était d'abord l'avis des anciens auteurs : Pothier (1), Guy-Coquille (2), Loysel (3), Tiraqueau (4), n'ont sur ce point qu'une seule opinion.

L'action en retrait, dit Pothier, que le lignager de mon vendeur exerce contre Pierre (le sous-cessionnaire) est la même qu'il a le droit d'exercer contre moi. L'action est toujours la même, le droit du retrayant n'a pas varié. Il ne saurait dépendre du cessionnaire de modifier par une revente le droit des héritiers.

Le deuxième cessionnaire se verra rembourser un prix différent de celui qu'il a payé, et peut-être inférieur, mais c'est une conséquence des principes. Le droit qui lui a été transmis était incomplet, soumis à une cause de résolution. Or quelle était cette cause de résolution avant la revente ? C'était l'exercice du retrait moyennant le remboursement du prix payé par le premier cessionnaire.

On ajoute que le texte de l'art. 841 est conforme à cette doctrine. L'article exige qu'il y ait remboursement du *prix de la cession*. De quelle cession parle-t-il ? de celle qui a été faite par un cohéritier, c'est-à-dire, dans notre hypothèse, de la première cession.

Telle est l'argumentation développée à l'appui de ce système par les deux éminents professeurs (5).

(1) *Retraits*, n° 461.

(2) *Cout. du Nivernais*, éd. Dupin, art. 13, sur le *retrait lignager*.

(3) *Inst. cout.*, III, V.

(4) Tit I, § 12.

(5) Labbé, *Revue critique de législation*, 1855, p. 153, n° 28 ; Demolombe, t. XVI, p. 118, n° 110.

Mais cette doctrine entraîne de graves difficultés sur le point de savoir à qui reviendra l'excédent du prix, s'il y en a. Par exemple, le second cessionnaire avait acheté à raison de 80 des droits successifs qui avaient coûté 100 au premier cessionnaire. Le retrayant rembourse 100, c'est-à-dire 20 de plus que la seconde cession n'a valu. A qui reviendra cette différence? au premier ou au second acheteur? Ici les auteurs se divisent.

M. Labbé (1) admet que la différence entre les deux prix bénéficiera au premier acheteur, de même qu'elle peut lui préjudicier.

Le second acheteur ne doit connaître que son contrat; et les droits qui en résultent en cas d'éviction. A quoi peut-il avoir droit, lorsque le retrait est exercé? au remboursement du prix qu'il a payé, ni plus ni moins.

Si la revente a eu lieu à un prix supérieur, le premier acheteur qui ne recevra du retrayant que le prix moindre de la première cession, n'en sera pas moins obligé de désintéresser intégralement son ayant cause.

Il est donc juste de le faire profiter du bénéfice que le retrait lui procurera dans le cas où la revente aura lieu à un prix inférieur.

Mais on objecte qu'il importe à la sécurité du second acheteur que l'excédent du prix soit à lui plutôt qu'à son vendeur; puisque le remboursement intégral du prix est une condition du retrait. Le procès est engagé : le sous-cessionnaire ne recevra qu'une portion du prix et sera néanmoins obligé de déguerpir! N'est-ce pas contraire aux principes du retrait? Non; répond M. Labbé : car le sous-cessionnaire attaqué devra appeler en cause son vendeur à qui sera attribué l'excédent du prix; et ainsi l'éviction n'aura lieu que sur la preuve de la restitution entière de ce prix.

Il y avait sur cette question dissentiment entre les anciens auteurs, et Tiraqueau, qui rapporte les opinions inverses de Bartole et de Balde, ne s'est pas prononcé lui-même (1). Pour nous, à ce système dont on vient de voir les difficultés, nous préférons le système plus simple, et suivant nous plus conforme à l'esprit de la loi, dont nous trouvons l'exposé dans l'arrêt de la cour de Besançon du 5 juin 1857 (2). Quel est le but de l'art. 841 ? C'est d'écarter un étranger du partage. Sous quelles conditions? Sous la condition qu'on remboursera le prix de cession. Or qui est écarté, dans notre espèce, par l'exercice du retrait? C'est le second cessionnaire. C'est donc lui qui devra être remboursé, c'est donc le prix qu'il a payé que devra restituer le retrayant. Quant au premier cessionnaire, le retrayant ne le connaît point ; ce n'est pas lui qui se présente au partage, et, si retrait il y a, ce n'est pas contre lui qu'on l'exerce.

Mais alors, dit-on, l'héritier devait agir contre le premier cessionnaire, il en avait le droit. Sans doute, mais rien ne l'obligeait à agir; le retrait n'est pas forcé; on est libre de l'exercer ou d'y renoncer. L'héritier pouvait avoir d'excellentes raisons pour ne point attaquer le premier cessionnaire et avoir au contraire le plus grand intérêt à écarter le second. Pourquoi lui faire un reproche de son inaction ? Lui seul est juge de l'opportunité qu'il y a à exercer le retrait.

Enfin dans l'opinion que nous combattons on fait

(1) Tit. I, § 12.

(1) Dalloz, 1858, II, III.

remarquer que, si le droit de retrait a pris naissance dès la première cession, il n'a pas pu être modifié par la revente : or il existait sous condition que le prix de cette première cession serait remboursé. Cette condition n'a pas cessé d'être la même. Mais on semble considérer le droit de retrait, dans ce système, comme affectant *réellement*, en quelque sorte, la première cession, et se transmettant avec elle. Il n'en est rien : l'héritier avait la faculté d'exercer le retrait contre le premier cessionnaire : une revente a eu lieu ; cette faculté cesse d'exister, parce que l'héritier n'en a plus besoin. Que lui servirait d'exercer l'action de l'art. 841 contre une personne qui n'a plus aucun titre pour intervenir au partage? Il n'a jamais eu de droit contre elle, parce qu'il n'a jamais manifesté la volonté d'agir. Sans doute si une demande avait été intentée par lui, aucune revente postérieure ne la pourrait empêcher de suivre son cours : il y aurait droit acquis pour l'héritier. Mais il n'en a pas été ainsi. L'héritier est resté inactif devant le premier cessionnaire. La revente fait pour lui disparaître la personne de ce dernier, et il ne saurait plus être question de la cession primitive, puisque c'est le sous-acheteur qu'on veut repousser, et la sous-cession qu'il s'agit de rendre inefficace.

Dans notre système, nous n'avons pas à nous occuper d'attribuer à quelqu'un l'excédent du prix d'une cession sur le prix de l'autre. C'est le prix de la dernière cession qui doit être restitué à l'acheteur évincé. Le premier acheteur n'a rien à réclamer, car il ne subit aucune éviction (1). Cependant si le cessionnaire primitif avait agi frauduleusement ; si, par exemple,

(1) V. Denizart, IV, *Retrait lignager*, n° 222.

pour s'assurer le bénéfice de son marché, il s'était hâté de rétrocéder ses droits, sans avoir fait les notifications que la loi prescrit et qui ont pour objet d'avertir les héritiers, il serait alors tenu de payer au retrayant la différence entre les deux prix. Car il ne faut pas que ce dernier ait un remboursement plus onéreux à dffectuer, par suite du dol du cessionnaire primitif (1).

On a soutenu que le retrayant devait en même temps que la demande faire des offres réelles de la somme à rembourser, mais cette opinion a été réglée et par la doctrine et par la jurisprudence. Nulle part, en effet, la loi ne subordonne la validité de la demande à la condition que des offres réelles soient faites : et la raison en est bien simple. L'héritier qui veut exercer le retrait, peut ne pas connaître le prix, et, s'il le connaît, il a le droit de le contester, de prouver la simulation et de le faire régler par justice. Comment serait-il obligé de faire des offres réelles, alors que le prix lui est inconnu ou suspect? C'est seulement après que ce prix aura été fixé par le tribunal, lorsqu'il s'agira d'effectuer le remboursement, que des offres réelles pourront être nécessaires. Le tribunal même, comme dans l'arrêt de la cour de Bastia du 23 mars 1835 (2), imposera, s'il le juge à propos, un délai dans lequel, sous peine de déchéance, le remboursement devra avoir lieu.

Qu'importe au cessionnaire que des offres préalables n'aient pas accompagné la demande, puisque ce

(1) Cass., 1840 ; Sirey, 1840, 1429.

(2) Dalloz, 35, II, 58. Cet arrêt, que nous avons déjà eu occasion de citer, est un des plus importants qui aient statué sur la matière. Il constitue un véritable commentaire de l'art. 841.

n'est qu'après remboursement qu'il sera dessaisi? Il n'a aucun préjudice à redouter. On a même jugé que la demande ne pourrait être repoussée sur ce motif que le retrayant est insolvable.

Qu'importe encore qu'il rembourse le cessionnaire avec ses propres ressources, ou avec de l'argent qu'il aura emprunté? D'ailleurs il ne convient pas que le tribunal se livre à des investigations sur la fortune du retrayant. L'admission d'une demande ne saurait être soumise à de pareils préliminaires.

Il nous reste à examiner une série d'hypothèses qui peuvent dans la pratique se rencontrer à propos du remboursement, lorsque le prix de la cession ne consistait pas en argent.

1° La cession a eu lieu moyennant une rente perpétuelle.

Le retrayant en ce cas devra se charger du service de la rente et rembourser au retrayé les arrérages servis par celui-ci.

2° La cession a eu lieu moyennant une rente viagère.

Si le créancier de cette rente est encore existant, les choses se passeront comme ci-dessus. Le retrayant prendra la rente à sa charge.

Mais si le créancier est mort, au moment où le retrayant intente son action, nous nous trouvons en présence de graves difficultés.

La mort du créancier a supprimé le prix de la cession, car, lorsque le prix consiste en une rente viagère, il y a dans ce prix un élément constitutif, qui est le risque. Or la mort du créancier a fait évanouir le risque; il n'y a plus de rente viagère, il n'y a plus de prix.

En conséquence le retrait n'est pas possible dans cette espèce, parce que l'on ne conçoit pas de remboursement.

Telle est l'opinion que Pothier développe dans son *Traité des fiefs* (1), mais elle était contraire à la jurisprudence d'alors, car il cite un arrêt de 1727 qui aurait statué différemment; et lui-même a changé de sentiment dans son *Introduction au titre des Fiefs de la Coutume d'Orléans* (2).

Il admet dans cet ouvrage que le retrait est possible. Mais alors en quoi consistera le remboursement? Le contrat à rente viagère étant aléatoire comporte un risque dont il faut tenir compte et, pour que le remboursement soit complet, il faut que le cessionnaire soit indemnisé de ce risque. Mais le risque n'existe plus, dit-on! — Sans doute, néanmoins il a existé, et on l'a apprécié lorsque la cession a été convenue. Voici, d'après ces principes, la solution que propose Pothier. Le retrayant remboursera d'abord au cessionnaire les arrérages payés, puis il devra lui payer l'estimation des risques qu'il a courus.

Cette estimation sera faite par des experts qui évalueront ce que valait, au temps du contrat, *la rente viagère que l'acheteur s'était obligé de payer pendant le temps incertain de la vie du vendeur.*

Ce système, qui nous paraît d'une logique rigoureuse, est combattu par les auteurs modernes, et repoussé par la jurisprudence.

Et d'abord, l'ancienne jurisprudence n'imposait au retrayant que le remboursement des arrérages échus, rien de plus. C'est ce qui avait été décidé par cet

(1) *Traité des fiefs*, partie II, ch. II, art. 2, § 2.

(2) F° 246.

arrêt de 1727 que Pothier critique dans son livre *des Fiefs* (1).

Puis on fait remarquer que le retrait est la subrogation du retrayant au retrayé, que la personne de ce dernier s'efface absolument.

Par conséquent l'extinction de la rente viagère est censée s'opérer sur la tête et en la faveur du retrayant, c'est lui qui doit en profiter.

On ajoute que, si on oblige le retrayant à payer, outre les arrérages servis, une évaluation des risques, on dénature absolument le retrait. Au prix primitif du marché on substitue un nouveau prix. Cela ne se peut, et M. Demolombe nous présente le dilemme suivant :

Ou bien il faut dire que le retrait est impossible, et une telle opinion serait injustifiable.

Ou bien il faut l'admettre, mais non pas en imaginant le remboursement d'un prix de fantaisie; il faut reconnaître que l'extinction de la rente viagère qui aurait profité au retrayé, profite au retrayant, qui s'est substitué au marché.

Cette doctrine a été consacrée par l'arrêt de rejet du 1er décembre 1806 (1).

Nous ne pouvons la goûter, car elle nous paraît confondre deux ordres d'idées bien différentes. Les avantages doivent profiter au retrayant, dit-on.

« L'effet de la subrogation, disait la Cour d'Amiens, est de mettre le subrogé dans les droits de l'acquéreur qu'il remplace, de lui faire supporter les pertes, de le

(1) Voyez aussi Rousseau de la Combe, v° *Retrait;* Denizart, *Retrait lignager*, n°s 26 et 29.

(2) Dalloz, *Success.*, 1997 ; Demol., XVI, p. 124, n° 114. Laurent ne se prononce pas sur cette question. V. n° 383.

faire jouir des profits dont cet acquéreur aurait profité. » Cela est vrai, mais le retrait, quoique les premiers interprètes du Code l'aient qualifié d'action en subrogation, se sépare par bien des dissemblances de l'action véritable qui porte ce nom, telle que nous la voyons dans les art. 1250-1251. Et ensuite on confond les risques qui se rapportent aux *biens* compris dans la cession, avec les risques qui font partie constitutive du *prix*. Que le retrayant profite des plus-values dans les biens, cela va de soi. Mais il est certain qu'il ne peut exercer le retrait qu'en remboursant le prix de la cession. Or le prix de la cession ne consistait pas dans les arrérages qui ont été payés. Si le créancier est mort avant la première échéance, cela est d'une vérité éclatante. D'autre part, on ne peut prétendre que le remboursement doive être du prix qui correspond au capital de la rente (1) : car une rente viagère n'est pas une rente perpétuelle.

C'est donc la solution proposée par Pothier dans son *Introduction* qui nous semble seule admissible, car elle est la seule qui satisfasse à la condition du remboursement.

Mais vous substituez un nouveau prix à l'ancien, vous dénaturez le marché, nous objecte-t-on. Nous faisons remarquer que le système adverse fait mieux que de modifier le prix, il le supprime; et quand nous proposons l'évaluation des risques, nous ne faisons que ce que les parties elles-mêmes ont fait, car elles ont certainement tenu compte de ces risques quand elles ont déterminé le taux des arrérages.

(1) C'est ce que soutenait le cessionnaire dans l'espèce qui était portée en Cassation le 1er déc. 1806.

3° Que devra rembourser le cessionnaire, si la cession a eu lieu sous forme d'échange?

Nous avons rencontré déjà cette hypothèse dans un chapitre précédent. Le cédant sera-t-il contraint de restituer les immeubles ou meubles reçus par lui en échange des droits successifs qu'il a aliénés? Non, car la cession fait loi entre le cédant et le cessionnaire : ce dernier subira seul les effets du retrait, car ces effets ne se font sentir qu'entre retrayant et retrayé. Le cédant doit rester étranger à ce qui se passe (1).

Le cessionnaire recevra donc la valeur estimative des immeubles qu'il a donnés en échange.

Mais à quel moment devra-t-on le reporter pour faire cette estimation? A l'époque de la cession. Car ce que la loi exige, c'est que le cessionnaire rentre dans ses déboursés. En aliénant d'ailleurs ses biens, il avait renoncé à toutes les chances d'amélioration qui pouvaient augmenter la valeur. Ce n'est donc pas la valeur *ex nunc* qui doit lui être payée, mais la valeur *ex tunc*.

4° Si en échange des droits successifs le cessionnaire s'est engagé à faire un certain travail : on estimera ce que vaut cet engagement et on l'indemnisera en conséquence.

5° Si la cession porte non seulement sur les droits successifs, mais encore sur d'autres biens, et que le prix de l'ensemble soit unique, comment le remboursement devra-t-il être déterminé?

Le retrait dans cette espèce porte non sur la totalité, mais seulement sur une partie de la cession. C'est donc seulement une partie du prix qu'il y aura lieu de rembourser.

(1) V. arrêt du 25 mars 1857, Dalloz, 1914. — Les auteurs sont unanimes sur ce point.

D'ailleurs le retrait ne concerne que les droits successifs : tout ce qui dans l'acte de cession est étranger à la succession doit être également étranger à l'art. 841. D'après ces principes, il y aura lieu de faire une ventilation pour estimer quelle valeur ont les biens sujets à retrait, et c'est cette valeur qui devra être remboursée.

Les frais de ventilation seront à la charge du retrayant, sinon le cessionnaire ne serait pas rendu indemne, puisqu'il recevrait le prix des droits successifs moins la somme de ces frais.

Ces diverses décisions se trouvent dans l'arrêt du 25 mars 1857 que nous avons déjà cité.

Mais il peut se présenter telle espèce où cette ventilation ne sera pas possible, par exemple dans le cas sur lequel a statué la Cour de Nîmes dans un arrêt du 3 mai 1827 (Dalloz, 28, § 218) (1).

Un père est mort, laissant plusieurs enfants : un de ces derniers décède, avant que le partage de la succession paternelle n'ait été opéré, ayant institué un héritier par testament. Cet héritier vend, pour un prix unique, les droits successifs, lesquels se composent et de la succession de son auteur, et des biens composant la première succession. En outre l'acquéreur doit acquitter diverses charges. Cette accumulation de circonstances rend évidemment impossible une ventilation. Comment déterminer le prix qui devrait être remboursé ?

Les héritiers survivants du père devront subir la présence de l'étranger, car il n'y a aucun moyen de l'éviter.

(1) Voir, sur cet arrêt, M. Dutruc, n° 490.

CHAPITRE IX

EFFETS DU RETRAIT.

Un des premiers effets de la demande en retrait est de rendre le cessionnaire comptable des fruits. Nous avons déjà rencontré cette question dans un autre chapitre et nous avons remarqué que, dans la pratique, les fruits auront presque toujours été perçus pour le compte de la succession : *fructus augent hereditatem.*

Pour qu'il y ait lieu de s'occuper de la restitution des fruits, il faut que l'indivision ait cessé de fait, au moins quant à la jouissance, et cela peut avoir lieu dans deux cas :

1° Un partage provisionnel a eu lieu.

Nous avons montré, dans un chapitre précédent, que le fait d'admettre le cessionnaire à un partage même provisionnel peut être considéré comme impliquant de la part des héritiers renonciation au retrait. Cependant ils ont pu réserver leur droit, et les circonstances peuvent être telles que l'idée d'une renonciation ne soit pas certaine. La renonciation tacite ne peut s'admettre, qu'à la condition que les faits d'où on veut l'induire soient clairs.

Supposons donc, qu'après un partage provisionnel, le retrait est exercé.

Dans ce cas le cessionnaire a bien perçu les fruits pour son compte personnel, et il les a faits siens jusqu'au jour de la demande. A partir de cette demande, au contraire, c'est aux héritiers que les fruits doivent revenir : car, de ce moment, ce n'est plus pour lui qu'il possède.

L'arrêt déjà cité du 23 mars 1855 avait admis que le cessionnaire ne doit les fruits qu'à partir du remboursement. Il importe, disent les partisans de cette doctrine, que le cessionnaire ne soit pas à la merci du retrayant, lequel peut, de mauvaise foi, retarder l'époque du remboursement. Le cessionnaire se trouverait en perte, obligé qu'il serait de rendre les fruits dès l'époque de la demande, tandis que la restitution de son prix n'a pas eu lieu. Mais il n'en est rien ; la raison est sans valeur. Nous avons dit en effet que les intérêts du prix doivent lui être payés à partir de l'époque du paiement. Le retard qu'on pourra mettre à la restitution du prix ne saurait donc lui préjudicier.

2° Le cessionnaire peut avoir possédé *pro suo* :

Dans ce cas, comme dans le précédent, il aura gagné les fruits. Mais nous avons vu qu'il y a lieu de déduire des intérêts qui doivent lui être remboursés, la valeur des fruits qu'il a pu percevoir. Cette observation s'applique à nos deux hypothèses.

Abordons maintenant la question capitale, demandons-nous quels sont les effets du retrait, à l'égard des personnes en cause.

Nous avons à envisager trois rapports juridiques :

1° Le rapport établi par l'acte de cession entre le cédant et le cessionnaire lequel nous appellerons aussi retrayé. Cet acte de vente (nous mettons de côté, bien entendu, le cas où la cession est une donation, puisque la cession-donation n'est point soumise à retrait) a produit un double résultat : d'abord il y a translation de propriété : la propriété des droits héréditaires a passé de l'héritier à l'acheteur.

Puis une obligation corrélative prend naissance, en la personne du cessionnaire, celle de payer le prix. Obligation de transférer la propriété, obligation de payer le prix, sont la cause l'une de l'autre, comme dans tout contrat synallagmatique.

La question est la suivante : dans quelle mesure le retrait va-t-il modifier cette situation?

2° Par l'exercice du retrait, le retrayant se substitue au cessionnaire, il prend le marché pour lui : il y a donc d'une part éviction du retrayé, et intervention d'une nouvelle personne ; le retrayant. Quel sera l'effet de cette intervention, quelle sera la portée du retrait?

3° La propriété des droits héréditaires est transférée par l'exercice du retrait sur la tête du retrayant. Mais quelle sera la position du cédant? C'est au cessionnaire qu'il a vendu, c'est le cessionnaire qui est son ayant cause. Le retrayant n'a jamais traité avec lui. Comment déterminer les effets du retrait, entre le cédant et le retrayant?

Telle est la difficulté à triple face que nous tâcherons de résoudre.

D'abord le retrait entraîne-t-il résolution du premier marché? Cela n'a jamais été admis et ne pouvait l'être. S'il y avait résolution du premier marché, il faudrait en conclure que l'exercice du retrait constitue un nouveau marché. Or cela est impossible : toute vente, tout contrat synallagmatique implique, suivant le principe de l'art. 1101, le consentement de deux personnes. Or le retrait s'exerce contre la volonté du retrayé, et le plus souvent même malgré lui. Il n'y a donc ni résolution du premier marché, ni vente nouvelle. « Le retrait ne tend pas à rescinder et à détruire le contrat, disait Pothier (1). »

Le retrait est la substitution d'une personne à une autre personne, dans un contrat de vente (2). Tel est le principe que personne n'a jamais contesté. Mais on se divise sur l'application, et deux opinions qui divisaient déjà l'ancienne jurisprudence, se trouvent en présence encore aujourd'hui.

Cette substitution opère-t-elle d'une façon absolue quant aux trois points de vue que nous avons énumérés? Ou bien au contraire le retrait successoral n'est-il qu'une faculté mise par la loi au service de l'héritier pour écarter un étranger des partages et qu'il ne faudrait point étendre au delà?

Entre le cessionnaire et le cédant tout est-il rompu? Les deux obligations corrélatives et réciproques, payer le prix, et transférer la propriété, existent-elles encore? La propriété ne réside plus en la personne du cessionnaire. Reste-t-il néanmoins trace du prix? Ou bien cette obligation passe-t-elle où est passé la propriété, c'est-à-dire en la personne du retrayant?

Entre le retrayant et le retrayé y a-t-il subrogation *in omnibus et per omnia*, de telle sorte que le retrayant soit comme s'il avait été lui-même cessionnaire à l'origine, *perinde ac si emisset a venditore?*

Entre le cédant et le retrayant y a-t-il rapport de créancier à débiteur? Le cédant devra-t-il désormais s'adresser au retrayant pour le paiement du prix?

Sur ces trois questions l'affirmative a été brillamment soutenue, et pourtant nous ne croyons pas pouvoir nous y rallier.

(1) *Retraits*, page 1.

(2) Il n'y a donc pas mutation, aussi n'y aura-t-il pas lieu de payer au Trésor un droit proportionnel.

Voyons quel était dans l'ancien droit l'état de la question : il importe que nous nous en rendions compte, car c'est en s'appuyant sur des données historiques que l'on soutient de nos jours le système que nous repoussons (1).

Observons que ce n'est pas sans quelque hésitation, que nous recourons, pour éclairer les obscurités de notre sujet, aux règles des anciens retraits. Nous le répétons, le retrait successoral n'est pas un retrait dans le sens que l'ancienne jurisprudence attribuait à ce mot. Pothier, dans son *Traité des Retraits*, ne mentionne pas le retrait successoral. Les premiers interprètes du Code l'appellent encore du nom d'action en subrogation (2). Merlin s'oppose à ce que ce droit soit appelé retrait ; car, dit-il, « il ne s'agit point en pareil cas de retirer, mais d'empêcher qu'on ne retire (3). »

Le retrait lignager est d'origine coutumière, le retrait successoral est une création de la jurisprudence. En réalité, le retrait successoral, comme le dit M. Desjardins, n'a de commun avec les anciens retraits que le nom. Enfin M. Mourlon, un des partisans de la doctrine que nous essaierons de réfuter, reconnaît que les précédents laissent la question douteuse.

Tiraqueau, sur le retrait lignager, s'explique ainsi (4) : « Censeo consanguineum non teneri solvere

(1) Sur cette question, voyez, dans le sens que nous indiquons, M. Desjardins, *Revue pratique*, t. XXX ; Brives, Cazes, *Rev. de législation et de jurisprud.*, t. XL ; Demolombe, n° 141 et suiv. ; Aub. et Rau, texte, p. 328, note 41 ; Bordeaux, 24 juill. 1850 (Dalloz, 55, II. 214) ; Cass., 7 janvier 1857 (Dalloz, 57, I, 81). — *Contra*, M. Labbé, *op. cit.*, n°s 6 et suiv. ; Mourlon, *Rev. pratique*, IX ; Chabot, *op. cit.*, n° 24.

(2) Notamment Chabot et Vazeille. V. aussi Dutruc.

(3) *Rep.*, *Dr. successifs*, § 8.

(4) § 1, gl. 18, n° 33. Cet extrait se rapporte à la question inci-

pretium non solutum et cujus solvendi dies nundum cessit non magis quam ipsum emptorem in cujus locum ille ex nostra consuetudine substituitur atque subrogatur. » Il ajoute au n° 41 : « Ab initio scierit jus ei esse venditionem sibi avocandi atque ita se *in locum et jus emptoris* transfundendi. » Au n° 29 il avait dit : « (consanguineum) vice fungitur emptoris, in eum transfunditur et transfertur contractus. »

Ainsi le retrayé disparaît absolument : le retrayant prend sa place, il entre dans ses droits et ses obligations, *in omne jus et incommodum*.

Grimaudet, le disciple de Tiraqueau, professe la même doctrine (1).

Mais Dumoulin s'élevait contre cette opinion : il pose le principe sur lequel tout le monde est d'accord : « Perinde est ac si emisset a venditore. »

Mais il ne veut pas qu'il y ait changement de débiteur à l'égard du vendeur :

« Quod si actor (le retrayant) faciat evocari venditorem cui se ex promissione offerat loco emptoris animo novandi, an teneatur mutare et novare debitorem? Breviter respondeo *quod non*, ex quo semel obligatio est constituta et perfecta (2). »

Il veut que le contrat primitif soit respecté, autant du moins qu'il peut l'être, que le cédant conserve son débiteur primitif. Admettre que le retrayant est substitué au retrayé vis-à-vis du cédant, c'est admettre une

dente de savoir si le retrayant a le bénéfice du terme dont jouissait le premier acheteur.

(1) Ch. VII, n° 10.

(2) Titre *des Fiefs* de la *Cout. de Paris*, § 20, gl. 8, n° 8 ; voyez Beaumanoir, *Cout. de Beauvoisis*, chap. LIV, n° 47, éd. Beugnot, t. II, p. 201.

novation par changement de débiteur, ce qui est contraire à la loi du contrat.

Pothier suivit la doctrine de Dumoulin. « Il semblerait, dit-il, que toutes les obligrations contractées dans le contrat de vente par l'acheteur, sur qui le retrait est exercé, devraient cesser en sa personne et passer en celle du retrayant..., » et il décide que l'acheteur est toujours obligé envers le cédant à payer son prix, et qu'il doit être seulement indemnisé par le retrayant, n° 428.

Cependant « si le vendeur *veut bien* recevoir le retrayant pour débiteur et décharger l'acheteur, le retrayant, en remettant à l'acheteur cette décharge, satisfait à cet égard à l'obligation du retrait de même que s'il eût payé. »

Mais si le vendeur ne *veut pas*, peut-on le forcer à accepter le retrayant pour débiteur, et à décharger le retrayé, moyennant caution ?

Pothier, se rangeant à l'opinion de Dumoulin, répond négativement : il veut comme son illustre prédécesseur que le contrat soit respecté. Et il cite plusieurs coutumes qui consacrent cette doctrine (1).

Tel était l'état de la question avant le Code et, comme on le voit, le système de Tiraqueau n'avait pas prévalu. Au lieu de donner au retrait un effet absolu à l'égard de tout le monde, on distinguait les rapports du retrayant avec le cessionnaire des rapports du cessionnaire avec le cédant.

Le retrait est bien une substitution du retrayant à l'acheteur.

Mais cette substitution n'existe pas pour le vendeur :

(1) N° 300, *Retraits* ; voy. aussi le *Grand Cout. de Troyes*, gl. 4, n° 5, art. 144 ; Ferrière, *Dictionn.* — *Ret. lignager*, p. 555.

Celui-ci ne connaît pas le retrayant et s'il *ne consent pas* à l'accepter pour débiteur, au lieu et place de son débiteur primitif, le retrait n'aura quant à lui produit aucun effet.

Ces décisions, remarquons-le bien, se rapportent au retrait lignager, c'est-à-dire à un véritable retrait. Elles sont contraires au système de MM. Labbé et Mourlon. L'ancien droit n'avait point poussé jusqu'à ses dernières conséquences l'idée du retrait. Mais, l'eût-il fait, qu'on n'aurait pas le droit d'en tirer analogie à l'égard du retrait successoral qui n'était pas considéré comme un retrait, et dont les effets devaient être bien moins absolus, puisqu'il n'avait pas pour objet de faire rentrer un bien dans la famille, mais seulement d'écarter un étranger du partage.

L'exposé historique de la controverse terminé, reprenons nos trois questions et établissons notre système.

I. *Du cédant et du retrayé.* — Le prix est-il encore dû par le retrayé au cédant ? Nous n'hésitons pas à dire : Oui. Telle était la doctrine de Pothier : le Code a vraisemblablement voulu la consacrer : c'était l'auteur universellement consulté par la pratique, c'est à lui qu'il a voulu renvoyer. Et cette doctrine, nous ne craignons pas de le dire, est la seule véritablement conforme aux principes.

Sans doute le retrayant est censé avoir seul traité avec le vendeur, sans l'intermédiaire du retrayé. Mais cela implique-t-il cette conséquence que le retrayé est libéré, « que son droit soit résolu, que sa participation au contrat soit effacée (1) ? »

(1) M. Labbé, *op. cit.*, n° 8.

Les droits que le cédant avait aliénés, ont passé sur une autre tête, les obligations qu'il s'était fait consentir se sont divisées entre deux personnes. Il a deux débiteurs : l'un primitif et direct, le retrayé ; l'autre obligé envers lui, en conséquence du retrait. Nous ne voyons pas que cette façon de voir soit contraire à la nature du retrait, qu'elle implique deux opérations, alors qu'il n'y en a jamais eu qu'une. C'est le même marché qui subsiste toujours, avec ses deux obligations corrélatives, mais l'une de ces obligations lie deux personnes désormais.

Mais, objecte M. Mourlon (1), ces deux obligations « se servant réciproquement de cause l'une à l'autre, l'obligation de payer le prix ne se conçoit pas plus sans l'acquisition que l'acquisition sans l'obligation ! »

Le cessionnaire n'*acquiert* plus, comment pourrait-il être obligé? — Comment? Mais, par l'effet du retrait. C'est précisément pour que le cessionnaire cesse d'être acquéreur et de pouvoir à ce titre concourir au partage que le retrait est institué.

Pour que le retrait ait son but, quel effet faut-il lui supposer? Qu'il efface en la personne du cessionnaire la qualité d'acquéreur. Et cela suffit ; supposer en outre qu'il le délie de son obligation, c'est aller au delà du but. Les effets du retrait doivent être restreints au strict nécessaire. Or je vois bien qu'il est nécessaire d'enlever à l'acheteur son titre d'acquéreur pour l'écarter du partage, mais non pas qu'il faille en outre supprimer en lui l'obligation de payer le prix. Cette obligation subsiste, parce que rien ne nous force à la détruire.

(1) N° 16, *op. cit.*

Pour que vis-à-vis du cédant le retrayant ait pris la place du cessionnaire, il faut présumer entre eux un acte, la transaction, et cela est impossible. Le retrait ne saurait être assimilé à un contrat passé entre le cédant et le retrayant.

Sans doute la loi aurait pu déclarer le cessionnaire libre de toute obligation, mais la loi est muette sur ce point. Nulle part elle n'a fait remise audit cessionnaire de son engagement. Au contraire, l'art. 841 ne parle que du cédant et du cessionnaire, il suppose que le prix est payé par ce dernier, puisqu'il lui donne le droit de se faire rembourser, il suppose donc que le cessionnaire demeure tenu (1).

Enfin comment peut-on présumer une novation de la créance, par changement de débiteur, non seulement outre la volonté du créancier, mais souvent malgré lui? La doctrine de nos adversaires renverse toute la théorie de la novation. « La novation ne se présume point, dit l'art. 1273, il faut que la volonté de l'opérer *résulte clairement de l'acte...* »

Où donc est la volonté du cédant? L'art. 841 est-il une exception à l'art. 1273? Non certes, car une exception doit être formelle et expresse. L'art. 841 ne renvoie pas aux art. 1273 et suiv. La simple indication faite par le débiteur d'une personne qui doit payer à la place d'une autre, ajoute l'art. 1277, n'opère point novation. »

Rapprochons cet article de l'art. 841. Le retrait a bien pour effet d'indiquer une personne qui payera, en définitive, à la place d'une autre. Mais il n'y a point

(1) Voyez M. Alb. Desjardins sur le retrait litigieux, *Revue pratique*, t. XXX, p. 273.

novation ! L'*autre*, c'est-à-dire le cessionnaire, reste obligé à l'égard du créancier.

Mais, objecte-t-encore, il y a si bien substitution du retrayant au retrayé, que le fisc ne percevra pas un droit de mutation qu'il a déjà perçu, mais simplement un droit de 0,50 pour 100 ; comme cela a lieu en matière de réméré. Cela montre bien que le retrayant est seul désormais face à face avec le cédant, qu'il est censé avoir traité directement avec lui, que la personne du cessionnaire s'est effacée.

Cette conclusion n'est pas exacte : sans doute le fisc ne percevra pas de droit de mutation. Mais cela prouve quoi ? Que le marché primitif subsiste : et c'est justement pour cela que le cessionnaire demeure tenu.

On le voit, le motif d'ordre supérieur que Dumoulin invoquait déjà, reste entier et irréfutable. Il faut respecter le contrat. Le cédant a traité avec Primus, c'est de Primus qu'il a suivi la foi, il est impossible qu'on substitue à Primus un autre débiteur. Le retrayé doit être assimilé à une personne qui céderait à une autre un marché, le prix étant encore dû. Est-ce que cette personne serait dégagée de l'obligation de payer le prix ? Non évidemment. C'est un principe de droit incontestable que l'on peut céder ses droits, mais non pas ses obligations. Mais, dit-on, ce principe de droit est sans application dans notre espèce. Le retrait n'est pas une cession, c'est une éviction. On ne peut dire que le retrayant cède ses droits : il subit une nécessité. Cela est vrai. Mais au regard du cédant le principe est le même. Où la loi a-t-elle dit que le cessionnaire était libéré ? En son silence (1), on ne peut

(1) M. Mourlon, au n° 56 de son étude (*Revue pratique*, t. IV), va jusqu'à dire que la loi opère cette subrogation *absolue*, non

admettre un pareil effet du retrait, qui serait une dérogation à une règle générale de droit.

En définitive, la doctrine que nous combattons prend la subrogation pour point de départ. Les droits et obligations du retrayé passent en la personne, d'une façon absolue, par l'effet de cette subrogation.

Outre que cette expression de subrogation n'est point employée par la loi, elle est même ici d'une application inexacte. Nous avons précédemment montré que, s'il y a subrogation, la règle *Nemo contra se subrogasse censetur*, est violée dans l'hypothèse du retrait. C'est alors une subrogation *sui generis ;* et il est vraiment regrettable que la loi ne se soit pas expliquée.

Mais allons plus loin, voyons si dans notre espèce nous trouverons les éléments sans lesquels la subrogation ne peut se concevoir. Le cédant n'est pas payé, telle est l'hypothèse, et on veut, à la place du débiteur, subsistituer une personne qu'il ne connaît pas. Le motif allégué, est qu'une subrogation s'opère de par l'art. 841. Or il est impossible d'admettre cette théorie, parce que le principe fondamental qui est la base

point malgré le cédant, qui ne saurait se voir imposer un nouveau débiteur, mais avec son *adhésion implicite.* La clause de retrait est sous-entendue au contrat de cession, avec tous les effets qu'il lui prête. « De même, quand je constitue un droit d'usufruit, il est sous-entendu que le droit que j'établis ne survivra point à l'usufruitier. »

Quel rapprochement malheureux ! Quand je constitue un droit d'usufruit, j'exprime fort clairement que j'établis un droit temporaire ; je l'exprime en me servant du mot *usufruit;* et rien, certes, n'est sous-entendu, à moins qu'on ne suppose que ni les parties ni la loi ne sachent ce qu'est un usufruit. Mais peut-on dire, en présence des art. 1273 et 1277, que, dans un contrat de cession, je sous-entende la clause de retrait *avec les effets de la novation !*

de la subrogation est le payement. La subrogation a pour effet de favoriser la libération du débiteur ; c'est-à-dire de faciliter le payement. C'est en ce sens que l'art. 1250, § 2, autorise le débiteur à subroger celui qui lui a prêté les fonds « dans tous les droits du créancier. » Qu'est-ce que cela veut dire? Que le débiteur payera le créancier avec les deniers prêtés ; et que le prêteur sera désormais créancier de ce débiteur. Mais le créancier primitif a été payé. Et si le payement n'a pas eu lieu, par exemple, parce que les fonds ont été dissipés, à l'égard de ce créancier il ne saurait être question de subrogation. En un mot la subrogation est une modalité du payement, qu'elle soit conventionnelle ou légale. Or justement la question que nous discutons implique que le créancier n'est pas payé. Il est donc inexact de parler de subrogation.

Il est vrai que M. Mourlon, qui qualifie le retrait de subrogation *absolue*, admet qu'elle se produit avec l'adhésion implicite du créancier. Mais alors c'est une véritable novation par changement de débiteur que cette subrogation (1) absolue. Comment donc une novation pourrait-elle *implicitement* s'opérer ?

Enfin la doctrine de MM. Mourlon et Labbé se heurte à des impossibilités quand la cession a eu lieu sous la forme d'échange. Si la subrogation est absolue, que devra-t-il se passer? L'acquéreur primitif étant devenu complètement étranger au contrat pourra

(1) D'ailleurs, si on veut donner au retrait le nom de subrogation, qui est exact historiquement, mais qui est scientifiquement faux, encore faut-il prendre ce mot dans le sens que lui donnaient Pothier, Dumoulin, et toute la jurisprudence de l'ancien droit dans son dernier état.

réclamer l'immeuble qu'il a donné au cédant en échange des droits dont cession lui a été faite. Puisque rien ne lie plus le cédant au cessionnaire, ce dernier a aliéné sans cause.

Et alors, si on lui permet de reprendre son immeuble, le cédant se trouvera atteint par l'exercice du retrait. Un tel résultat est évidemment contraire à l'esprit de la loi. Le retrayant rembourserait au cédant la valeur de l'immeuble que celui-ci doit rendre : de sorte que le cédant qui avait conclu un contrat d'échange, se trouve, au lieu d'un immeuble, recevoir de l'argent comme si c'était une vente qu'il avait faite (1) !

Personne n'a admis une telle solution, et on est unanime à reconnaître qu'en pareil cas, c'est la valeur estimative de l'immeuble et non l'immeuble lui-même, qui est remise au retrayé.

C'est donc que celui-ci demeure tenu vis-à-vis du cédant, que le contrat d'échange conclu par lui tient toujours (2).

Enfin nous trouvons une dernière objection, déjà rencontrée et réfutée sur d'autres questions. Si vous laissez le cessionnaire débiteur du cédant lorsqu'il

(1) Tiraqueau avait déjà reculé devant de pareilles conséquences, et admettait que, en cas d'échange, le cessionnaire, au lieu de reprendre son immeuble, avait le droit, seulement, de s'en faire payer la valeur.

(2) M. Mourlon explique que Tiraqueau, en reconnaissant que le retrayant devra payer au retrayé la valeur estimative de l'immeuble, a voulu éviter un *circuit sans objet*. Il était inutile de forcer le rétrayant à payer au cédant la valeur de l'immeuble qu'on lui enlève, et forcer ensuite le cédant à indemniser le retrayé de la valeur de l'immeuble retiré. Mais ne voit-on pas qu'il y a une raison bien plus grave ? On ne peut admettre une doctrine qui, dans cette hypothèse, dénature absolument le contrat au regard du cédant

aura payé, un recours contre le retrayant lui sera ouvert. Mais ce retrayant, dont il est créancier, est un des cohéritiers. Il en résultera que le cessionnaire, en vertu de l'art. 882, aura le droit de surveiller les opérations du partage, lui qu'on a voulu écarter; et ce droit il l'aura trouvé dans l'exercice même du retrait. Il pourra, aux termes de la loi, s'opposer à ce qu'il soit procédé au partage *hors sa présence*.

D'autre part le retrayant, qui doit indemniser le cessionnaire, devra rembourser à celui-ci le montant des dettes héréditaires qu'il aura pu payer : et voici l'hypothèse que M. Mourlon construit à ce sujet : le cédant, dit-il, nonobstant la cession, demeure héritier (1). C'est donc à lui que les créanciers héréditaires s'adresseront; il reste obligé aux dettes de la succession, sauf, s'il paye, à recourir contre le retrayé. Mais celui-ci qui s'est vu évincer aura un recours contre le retrayant : nouvelle cause de complication, nouveau chef de créance qui permettra au retrayé d'assister au partage dont on a vainement voulu l'éloigner.

Nous ne nions pas que l'art. 882 ne fournisse au retrayé, sinon un moyen d'assister au partage, du moins le moyen d'en surveiller les opérations, en tant que créancier. Mais ce droit appartient à tous les créanciers, et cependant aucun retrait n'existe à leur encontre. Et d'ailleurs, avons-nous dit, autre chose est surveiller, autre chose partager.

Et, dans le système opposé, supprime-t-on toutes les causes qui pourront rendre le retrayé créancier du retrayant et par suite le mettre à même d'exercer le droit que lui confère l'art. 882?

(1) C'est, en effet, une qualité personnelle et, par suite, incessible.

Mais, dit-on encore, si vous n'admettez point que tout lien juridique ait disparu entre le cédant et le retrayé, il faut admettre que le cédant est tenu à garantie vis-à-vis du retrayé à raison de l'éviction qui résulte du retrait. Nous répondons avec Pothier que le retrait n'était pas garanti par le cédant, l'acheteur est censé s'être chargé d'en courir le risque. « Donc de ce chef le vendeur ne doit rien au débiteur. Quant au remboursement, le cédant ne saurait y être tenu. D'abord l'art. 741 met ce remboursement à la charge du retrayant et avec la plus grande raison. Sans doute le retrait est une éviction, et aux termes de l'art. 1629 l'acheteur, ayant payé son prix sans cause, aurait contre le cédant une action en répétition du prix. Mais les principes mêmes du retrait s'opposent à ce que cette action puisse prendre naissance. Quand y a t-il retrait? Lorsque le retrayant a remboursé le prix. Jusque-là, l'éviction n'a pas pu avoir lieu ; par conséquent l'acheteur n'a contre le cédant aucune action en répétition du prix.

Nous pensons avoir réfuté toutes les objections soulevées contre notre système que nous croyons imposé par l'autorité de l'histoire, par le texte même de notre article et par les principes généraux du droit. Le système opposé apporterait sans texte de loi spécial une grave dérogation à cette règle qui veut que nul créancier ne soit forcé à changer de débiteur malgré lui. Le retrait donc est affaire entre le retrayant et le cessionnaire : pour le cédant, c'est *res inter alios acta*.

En pratique si le prix n'a pas encore été payé, le retrayant le paiera directement entre les mains du cédant : le cessionnaire se trouvera libéré par le fait de ce paiement. L'art. 1236 autorise le retrayant au paiement direct. Il aura d'ailleurs intérêt à le faire, car le cédant peut le poursuivre par l'action de l'art. 1166 : il peut même agir contre lui par l'action hypothécaire ; Il a le privilège du vendeur. Ici M. Mourlon nous oppose une objection un peu puérile. Le retrayant ne peut être poursuivi par l'action de l'art. 1166, dit-il, car, tant que le retrayé n'a pas payé, il ne doit rien. Son obligation n'est pas de payer le prix entre les mains du cédant, elle est de *rembourser* le retrayé. Il n'est obligé qu'envers le retrayé ; tant que celui-ci n'a pas payé, le retrayant ne lui doit rien, car, tant qu'il n'a *rien déboursé*, on n'a rien à lui *rembourser.* » C'est jouer sur les mots. La loi exige que le cessionnaire soit rendu indemne, peu importe que ce soit par voie de remboursement, ou par tout autre procédé.

II. *Du R. et du R.* — Si entre le cédant et le retrayé, la subrogation opérée par voie de retrait n'est pas complète, l'effet est au contraire absolu entre le retrayant et le retrayé.

In eum transfertur contractus in omnibus et per omnia, disait Dumoulin.

Le successible, par l'exercice du retrait, entre dans tous les droits, et aussi dans toutes les obligations du retrayé : il est censé avoir traité seul et directement avec le cédant.

Au regard du retrayant le retrayé n'a jamais acquis.

Le retrayant n'est ainsi subrogé aux droits et charges du retrayé, que sous la condition de le rembourser intégralement.

Nous avons étudié cette question du remboursement dans un précédent chapitre.

Mais c'est ici le lieu de résoudre la grave difficulté qui s'élève dans le cas où le prix dont le cessionnaire était débiteur, n'est pas encore exigible.

Ce prix était, par exemple, affecté d'un ou plusieurs termes non encore échus ; et l'on se demande si le retrayant devra jouir du bénéfice de ce terme.

Trois opinions sont en présence. L'une, qui a pour elle l'autorité de Pothier, enseigne que le bénéfice du terme ne saurait passer en la personne du retrayant, car il importe que le cessionnaire soit rendu complètement indemne. Or si on admet que le retrayant ne sera forcé de payer qu'à l'échéance du terme, le retrayé, qui demeure obligé envers le cédant resterait exposé à l'insolvabilité du retrayant. C'est un risque dont il sera menacé; on ne peut donc pas dire qu'il ait été remboursé. Il ne peut être indemne complètement qu'à la condition que le retrayant paie intégralement et sans délai le prix de cession.

Il paiera entre les mains du cédant qui, d'après l'art. 1236, ne peut se refuser à recevoir le prix qui lui est dû.

Cette solution se recommande de l'ancien droit : les *Coutumes de Troyes* (art. 161), de Reims (art. 225) l'admettaient. « Il paraît que c'était aussi l'esprit des Coutumes de Paris et d'Orléans, dit Pothier; on peut tirer argument de l'art. 137 de Paris, et 390 d'Orléans... » ... Ces dispositions des Coutumes de Paris et d'Orléans ayant été ajoutées lors de la réformation, et formées apparemment sur la jurisprudence qui avait lieu alors, il y a lieu de penser qu'elles doivent avoir lieu dans les coutumes qui ne s'en sont pas expliquées (1). »

Mais cette opinion a l'inconvénient d'obliger le retrayant plus durement que le retrayé. Que le retrayant

(1) *Retraits*, nos 301 et suivants.

subisse les charges auxquelles le cessionnaire s'est soumis, cela est tout naturel. Mais comment une subrogation aurait-elle cette conséquence que le subrogé soit obligé à payer immédiatement ce que la personne dont il prend la place ne devait qu'à terme? Si le retrait substitue une personne à une autre, les droits dont jouissait le retrayé passent nécessairement au retrayant. Celui-ci ne devra donc payer le prix qu'au moment où le retrayé y eût été lui-même obligé. Il nous paraît donc évident que le retrayant jouit du bénéfice du terme.

C'est ce principe qui sert de point de départ à la deuxième opinion, professée dans l'ancien droit par Dumoulin (1) et admise par un certain nombre de coutumes, indiquées par Pothier au § déjà cité.

L'art. 841 ne prévoit certainement pas cette question, car il suppose uniquement le cas où le prix a été payé par le cessionnaire avant que le retrait ne soit exercé.

Le retrayant aura le bénéfice du terme. Mais alors le retrayé restera exposé aux chances d'insolvabilité du retrayant? Si celui-ci tombe en déconfiture, le retrayé n'aura pas été indemnisé. La crainte même d'un pareil événement fait qu'il n'est pas rendu indemne. Or, la loi exige qu'il soit remboursé. Telle est l'objection que l'on cherche à écarter, dans ce second système.

Pour que le cessionnaire soit rendu indemne, autant qu'il peut l'être, dans cette hypothèse, il faut que le retrayant, s'il prétend se prévaloir du terme, fournisse du moins des sûretés qui mettent le retrayé à l'abri de toute perte.

(1) § 20, gl. 8, n° 5.

C'était l'opinion de Dumoulin (Voy. le paragraphe cité), Grimaudet, le disciple de Tiraqueau, enseignait que le juge devrait déterminer quelles sûretés seraient fournies.

Un arrêt du parlement de Bretagne, du 29 mai 1732 (Voy. Merlin, *Rép.*), décidait que le retrayant est obligé de donner caution.

C'est en invoquant ces autorités que M. Demolombe (1) et avec lui la Cour de cassation (2) reconnaissent la nécessité pour le retrayant de fournir caution.

Si on admet que le cessionnaire « demeure débiteur personnel du cédant, il faut que nous maintenions aussi qu'il doit être dans tous les cas rendu indemne et parfaitement garanti. C'est là le contre-poids nécessaire de notre doctrine, dit l'éminent doyen de la Faculté de Caen.

Si le prix était d'une rente viagère, cette nécessité d'admettre qu'une caution sera fournie, est, dit-on, plus manifeste encore.

Peut-on laisser le retrayé exposé, pendant toute la vie du cédant, aux chances de l'insolvabilité du cédant !

Toutes ces raisons, nous le reconnaissons, sont excellentes ; l'équité, l'esprit de la loi, exigeraient sans doute que le cessionnaire fût garanti, mais, il faut l'avouer, nulle part la loi n'a édicté ces garanties.

Aussi préférons-nous la troisième opinion, celle qui avait prévalu devant la cour de Dijon (3) et qui, tout en accordant au retrayant le bénéfice du terme,

(1) N° 145.

(2) Arrêt du 7 janvier 1857, qui casse l'arrêt de la cour de Dijon cité plus bas. Dalloz, 1857, I, 82.

(3) Dalloz, 1857, I, 81.

ne lui impose pas cependant l'obligation de fournir des garanties.

Il ne peut y avoir caution, qu'autant qu'une convention intervient entre les parties; ou que la loi contraint le débiteur à fournir caution. La caution, en d'autres termes, est légale ou conventionnelle (1).

Le retrayant s'est-il obligé à fournir caution? Nous ne le supposons point.

Y a-t-il un texte de loi qui subordonne à une telle condition l'exercice du retrait? L'art. 841, le seul qui règle notre matière, garde le silence. Nous ne pouvons y suppléer. Il n'y a de caution légale que dans les cas déterminés par la loi (2). En dehors de ces cas, nul ne peut être obligé à fournir des garanties qu'il n'a point promises.

Mais cela est odieux, dit-on; le retrayé, n'ayant aucune sûreté, sera, dans le cas d'une rente viagère, exposé pendant toute la vie du cédant, à ne pas être indemnisé.

Odieux, sans doute, comme l'est l'institution même de retrait. Mais la loi est violée, car le cessionnaire ne sera pas indemnisé, comme elle l'exige!

Nous reconnaissons sans difficulté que la loi est imparfaite, qu'elle aurait dû prévoir le cas où le prix n'est dû qu'à terme, qu'elle aurait dû établir un système de garanties destiné à donner sécurité au cessionnaire. Mais elle ne l'a pas fait, et nous ne pouvons le faire à sa place. Qu'on ne s'étonne pas de rencontrer des lacunes dans une matière que les rédacteurs du Code ont réglée en trois lignes. La loi est incomplète,

(1) Quant à la caution judiciaire, elle a lieu dans le cas de l'art. 519 du Code de procédure.

(2) Laurent, X, n° 385.

et il n'appartient pas à l'interprète d'ajouter à l'art. 841 un second alinéa (1).

Les conséquences du retrait, à l'égard des droits réels et des hypothèques que le retrayé a pu consentir, se déduisent d'elles-mêmes des principes que nous avons posés. Ces hypothèques n'existent pas pour le retrayant.

D'un autre côté, le retrayé a pu avoir des droits réels sur les immeubles acquis. Ces droits réels se sont éteints par confusion lors de l'acquisition ; ils renaîtront, par l'effet du retrait. L'acheteur est censé n'avoir jamais été propriétaire ; entre lui et le retrayant l'effet du retrait est plein.

Les hypothèques par lui concentrées s'effacent et réciproquement les droits réels qui lui appartenaient renaissent. C'était la solution de Tiraqueau (2), Dumoulin (3) et Pothier (4), elle ne souffrait donc aucune contestation dans l'ancien droit, et le Code, par cela même qu'il ne s'en est pas expliqué, l'a nécessairement consacrée (5).

Mais si les hypothèques constituées par l'acheteur s'effacent, est-ce au regard de tout le monde ? L'effet du retrait est-il absolu pour l'acheteur ou relatif ? Pour les créanciers hypothécaires l'acheteur a-t-il été propriétaire, auquel cas, le prix qui lui est remboursé serait distribué, non pas au marc le franc, mais suivant l'ordre des hypothèques ?

(1) *Contra*, Aubry et Rau, VI, p. 531, 4e éd.

(2) Tit. II, § 3, n° 8, *Du retrait conventionnel*.

(3) N° 45, *Cout. Par.*, tit. II, § 20, gl. 5.

(4) *Retraits*, n° 431.

(5) D'ailleurs, l'art. 883 impose cette doctrine : « Par l'effet déclaratif que la loi attache aux partages, le retrayant est considéré comme ayant toujours été seul propriétaire.

Pothier veut que l'ordre des hypothèques soit observé, au moins dans le cas où la saisie a précédé le retrait. Car, par l'effet de la saisie, « ces créanciers *sont censés tenir* sous la main de la justice, chacun selon l'ordre de leurs privilèges et hypothèques, l'héritage saisi ; et ils doivent recevoir dans le même ordre ce qui est payé par le retrayant pour les obliger à délaisser (1). »

Nous croyons que cette solution est fort contestable. Le droit de l'acheteur a été résolu, les droits qu'il a conférés sont résolus par voie de conséquence. Le créancier qui acquérait un droit réel sur l'immeuble, savait bien que ce droit défendait l'exercice du retrait. Son droit était affecté de cette condition : si le retrait n'est pas exercé (2).

Si le cessionnaire avait caché au créancier que son droit pouvait être l'objet d'un retrait, ce créancier aurait une action en garantie. Mais, ayant connu le retrait, de quoi peut-il se plaindre ?

Lorsque la saisie est antérieure au remboursement, dit Pothier, ces créanciers *sont censés tenir sous la main de justice* l'héritage saisi. Mais jamais la saisie n'a conféré de droit nouveau à un créancier. La saisie a pour effet de soustraire l'objet saisi aux actes du débiteur. Mais elle ne donne aucun droit au créancier sur cet objet.

Par l'effet du retrait les droits qui appartenaient au retrayé passe au retrayant ; la saisie est nulle, comme

(1) N° 434.

(2) M. Labbé, au n° 22 de son étude, indique un moyen, pour le créancier, de se mettre à l'abri des conséquences du retrait : se faire céder la somme à exiger du retrayant, et signifier au retrayant le transfert de cette créance conditionnelle.

ayant été pratiquée sur des biens qui n'appartenaient pas au débiteur. Et comme les hypothèques sont inexistantes pour le retrayant, les créanciers n'ont aucun droit de suite sur les immeubles retrayés.

Ils n'ont contre celui-ci aucune action directe. Le retrayant est tenu de payer son prix au retrayé, non à eux : et, ce remboursement effectué, il a le droit de se rendre maître des objets compris dans la cession.

S'il en est ainsi, le prix versé au retrayé ne peut être considéré comme étant la représentation des immeubles hypothéqués ; c'est une valeur purement mobilière sur laquelle les créanciers ne peuvent prétendre se faire payer par voie de préférence : elle est le gage de tous les créanciers et sera répartie au marc le franc.

Mais n'oublions pas que si, par l'effet du retrait, la personne de l'acheteur disparaît, et avec elle les droits réels que celui-ci a constitués, le marché primitif subsiste néanmoins : le retrait ne résout point la vente (1). Il résulte de là que celui qui a payé en l'acquit du cessionnaire le prix de cession au vendeur, et s'est fait subroger par celui-ci au privilège sur l'immeuble vendu, conservera ce privilège, c'est un créancier du chef du vendeur aussi bien que du chef de l'acheteur.

Mais si la subrogation a été faite par l'acheteur dans les termes du 2° de l'art. 1250, en sera-t-il de même? Un créancier a prêté au cessionnaire les fonds néces-

(1) Il en résulte, notamment, que le retrait exercé n'est pas soumis à transcription. Entre le retrayant et le cessionnaire, il n'y a pas de convention. Le retrait n'est pas une annulation de la cession ; il n'est pas davantage une rétrocession. V. Dalloz, 1867, III, 24.

saires pour payer le vendeur, et il a été subrogé par ledit cessionnaire au privilège du vendeur. Le privilège subsistera-t-il nonobstant le retrait? Nous ne le croyons pas, car dans cette espèce le créancier est un ayant-cause de l'acheteur, et doit subir la loi commune. Le retrait fait que l'acheteur devient étranger au contrat. Or aux termes de l'art. 1250 la subrogation peut être consentie par le créancier, ou par le débiteur; mais non par un étranger (1).

Le retrayant est subrogé à tous les droits du cessionnaire : il pourra donc revendre, comme celui-ci, les droits qu'il vient d'acquérir par le moyen du retrait. Sans doute une telle opération est en dehors des prévisions de la loi : l'art. 841 n'a jamais eu pour objet de favoriser une spéculation. Pourtant il n'y a aucun doute à cet égard; les principes sont certains.

On l'a nié pourtant en se fondant sur cette règle que le droit de retrait est partout personnel aux héritiers et par suite incessible. C'était confondre l'action en retrait, avec les biens qui proviennent de l'exercice de cette action. Dire que le droit de retrait est personnel aux héritiers, cela signifie que le cessionnaire actionné pourra repousser le retrayant en se fondant sur ce qu'il n'est pas personnellement héritier. Mais cela ne signifie pas que l'héritier, *après qu'il a exercé le retrait*, ne pourra pas revendre les droits qu'il a

(1) Pour que ces questions puissent se présenter dans la pratique, il faut supposer un cas où l'art. 883 et sa fiction ne s'appliquent pas. Il en sera ainsi, par exemple, dans le cas où les immeubles de la succession sont licites et que l'adjudicataire est un étranger. Dans cette hypothèse, on le sait, la licitation n'équivaut pas à partage, au point de vue de l'art. 883. Alors, il y aura lieu de se demander quels sont les droits réels que le retrait aura fait disparaître ?

acquis. Il pourrait les revendre même avant d'exercer l'action. Ce serait non point céder l'action, mais vendre les avantages qui en résulteront, c'est-à-dire, vendre une chose future (1).

Assurément le nouvel acquéreur sera passible du retrait. Héritage retrait, revendu, est sujet à retrait, disait Loysel. Cette maxime n'a pas cessé d'être en vigueur.

Le prix versé par le retrayant au cessionnaire est-il une valeur immobilière, ou une valeur mobilière? Est-ce la représentation des immeubles composant la part successorale cédée? Ou bien au contraire n'y faut-il pas voir autre chose que la restitution, le recouvrement du prix que le cessionnaire avait lui-même payé?

Cette question offre le plus grand intérêt pratique. Supposons par exemple que l'acheteur soit décédé laissant deux légataires, l'un des meubles, l'autre des immeubles. Auquel des deux devra revenir le prix remboursé?

De même si l'acheteur se marie sous le régime de la communauté légale, on peut se demander si le prix tombera, en sa qualité de meuble, dans la communauté ou si au contraire il devra rester propre à l'acheteur?

Pothier était d'avis que le remboursement du prix devait revenir à l'héritier des immeubles; et il motivait ainsi son opinion (2) : le retrayé a été propriétaire jusqu'au moment du retrait. Le retrayant est à la vérité censé tenir l'immeuble du cédant, mais il ne le

(1) Jugé en ce sens par la cour de Montpellier, 29 avr. 1857; Dalloz, 1857, I, 214 ; Laurent, X, p. 409 ; Demolombe, XVI, n° 147.

(2) *Retraits*, n° 423.

tient que *par le canal* du retrayé. C'est comme dans la matière des substitutions où les biens ne passent pas directement de la personne du tuteur en celle du substitué; ils n'y passent que par le canal du grevé.

L'héritier aux meubles ne peut prétendre avoir succédé *à la créance* contre le retrayant, car l'acheteur n'a pu, en mourant, transmettre à cet héritier une créance qu'il n'avait point et même *qui n'existait point encore.*

Nous croyons avec M. Labbé (1) que le prix remboursé ne peut être autre chose qu'une valeur mobilière, par cette raison, qu'à l'égard du retrayé, *dans ses rapports avec le retrayant*, les effets du retrait sont complets. Le retrayé n'a jamais été propriétaire : comment donc le prix qui lui est versé pourrait-il représenter des immeubles?

Pothier compare la situation du retrayé à celle du grevé de substitution : mais la comparaison est manifestement fausse.

Le grevé a eu une propriété temporaire : il est propriétaire *ad tempus :* et un principe certain est que la substitution comprend une *double transmission :* d'où cette conséquence que le substitué paie un droit de mutation, calculé d'après son degré de parenté avec le grevé, non pas avec le grevant.

Dans notre matière au contraire il n'y a eu qu'une seule transmission et les droits de mutation sont payés une seule fois. Il est donc impossible de voir entre le retrait successoral et les substitutions une analogie quelconque.

Enfin Pothier ajoute que l'héritier aux meubles ne

(1) *Op. cit.*, nº 35.

peut prétendre à une créance qui n'existait pas. Mais elle existait parfaitement ! C'était une créance conditionnelle. Le retrayant est débiteur du prix envers celui qui a payé indûment ce prix. La condition, c'est l'exercice du retrait. On le voit donc, il s'agit d'une créance très réelle, existante et mobilière. Ce n'est pas une valeur représentative de l'immeuble, c'est une valeur représentative d'un prix indûment payé.

III. *Retrayant et cédant.* — Étudions maintenant les effets du retrait, dans les rapports du retrayant avec le cédant.

Le retrayant est désormais propriétaire des biens et droits cédés. Mais ce principe soulève dès l'abord une difficulté. A partir de quel moment le retrayant est-il devenu propriétaire? Son droit de propriété date-t-il seulement du jour où le retrait a été exercé, ou remonte-t-il jusqu'au jour de la cession ? En un mot, le retrait, pour le retrayant, a-t-il un effet rétroactif? La Cour de cassation a décidé la négative sur l'espèce suivante (1) :

Une femme s'est mariée sous le régime dotal, avec constitution en dot de tous ses biens présents. Elle exerce le retrait successoral, sur une cession faite avant le mariage,

Le bénéfice du retrait sera-t-il un bien présent ou un bien à venir? Si, à partir de la cession, le retrait s'est ouvert comme un droit en la personne du retrayant les biens obtenus par le retrait rentreront dans la constitution de dot.

Si, au contraire, nous ne considérons le retrait que comme une faculté, tant qu'il n'est pas exercé, les biens seront biens à venir.

(1) Dalloz, 1859, I, 241.

C'est à ce dernier système que la Cour de cassation s'est arrêtée, et suivant nous avec raison.

Le droit établi par l'art. 841 n'est pas un bien, on n'en pratique pas, on ne peut en faire l'objet d'une dot de biens présents. La preuve en est que, tant qu'il n'a pas été exercé, le cessionnaire reste pleinement propriétaire. Il est propriétaire, non pas sous condition résolutoire, mais purement et simplement. Le droit du retrayant sur les biens cédés ne prend naissance qu'en même temps que l'action en retrait est exercée. Jusque-là le retrait est une simple faculté, une possibilité.

D'autre part, le droit au retrait ne se prescrit pas par non-usage; en d'autres termes, aucune prescription ne court en faveur du cessionnaire contre le retrayant. C'est donc un droit facultatif, une faculté.

On objecte que la prescription ne court pas davantage contre les droits conditionnels. Cela est vrai; mais c'est parce que, le créancier ne pouvant exercer son droit, que suspend une condition, il faut bien que la prescription soit suspendue, *pendente conditione*.

Si elle ne court point contre le retrayant, est-ce, parce que celui-ci ne peut exercer son droit? Nullement; à partir de la cession, il peut agir, mais c'est une simple faculté, non un droit. La prescription ne court pas contre lui.

Il n'y a de rétroactivité qu'entre le retrayant et le retrayé. Pour le retrayé, le retrait remonte au jour de la cession, et a pour effet de faire tomber les hypothèques qu'il a consenties. Cela est de toute nécessité; autrement le cessionnaire, en grevant d'hypothèques des biens compris dans la cession, rendrait illusoire l'action en retrait. Mais cette rétroactivité est simplement relative. Il faut toujours distinguer les rapports de droit qui unissent le retrayé à toute autre personne.

Le retrayant peut donc exercer contre le cédant toutes les actions qui résultent de son acquisition ; il est substitué à la personne du cessionnaire. Mais faut-il dire que le cédant peut exercer, contre le retrayant, les actions qu'il avait contre le retrayé ?

Si, notamment, le prix de cession est encore dû, le cédant pourra-t-il actionner directement le retrayant ? Nous ne le croyons pas. Pour lui, nous l'avons dit, le retrait est *res inter alios acta*, et il n'a pas cessé d'avoir pour débiteur le retrayé. C'est contre lui que l'action en paiement doit être dirigée.

Il n'aura contre le retrayant que l'action de l'art. 1166 : il pourra par cette voie indirecte l'atteindre, en supposant que le retrayant soit resté débiteur envers le cessionnaire. Par exemple, il a laissé passer un terme sans payer la portion de prix échue, de son côté le cessionnaire n'a rien payé au cédant : celui-ci attaquera le retrayant par la voie de l'art. 1166.

C'est ici qu'éclate le caractère distinctif du système que nous avons adopté sur les effets du retrait.

Le retrait ne produit que des effets relatifs, dans notre doctrine : à l'égard du cédant, il n'existe pas ; en ce sens du moins qu'il ne modifie pas les droits de celui-ci.

Entre le cessionnaire et le retrayant, il a au contraire un plein effet : c'est cette double physionomie du retrait, que M. Mourlon se refuse à concevoir. Comment se fait-il que nous refusions au cédant l'action directe contre le retrayant ?

Parce que le retrayant n'a pas succédé aux obligations du cessionnaire; parce que nous maintenons ces obligations en la personne de ce dernier. Comment se fait-il que le retrayant ait, par contre, action contre le cédant?

Parce qu'il a succédé aux droits du cessionnaire.

Enfin comment expliquer que le retrayant, succédant aux droits du cessionnaire, ne succède pas à ses obligations?

Parce qu'on peut admettre que le retrait opère un déplacement de droits; un tel effet n'a rien d'exorbitant, il importe peu au cédant que les droits cédés soient entre les mains du cessionnaire ou du retrayant; mais admettre un déplacement des obligations est impossible; car on ne peut, sans la volonté du cédant, substituer à un débiteur dont il a suivi la foi, un débiteur qu'il ne connaît pas.

POSITIONS

DROIT ROMAIN.

I. La *litiscontestatio* a lieu *in jure.*

II. La *litiscontestatio* est autre chose qu'un symbole : elle a un caractère contractuel qui seul peut donner la raison des effets qu'elle produit.

III. Dans l'action *de Peculio* l'existence du pécule s'apprécie au jour de la condamnation. Il n'y a là rien de contraire au principe d'après lequel le droit du demandeur s'apprécie au jour de la *litiscontestatio.*

IV. La *litiscontestatio* n'est pas une novation.

V. La *litiscontestatio* ne fait pas courir les intérêts.

VI. La *litiscontestatio* n'entraîne pas par elle-même la mise en demeure du débiteur.

DROIT CIVIL.

I. Le légataire universel ou à titre universel d'usufruit, est un successible aux termes de l'art. 841.

II. Le donataire de droits successifs ne peut exercer le retrait.

III. L'art. 841 ne s'applique ni au partage de société ni au partage de communauté.

IV. Les biens à provenir du retrait, sur une cession faite avant le mariage, sont des biens à venir au point de vue de la constitution de dot.

V. Le retrayant peut invoquer le bénéfice du terme que le retrayé avait pour payer.

VI. Le retrayé ne cesse pas d'être débiteur du prix envers le cédant.

VII. Le retrait n'est pas susceptible d'être exercé par les créanciers (art. 1166).

DROIT INTERNATIONAL.

I. L'état n'est pas responsable des dommages causés à des étrangers en cas d'émeute.

II. L'attentat contre un souverain est un crime à raison duquel l'extradition peut être accordée.

III. En temps de guerre l'occupant ne peut percevoir que les impôts existants au moment de l'invasion. Il peut lever des contributions de guerre.

DROIT INDUSTRIEL.

I. Le ministre peut refuser d'homologuer un tarif avec un pourvoi d'appréciation illimité.

II. Les fausses déclarations de l'expéditeur constituent le délit d'escroquerie prévu par l'art. 405 du Code pénal.

DROIT CRIMINEL.

I. Si la peine de mort vient à être commuée par le chef de l'État, le condamné pourra encourir une condamnation nouvelle à la peine de mort, pour crime commis antérieurement.

II. Dans le cas de rupture de ban, la récidive légale ne saurait résulter de la condamnation même qui a prononcé la surveillance combinée avec la condamnation pour rupture de ban.

Vu par le président de la thèse :
RATAUD.

Vu par le doyen de la Faculté :
CH. BEUDANT.

Vu et permis d'imprimer.
Le Vice-recteur de l'Académie de Paris,
GRÉARD.

TABLE DES MATIÈRES

DROIT ROMAIN

DE LA LITISCONTESTATIO.

PREMIÈRE PARTIE.

EFFETS NÉGATIFS OU EXTINCTION DU DROIT.

DEUXIÈME PARTIE.

EFFETS POSITIFS DE LA LITISCONTESTATIO.

DROIT FRANÇAIS

DU RETRAIT SUCCESSORAL.

FIN DE LA TABLE DES MATIÈRES.

3027-81. — Corbeil. Typ. et stér. Crété.

www.ingramcontent.com/pod-product-compliance
Ingram Content Group UK Ltd.
Pitfield, Milton Keynes, MK11 3LW, UK
UKHW020133220726
13923UKWH00001B/147

9 782019 266530